中国装备制造企业国际化路径与速度研究

张月月 著

浙江工商大学 出版社

ZHEJIANG GONGSHANG UNIVERSITY PRESS

·杭州·

图书在版编目(CIP)数据

中国装备制造企业国际化路径与速度研究 / 张月月
著. — 杭州：浙江工商大学出版社，2025.6
ISBN 978-7-5178-5899-7

Ⅰ. ①中… Ⅱ. ①张… Ⅲ. ①装备制造业－产业发展
－研究－中国 Ⅳ. ①F426.4

中国国家版本馆 CIP 数据核字(2024)第 009113 号

中国装备制造企业国际化路径与速度研究
ZHONGGUO ZHUANGBEI ZHIZAO QIYE GUOJIHUA LUJING YU SUDU YANJIU
张月月 著

责任编辑	谭娟娟
责任校对	胡辰怡
封面设计	蔡思婕
责任印制	屈　皓
出版发行	浙江工商大学出版社
	(杭州市教工路 198 号　邮政编码 310012)
	(E-mail:zjgsupress@163.com)
	(网址:http://www.zjgsupress.com)
	电话:0571－88904980,88831806(传真)
排　　版	杭州朝曦图文设计有限公司
印　　刷	杭州捷派印务有限公司
开　　本	710 mm×1000 mm　1/16
印　　张	20
字　　数	241 千
版 印 次	2025 年 6 月第 1 版　2025 年 6 月第 1 次印刷
书　　号	ISBN 978-7-5178-5899-7
定　　价	69.00 元

前　言

在经济全球化的澎湃浪潮中,世界各国的经济联系越发紧密,产业分工持续深化。装备制造业作为国家工业体系的核心支柱产业,其国际化发展程度直接决定着国家的经济实力与国际竞争力。当下,全球贸易格局正经历着深刻变革,贸易保护主义不时抬头,国际市场竞争呈现白热化态势。中国装备制造企业虽已取得长足进步,在部分领域崭露头角,具备一定的国际竞争力,但在国际化征程中依旧面临重重挑战。技术壁垒森严、国家间标准差异巨大,这些都成为企业产品与服务输出的"拦路虎";与此同时,全球产业链重构加速,企业在国际分工中的原有地位面临着重新洗牌的严峻考验。在此背景下,深入探究中国装备制造企业的国际化路径与速度问题,已成为关乎企业生存发展、行业整体升级乃至国家经济战略布局的关键课题。

具体而言,从企业发展角度来看,明晰国际化路径,能够助力企业优化资源配置,精准契合国际市场需求,进而提高国际市场份额,增强品牌的国际影响力;合理把控国际化速度,则可使企业在扩张过程中有效平衡风险,保障自身持续稳定发展。从行业发展角度来看,这一研究成果能够为整个装备制造行业提供清晰的发展方向指引,促进产业结构优化升级,全面增强行业的整体竞争力。站在国家经济战略的高度,推动装备制造企业国际化发展,有助于提升中国在全球产业链中的地位,增强经济的抗风险能力,为构建以国内大循环为主体、国内国际双循环相互促进的新发展格局筑牢坚实基础。

本书围绕中国装备制造企业的国际化路径与速度展开了多维度、深层次的探讨。

在理论研究方面,本书系统梳理了全球价值链、价值环流、国际化速度等相关领域的文献,为后续研究搭建起坚实的理论框架;通过清晰界定中国装备制造企业、深入分析装备类产品的独特特征,以及全面剖析装备制造企业的发展现状,呈现行业的整体面貌,为深入研究其国际化发展提供了翔实的背景依据。

在国际化路径研究方面,本书详细剖析了中国装备制造企业发展所面临的国际环境,深入探讨了其国际化发展的演化路径及参与全球价值链的升级路径。针对共建"一带一路"倡议带来的重大机遇,本书进行了深度挖掘,细致剖析了其中蕴含的国际化发展机会、构筑国际区域价值链的可行性及跨界搜索的具体内容。研究发现,企业必须顺应国际市场趋势,充分结合自身优势,灵活选择适合自身的国际化方式。同时,本书还深入研究了国际化扩张与企业创新升级之间的内在关系,揭示了国际化发展对企业创新能力提升的促进机制,明确了创新是企业在国际竞争中保持优势的核心动力。

在国际化进入后速度的研究方面,本书分别探讨了其对创新绩效的影响及驱动因素。通过科学提出研究假设、精心设计研究方法并进行严谨的实证分析,揭示了中国装备制造企业国际化进入后速度与创新绩效之间的复杂关系。研究表明,适中的速度有助于企业获取创新资源、提升创新能力,过快或过慢的速度都可能带来不利影响。在驱动因素研究中,本书运用多种分析方法,识别出企业动机、能力及外部机会等关键因素,并分析了这些因素间的复杂关联机制,为企业合理调控国际化进入后速度提供了有力依据。

学术研究是一场永无止境的探索之旅。尽管本书对中国装备制造企业的国际化路径与速度进行了较为系统的研究,但在复杂多变的国际经济环境下,仍有诸多问题有待进一步探讨。希望本书能够为相关领域的研究和实践提供有益的参考,也期待更多学者投身于这一研究领域,共同推动中国装备制造企业在国际化道路上稳步前行,为中国经济的高质量发展贡献更多智慧与力量。

作者写于墨湖湖畔

2025 年 2 月 16 日

目　录

第一章　绪论

第一节　研究背景与问题提出

装备制造业是强国之本,其发展水平直接影响了一国的国际竞争力。然而,当前中国装备制造企业在"走出去"的过程中面临着多重挑战,包括全球政治经济环境不确定性突出、国际货币体系不断重构、技术壁垒不断增加、贸易保护主义抬头、全球装备制造产能过剩及发达国家的"逆全球化"等,因此中国装备制造企业在制定国际化战略时要更为审慎和全面。共建"一带一路"倡议的稳步推进为中国装备制造企业的国际化提供了更好的条件。中国装备制造企业正处于发展的黄金期,要想改变"大而不强"的现状,就必须进行产业结构的优化,由粗放式发展向高质量发展转变,提质增效。

国际化的有效开展有助于规避产能风险,提升品牌知名度,从而帮助中国装备制造企业走出低端锁定的泥潭。国际化分为 2 种类型:内向国际化和外向国际化(Welch et al.,1993)。内向国际化是指企业通过引进、消化、吸收的方式,学习和积累国外的先进技术和经验;外向国际化是指企业主动将本国的产品等优质要素推广至国际市场,并学习国际先进技术和经验。中国装备制造企业若能进一步优化国际化思路,持续加强国际化力度,以恰当有效的方式切入共建"一带一路"国家及其他一些国家和地区,将会更高效地获取这些国家和地区的资源,识别这些国家中蕴藏的发展机会,进而推动中国装备制造企业更快地进行价值链升级,从价值链低端位势向高端位势跃迁。

一、现实背景

(一)中国装备制造企业在嵌入 GVC 的内向国际化发展中实现了低端式成长

20 世纪 80 年代以来,随着跨国公司主导的国际生产分工的进一步细化和深化,体现全球范围内资源有效整合和利用的国际分工模式发生了巨大的变化,国际分工经历了由产业间国际分工到产业内国际分工、产品内国际分工不断深化的历程(涂颖清,2010)。为了振兴本国的经济,一些新兴经济体国家也越来越依赖于将当地的经济活动嵌入全球价值链(Global Value Chain,GVC)网络中,以获得更高的价值增值。在改革开放的过程中,中国顺应国际分工的发展趋势,实行了出口导向的外向型经济发展战略,结果是中国(尤其是东部沿海地区)的制造业日益表现出代工制造的发展特征(刘志彪,2005)。

代工制造不仅在中国的民营企业中占主导地位,也是国际企业直接投资并进入中国制造业的主要形式,中国的这种国际化发展模式主要是一种内向国际化的表现(吴先明等,2016)。2013 年,中国装备制造业的产值规模超过 20 万亿元,占全球市场规模的比重已超过三分之一,居世界首位。但近年来,中国装备制造企业的发展开始面临越来越严峻的考验,且随着资源紧缺、劳动力成本攀升、国际贸易壁垒增多、环境压力凸显等问题的出现,正遭遇发展瓶颈。

中国装备制造企业面临的主要问题表现在:过度依赖跨国企业和外部订单,在市场和投资方面缺乏自主性;行业关键部件和核心技术过度依赖外部供给,在产品开发和技术上缺乏自主性;产业结构不合理,为装备制造服务的生产性服务业发展严重滞后,同时,产业趋同比较严重;产业组织层次低下,具有国际竞争力和技术辐射力的龙头企业(大企业)少,出口企业往往在价值链低端进行恶性竞争;市场盈利能力差,产业附加值不高。因此,从中长期来看,中国装备制造企业突破发展困境、增强国际竞争力的关键是实现装备制造业的转型和升级。

(二)在全球多重负价值环流背景下,中国装备制造企业亟须加快转型升级

在金融危机之后,发达国家的经济持续下行,为了振兴本国经济,重新布局国内产业,寻找促进经济增长的新路径,发达国家的政府纷纷制定了一系列政策,尤其重视对先进制造业的再造。德国为进一步推动技术创新,以高科技带动工业生产发展,实现绿色的智能化发展,推行了"工业4.0"战略;英国制定了《英国工业2050战略》,不仅鼓励本国制造企业回流,还将高端制造业作为未来发展的方向;美国为了重塑实体制造,出台了《先进制造业国家战略计划》,致力于重振美国先进制造业的领先地位;日本也提出了振兴制造业的计划;等等。可以看出,这些发达国家都将进一步提升本国制造业水平作为国家战略的重中之重。发达国家重振本国制造业的举措势必对中国的装备制造领域产生冲击。

一直以来,中国制造业通过价格和成本优势在国际市场上占据了一席之地。但是随着原材料成本、人力成本的提高,中国的生产制

造优势有了明显的下降,依靠低端产品来获得规模化收益也越来越难。21世纪初,东南亚、拉丁美洲等地区的生产能力不断提升,生产的成本优势日益明显,吸引了一些发达国家跨国公司的外包订单。这些发展中国家吸引的订单主要是一些低端产品的生产组装订单。这一情况对中国一些为跨国公司进行生产组装的企业而言,产生了很大的竞争压力,同时挤压了中国装备制造企业的生存和发展空间。

在发达国家和发展中国家的多重负价值环流下,中国的市场吸力和生产吸力在不断下降。以往的"引进来"、市场换技术、组装代工的方式已经难以为继,必须尽快转变思路,避免继续陷入产品建构的陷阱。若中国装备制造企业仍故步自封,只专注于外部架构的创新,缺乏加快利用全球资源和适应全球技术革新速度的战略眼光,将会丧失优势重构的机遇。

虽然中国制造业在改革开放后得到了快速发展,但是中国装备制造企业在全球价值网络中更多扮演的是生产车间的角色,只能在生产工艺技术方面进行改良和优化,无法触及研发和市场等高价值增值环节。GVC分工是不能回避的客观事实,对中国来说,关键的问题是如何有效地参与这一分工并逐步提高自身的国际分工地位(程大中,2015)。中国装备制造企业要想实现自身能力的提升,就必须寻找新的知识源,通过自主型GVC网络的构建,实现转型升级(张月月等,2018)。

(三)外向国际化发展是中国装备制造企业向价值链高端跃迁的必由之路

国际化是一些企业寻求发展机会的重要战略行为,日本、韩国等后发国家在提升自身竞争优势的过程中,都是将产品输出到国外市场,在国外市场站稳脚跟后,逐步扩大其品牌在国际市场上的影响力

（韩中和,2014）。相较于日本和韩国,中国企业的国际化起步较晚,起点较低。在 2000 年,中国就提出了"走出去"战略,一大批中国装备制造企业开始嵌入发达国家主导的全球价值体系当中,通过加工、组装、简单制造来谋求生存和发展。中国制造业要想实现高端化,构建有竞争力的自主型全球价值网络,就需要制定有效的国际化战略。企业要想获得全球竞争优势和长期的积极的经济回报,就需要有独特的资源基础和持续提升的能力(Luo,2000)。当前中国装备制造企业在国际化的过程中,要由被动引进的内向国际化向主动寻求发展机会的外向国际化转变(吴先明等,2016),抓住与全球企业合作的机会,寻找创新源,进行知识的有效积累,从而实现自身功能的优化与升级。

珠三角、长三角区域的装备制造企业的国际化经营起步早、活跃度高,有着鲜明的国际化特征(许晖等,2014)。中国企业在国际化的过程中,并不像其他国家的传统企业那样沿着常规的、递进的路线进行逐步扩张,而是出现了加速国际化的现象(Mathews,2006)。通信设备、交通运输和工程机械等领域一些具有较强国际竞争力的中国装备制造企业通过跨国并购和绿地投资等方式到国外市场寻求自身发展所需要的资源,以提升自身的国际竞争力。

在快速国际化的表象下,中国装备制造业显现出越来越多的问题,其中最主要的问题是国内高端产品的生产无法满足国内外市场日益升级的消费需求,高端产品和高端零配件仍需要从国外大量进口。比较典型的是,中国 95％的高档数控系统依赖进口,90％的高档数控机床由发达国家(地区)制造,智能装备对外依存度高达 70％,大部分工厂的自动化装置、机器人、精密测量仪器和科学仪器基本由国外制造商垄断。中国装备制造领域中的一些核心零部件仍十分匮乏,高端装备需要的高精度轴承、机械手等零部件还需进口。如果中国一直缺乏基础零部件、基础材料的支撑,那么中国制造"低端"的"帽子"将一直无法摘掉。中国装备制造企业实现升级的关键就是转变旧有的发展思路,寻找机会向价值链高端环节攀升,此时进行合理的外向国际化发展是中国装备制造企业实现升级的重要现实选择。

(四)"一带一路"倡议的推进为中国装备制造企业外向国际化提供了契机

为顺应世界经济发展的主流,中国提出了共建"一带一路"倡议。2013年9月和10月习近平总书记先后提出了建设"新丝绸之路经济带"和"21世纪海上丝绸之路"的合作倡议。到2015年3月,国家发展改革委、外交部、商务部联合发布了《推动共建丝绸之路经济带和21世纪海上丝绸之路的愿景与行动》(简称《行动》),加速推动了共建"一带一路"倡议的实施进程。这些措施的出台,顺应了中国对外开放区域结构转型、要素流动转型、国际产业转移和国家间经贸合作转型的需要,涉及众多国家和地区间产业与要素的流动,为中国装备制造企业的发展提供了无限机遇。中国制造业的出口目的国在200个左右,但是主要出口目的国仍然是美、日、德等发达国家,市场范围虽广,但是市场集中度过高,这种现状隐含着较高的市场风险。尤其是当发达国家采取反倾销、增加关税等贸易保护措施时,这种集中态势的弊端就会凸显出来。共建"一带一路"倡议提出后,中国装备制造企业的市场空间不断扩大,合作对象的选择不断增多,为"走出去"后的多元国际化创造了有利的条件(王辉耀等,2018)。商务部发布的数据显示,中国的对外投资总额由2012年的878亿美元上升到2020年的1329.4亿美元,中国整体出现了国际化明显加速的趋向。

相对于美、日、欧等发达国家和地区,亚非拉美等地区的发展中国家的市场发展潜力更大。发达国家的市场已经处于饱和状态且竞争激烈,而一些发展中国家对传统制造产品的需求仍然很迫切,且这些地区还未得到发达国家的重视,开发难度也相对较低。共建"一带一路"倡议提出的 10 多年时间里,众多发展中国家积极响应和支持,中国及共建国家为实现政策沟通、设施联通、贸易畅通、资金融通和民心相通的"五通"而努力,朝着互联互通的目标迈进,这使得中国处于核心位置的全球价值多环流处于良性运转过程中。"一带一路"区域价值链的形成,将会产生具有一定区域特性的生产和市场网络,带动区域内各国制造业充分发挥自身优势,扮演好在产业链不同环节中的角色,实现生产和消费的良性循环(王晓萍等,2018)。至 2019 年 9 月,共建"一带一路"国家企业对中国的投资达到了 480 亿美元,而中国企业对共建"一带一路"国家的投资金额已累计超过千亿美元,中国与共建"一带一路"国家的贸易额不断上升,出口比重达到 30.1%。

在共建"一带一路"倡议不断推进和深入实施的过程中,中国装备制造企业应进行转型和升级,提升企业的品牌效益和竞争力。共建"一带一路"倡议在给中国装备制造企业带来机遇的同时,也给企业在产品研发创新、营销创新等方面带来了新的挑战,因此中国装备制造企业要想抓住这一机遇实现向价值链高端环节的攀升,就必须不断提升自身的产品创新和营销创新能力。在这一背景下,中国装备制造企业需要进一步优化国际化战略,在国际市场上寻找发展机会。

当国内市场空间有限时,国际化是企业的重要发展战略,有助于企业扩大经济规模和经营范围,提升市场竞争力,降低投入成本。国际化也能让企业在国际市场上充分利用已有资产,尤其是无形资产,提高资产的利用率。中国大规模的国际化活动开展初期阶段,中国装备制造企业利用代工的方式嵌入 GVC 网络,获取了规模红利。但是以往的快速国际化带来的后遗症逐渐出现,中国装备制造企业正陷入"大而不强"的"泥潭"。中国装备制造企业通过嵌入由发达国家领导、厂商主导的全球价值网络中的知识溢出获得快速发展,这种知识溢出的带动效应、模仿效应和交流效应较为明显,创新效应则不明显。中国装备制造企业要想破除低端"模块化风险"和"技术锁定风险",就必须降低对跨国公司在技术上和市场上的依赖性,提升自主创新的能力。共建"一带一路"倡议的提出为中国装备制造企业破除网络边界、获取异质性资源创造了更好的条件。中国装备制造企业可沿着 GVC/国内价值链(National Value Chian,NVC)/国际区域价值链(International Regional Value Chain,IRVC)多重嵌入的路径,充分把握共建"一带一路"倡议带来的机遇,在全球价值多环流背景下更有效地嵌入国内外资源网络当中,从而逐步摆脱在 GVC 中的低端锁定困境,实现向价值链高端环节的攀升。

二、理论背景

现有研究主要是从产业层面对制造业整体情况进行研究,涉及制造业参与 GVC 的位势评估、中国制造业的国际竞争力评估等问题。在微观层面,聚焦中国装备制造企业的国际化发展路径、国际化速度、创新绩效等方面的研究还比较少。

(一)现有研究中鲜有成果直接探讨中国装备制造企业实现创新升级的路径与方法

现有研究中存在 3 个较为明显且亟待弥补的不足之处:其一,现有文献成果对部分企业类型的关注度还不够,装备制造类企业就是其中一种;其二,在不区分异质性价值链条件下所得到的管理框架虽有助于企业实现位势升级,但往往不是最契合企业发展现状的,有必要在现有成果的基础上继续深入挖掘;其三,将"一带一路"区域价值链纳入 GVC 升级整体框架中的研究很少,有必要深度分析"一带一路"区域价值链的作用机制,以及对 GVC/NVC/IRVC 之间的关系进行比较分析,从而找到更加符合当前中国装备制造企业发展现状的升级路径。

(二)学界对国际化速度的研究结论还存在诸多不一致和矛盾的地方

在对企业国际化战略的研究中,学界对国际化的进入方式、企业海外投资动向、对外政策制定等方面的研究较为丰富,对国际化速度的研究还比较少。直到 21 世纪初,学界才开始重视对企业国际化动态过程的研究,一些学者探究了不同层面的因素对国际化速度的影响,也有学者探究了国际化速度与企业绩效的关系,但是学者们研究的结论存在诸多不一致。现有研究还未对国际化进入后速度的多个维度之间的区别进行具体的分析。在不同类型的国际化进入后速度下,企业面临的情境不一样,对企业发展所起到的作用也不一样,对企业而言,其前因后果还存在一定的差异。但是还没有学者就国际化进入后速度两个维度的区别进行深入明确的探讨。因此,进一步深入探讨国际化速度非常重要。

(三)对国际化速度的影响因素研究较多,但多因素的联动式分析还很少

探索国际化速度的影响因素有助于明晰这一国际化动态过程的形成原因和驱动因素,具有一定的理论和实践价值。目前学界关于这一国际化动态过程的前因研究较为丰富,学者们基于不同的视角进行了理论和实证分析,但是鲜有研究探索不同层次因素与国际化

速度的交互作用机制。在真实情景中,国际化速度并不仅仅是受某单一或若干个因素影响的结果,而是多重因素并发影响的结果。将组织内外部因素置于一个整合性框架中进行研究,能够更深入、更全面地揭示国际化进入后速度的形成原因。本书试图探讨国际学习导向、国际市场导向、环境包容性、环境动态性、关系联结能力、技术创新能力等因素的联合作用,进一步揭示国际化速度的形成原因。

(四)对国际化速度与企业创新绩效关系的研究还很匮乏

已有学者对国际化速度与企业绩效的关系进行了研究,但多是关于财务绩效(长期绩效、短期绩效)和营运绩效(生存绩效、成长绩效)的,很少涉及创新绩效。对中国装备制造企业而言,迫切需要转变发展路径,由粗放型向集约型转变。创新绩效是衡量企业集约型发展水平的重要指标,而在中国装备制造企业进入国际市场后,其进入后速度对创新绩效有着怎样的影响,则是亟待研究的理论问题。

三、问题提出

在国际产业分工深化的过程中,中国装备制造企业以低成本和规模化生产的优势嵌入 GVC 网络,开启了国际化之路。中国装备制造企业在国际化过程中出现了明显的"快速"和"跳跃"发展特征,但是这种发展带来的更多的是规模的扩大,呈现出了"大而不强"的快速国际化现象。导致这一现象产生的微观机制是什么?对企业发展有着怎样的影响?本书聚焦中国装备制造企业国际化发展这一核心内容展开研究,主要探讨以下几个问题:

第一,当前中国装备制造企业所处的国际环境是怎样的?基于当前的国际环境,中国装备制造企业的国际化发展路径应该进行怎样的调整?

金融危机的爆发打乱了原有的全球化节奏。为了振兴本国的经济,一些发达国家出台了"再工业化"的政策,吸引制造企业尤其是先进制造企业回归本土进行发展。与此同时,中国于 2013 年提出了共建"一带一路"倡议。在这种复杂的国际环境下,中国装备制造企业选择何种国际化发展方式更为有利? 这是本书需要探讨的重要问题。

第二,中国装备制造企业进行国际化发展的路径是什么? 什么样的路径是企业进行创新升级的有益选择?

中国装备制造企业通过参与 GVC 从事国际外包业务得到了快速发展,但是随着国内外环境的变化,这一发展模式的弊端日益凸显,即容易让企业陷入"低端锁定"的困境。如何攀升至 GVC 的高端环节,构建自主创新型的 GVC? 这是本书着力解决的关键问题。

第三,中国装备制造企业的国际化进入后速度对于企业创新绩效会产生怎样的影响? 其间哪些情境因素发挥着作用?

在全球价值多环流的背景下,机遇和风险并存,中国装备制造企业的国际化进入后速度到底会产生怎样的结果需要进一步验证。本书将基于广度和深度 2 个维度探究国际化进入后速度对于企业创新有何影响,并分析其与企业创新绩效是线性关系还是曲线关系。

第四,中国装备制造企业在进入国际市场后为什么会、为什么能快速国际化? 这种快速国际化现象是由哪些因素驱动的?

中国作为新兴经济体中的代表性国家,国际化速度与发达国家相比有着很大的差异。在理论层面回答"中国装备制造企业的国际化进入后速度何以产生"有着非常重要的意义。本书试图通过定性比较分析,系统揭示中国装备制造企业独特国际化扩张速度的影响因素,梳理出其中的关键因素,并研究不同因素之间的关系,了解这些因素是单独发挥作用的,还是联动产生影响的,从而更深入和全面地揭示中国装备制造企业国际化进入后速度产生的原因。

对这 4 个主要问题的研究,可以对中国装备制造企业的国际化现象做出更为系统和深刻的解释,有助于丰富和完善后发制造企业的国际化理论,并为中国装备制造企业的国际化战略制定提供有力参考。

第二节　研究方法及内容安排

一、研究方法

针对要解决的核心问题,本书拟采用定性研究和定量研究相结合的方法。首先,采用文献研究方法,对与研究主题相关的文献资料进行详细的梳理,厘清研究思路,进行理论探索,提取研究变量。其次,围绕所要解决的问题,通过规范分析提出具体的理论命题。再次,通过问卷调查收集数据,并对数据进行整理。最后,通过实证研究的方法,对各个命题进行验证,得出研究结果,总结研究结论。具体来说,本书采用了以下几种研究方法。

（一）文献研究

本书将充分利用线上和线下的学术资源,在中国知网、百度学术、Google Scholar、Web of Science、Springer Link、JSTOR 和学校图书馆等平台,系统且全面地搜索和梳理与国际化速度、GVC、装备制造、企业升级、创新绩效等相关的国内外研究文献,找出本书研究的理论突破口,为概念界定、理论研究、模型构建、命题提出奠定坚实的文献基础。

(二)规范分析

结合中国装备制造企业国际化扩张的具体实践,在系统收集、阅读、梳理与本书研究内容相关的文献基础上,运用规范分析范式,对定性和定量研究中的构念关系和路径机制进行讨论、分析和总结,最后分别从企业、行业协会和政府层面提出具体、可行的对策和建议。

(三)问卷调查

本书研究的是微观企业层面的问题,其中涉及的国际化进入后速度、管理者的国际化动机和技术复杂性等方面的数据很难从公开的二手数据中获取,故采用发放问卷的方法。本书在文献研究的基础上,对已有的量表进行了分析;在借鉴已有成熟量表的基础上,根据所适用的情境进行了一些修改和调整,以保证量表的信效度。问卷设计好后,先开展了小范围内的预调研,根据被调查者的反馈情况,对问卷的用语用词进行调整,以确保被调查者能准确地理解问卷题项的意思。之后,通过多种途径进行了大范围的问卷发放,以获取一手数据。

(四)定量研究

本书采用 2 种方法进行定量研究。一种是基于问卷调查获得的一手数据,通过 SPSS 25.0 软件进行分析,并对研究中的各个变量和构念关系进行描述性统计分析、信效度分析、多元线性(分层)回归分析等,对国际化进入后速度与中国装备制造企业创新绩效间关系的各个假设进行检验。另一种是基于二手数据的定量研究,首先在

WIOD、WIPO 等数据库获取数据,其次按照行业分类标准进行数据
整理,最后依据一定的方法进行指标核算。

(五)定性比较分析

本书基于调查问卷获得的一手数据,使用模糊集定性比较分析
法(fuzzy-set Qualitative Comparative Analysis,fsQCA)对国际化进
入后速度的形成前因进行分析。在使用 fsQCA 进行定性比较分析
时,首先对 6 个前因条件进行校准,其次进行必要条件分析,然后根
据输出的中间解和简约解进行组态分析,最后就组态分析结果进行
稳健性检验。

二、内容安排

中国装备制造企业为什么会及为什么能进行快速国际化?其快
速国际化的路径是怎样的?其快速国际化扩张的利与弊孰多孰少?
中国装备制造企业在"走出去"的过程中如何更好地"走上去"?是值
得深入探究的问题。本书试图围绕"中国装备制造企业的国际化发
展"这一主题展开研究,共分为 8 章,每一章的安排与具体内容如下。

第一章为绪论。这一章主要阐述本书研究开展的现实与理论背
景,提炼出要解决的具体问题,并介绍和说明本书所采用的方法与具
体的研究目的,以及具体思路和内容安排。

第二章为相关文献综述。这一章对 GVC、国际化速度等理论进
行系统性梳理,包括 GVC 及相关概念内涵、GVC 的类型、GVC 的治
理模式、GVC 与企业升级、价值环流、国际化速度的内涵、相关/相近
概念的辨析、影响国际化速度的因素、国际化速度的效应及新兴经济
体企业国际化速度的研究,从而为本书研究的开展奠定充分的理论
基础。

第三章为中国装备制造企业的界定、特征及发展现状。这一章对中国装备制造企业所属行业类型、装备类产品的特征进行介绍,并且从产业规模、区域分布和国际竞争力这3个方面对中国装备制造企业的发展现状进行分析。

第四章为中国装备制造企业的国际化发展路径研究。这一章首先对中国装备制造企业所处的国际环境进行分析,重点分析对中国影响很大的2类价值环流,即"逆全球化"价值环流和"一带一路"价值环流。其次,根据中国制造企业参与国际化方式的演变,将其过程划分为3个阶段,并总结了每个阶段的特点。最后,对中国装备制造企业价值链升级的几种路径进行归纳和总结,并探讨进行价值链升级的创新诉求。

第五章为共建"一带一路"倡议蕴含的国际化发展机遇研究。这一章首先对共建"一带一路"倡议中蕴含的中国装备制造企业国际化发展机遇进行分析,其次分析在"一带一路"区域进行跨界搜索的必要性,最后介绍可搜寻的内容和可采用的方式。

第六章为中国装备制造企业国际化进入后速度对创新绩效的影响研究。沿用子研究一的研究样本,实证研究不同类型国际化进入后速度对中国装备制造企业创新绩效的影响。同时,分析管理者资源警觉性和产品的技术复杂性在企业国际化进入后速度和创新绩效之间发挥的调节作用。

第七章为中国装备制造企业国际化进入后速度的驱动因素研究。这一章先在对国际化速度相关文献进行分析和述评的基础上,构建中国装备制造企业国际化进入后速度影响因素的理论模型。然后,采用定性比较分析(Qualitative Comparative Analysis,QCA)方法针对这一部分的研究主题进行定性分析,找出影响中国装备制造企业国际化进入后速度的核心要素,并比较2种国际化进入后速度驱动因素间的差异,以及各种因素的关联机制。

第八章为结论与启示。这一章首先对本书研究的结论进行概括和总结,并阐明理论贡献;其次,对本书研究的局限性和不足进行总结,并为未来研究的改进和深化提出具体的建议;最后,根据本书研究的结果分别从企业、政府、行业协会层面提出具体的策略建议。

第三节 本书研究的创新之处

本书基于对现有文献的梳理和分析,通过规范的理论分析和实证检验,研究中国装备制造企业国际化进入后速度的前因及其创新绩效的影响。本书研究的创新点主要体现在以下几个方面。

(一)研究内容方面的创新

企业国际化发展的研究主体主要是发达国家企业,针对新兴经济体企业国际化的研究出现相对较晚。中国装备制造企业的国际化发展时间较短,相关的研究还比较少。本书研究主要有 3 个方面的创新:其一,对装备制造企业的国际化路径方面的研究主要针对进入模式,国际化演进过程和国际化创新升级过程方面的研究还非常匮乏。本书基于国际化的 2 种不同路径和中国装备制造企业的发展阶段,总结了装备制造企业不同阶段的国际化路径,并对 GVC 治理范式下中国装备制造企业的升级路径进行了归纳。其二,共建"一带一路"倡议的提出和推进,为中国装备制造企业的 GVC 升级提供了新的机遇,本书将"一带一路"纳入 GVC 升级的框架中,提出了 GVC/NVC/IRVC 多重嵌入升级观,这是对现有研究的进一步拓展。其三,基于中国装备制造企业"走出去"的速度加快,对中国装备制造企业的国际化速度,尤其是对国际化进入后速度进行研究具有很高的现实价值。与已有研究不一样的是,本书研究聚焦中国装备制造企业国际化进入后速度,并且将国际化进入后速度解构成国际化广度速度和国际化深度速度,再对这 2 个维度变量进行深度的实证分析,具有一定的新颖性。

(二) 研 究 方 法 方 面 的 创 新

本书的研究方法主要体现在两个方面。其一,对 GVC 的评价指标体系进行优化。依据当前 GVC 的现实情境,归纳及调整学者们提出的价值链综合评定指标,并且重新总结了新国际形势下的 GVC 治理类型。在此基础上,书中将价值链综合评定指标与贸易增加值的核算方法融合在一起,首次从数理角度判定了中国装备制造企业参与的 GVC 的主要类型,更具客观性。其二,采用模糊集定性比较分析方法来研究中国装备制造企业国际化进入后速度的前因组态。定性比较分析方法打破了案例分析和定量研究在解释现象时的局限性,因此在近几年得到了快速发展。在国内,采用清晰集定性比较分析法(clear-set Qualitative Comparative Analysis,csQCA)的研究较多,采用模糊集定性比较分析法的研究较少。目前,在国际化战略领域的研究中,仅有一些学者采用模糊集定性比较分析法研究跨国并购驱动机制的相关问题,还未有文献采用这一方法研究国际化速度的相关问题。本书采用模糊集定性比较分析法来研究国际化进入后速度的驱动前因,有助于找到不同驱动因素间的关联机制,从而对国际化进入后速度的驱动因素进行更深入的解释。

(三) 研 究 视 角 方 面 的 创 新

MOA(Motivation-Opportunity-Ability,动机—机会—能力)理论产生于营销领域,用于解释个体层面问题,后来应用范围逐渐扩大，一些学者采用这一理论解释组织层面及组织间层面的问题。目前，在对国际化速度的研究中，研究视角多且分散，极少有学者用一个规范的整合性框架进行研究。采用 MOA 理论能很好地整合国际化进入后速度影响因素中的个体因素、组织层面因素和组织外部因素，能够较为全面地解释国际化进入后速度的产生原因。本书还基于这一理论视角分析了国际化进入后速度与企业创新绩效之间的关系，并融合了战略意图理论、跳板理论、组织学习理论等，为国际化进入后速度与企业创新绩效间关系的假设提出提供了充分的理论依据。

第四节　本章小结

当前中国装备制造企业在"走出去"的过程中面临着多重挑战，且随着全球政治经济环境不确定性突出、国际货币体系不断重构、技术壁垒增加、贸易保护主义抬头、全球装备制造产能过剩和发达国家的逆全球化等难题不断出现，中国在制定国际化战略时要更为审慎和全面。共建"一带一路"倡议的稳步推进为中国装备制造企业的国际化提供了更好的条件。目前，中国装备制造企业处于发展的黄金期，要想改变"大而不强"的现状，就必须进行产业结构的优化。而国际化的有效开展有助于规避产能风险和提升品牌知名度，帮助中国装备制造企业走出低端锁定的"泥潭"。

2013 年，习近平总书记提出共建"一带一路"倡议，与相关国家建立了互联互通的合作关系，进一步推动了中国"走出去"的步伐。2017 年，中国提出了"推动形成全面开放新格局"的设想。2020 年，以习近平同志为核心的党中央提出要加快形成以国内大循环为主体、国内国际双循环相互促进的新发展格局,为中国装备制造企业的国际化发展提供了新的思路。中国装备制造企业若能进一步强化国际化思维,持续加强以恰当有效的方式切入其他国家的市场,将能更有效地获取这些国家的资源,识别这些国家中蕴藏的发展机会,从而有助于企业突破能力刚性的束缚,进而推动中国装备制造企业更快地进行价值链升级。

企业国际化是一个搜寻机会并构建自身竞争优势的动态过程,企业是通过什么路径进行国际化发展的?为什么有的中国装备制造企业在进入国际市场之后能够快速扩张,而有的企业不能?快速扩张的中国装备制造企业一定能更好地进行创新和升级吗?对这些问题的回答对于中国装备制造企业制定更为有效的国际化战略将具有一定的借鉴意义。为了回答这些问题,本书将围绕国际化发展路径、国际化进入后速度及中国装备制造企业的创新绩效进行研究,这些内容是对现有关于国际化战略研究的进一步聚焦和深度拓展。本书首先对中国装备制造企业的发展现状进行分析;其次,对中国装备制造企业的国际化发展路径进行分析;然后,基于 MOA 视角分析国际化进入后速度与企业创新绩效间的关系,提出研究假设,并进行实证检验;最后,基于 MOA 视角提取国际化进入后速度的影响因素,并采用模糊集定性比较分析方法进行分析。除研究内容之外,本书在研究视角和研究方法的选择上也具有一定的新颖性。

第二章　相关文献综述

第一节　GVC 相关文献概述

一、GVC 及相关概念的内涵

（一）GVC 的内涵

传统上,研究参与跨国生产的发展中国家制造业升级情况时常采用部门分析方法,部门分析方法是一种静态方法,通常受到参数限定的影响。对制造业升级的讨论于 20 世纪 90 年代后半期引入价值链分析方法。价值链分析方法是一种动态的分析方法,集中分析生产部门内在联系的动态性,特别是对处于全球一体化环境中的公司和国家,给出了一种比传统的经济和社会分析更加令人信服的分析范式(陈菲琼等,2007;龚三乐,2010)。价值链分析的出现正好克服了传统部门分析方法的弱点,更深刻地揭示了存在于全球范围内不同部门的经济行为主体之间的经济的、组织的和强制的活动的动态流程。

价值链是波特(1980)在《竞争优势》一书中首先提出的概念。他指出,每一个企业都是涵盖了设计、生产、销售、配送及辅助活动的集合体，而这些相互关联的功能活动构成了一条能创造价值的生产链，即企业的价值链。他还指出，当把企业作为外部环境当中的一个组成部分进行分析时，企业与外部的其他企业、消费者也会结成一条价值链，即外部价值链。波特教授在分析企业面临的竞争问题时，重点指出企业必须在认清自身内部价值链的同时认清外部价值链，从内外价值链的有序协同中获取竞争优势。与波特强调活动类型不同的是，Kogut（1985）提出了用价值增值概念来分析国际战略优势的观点，他认为价值链是技术、劳动力、原材料投入等的有效组合，当一个企业进行全球战略谋划时，需要对价值链各功能环节进行配置，企业的竞争优势会体现在企业参与的价值链区段环节上。

之后，Krugman（1995）将价值链理论运用到企业生产过程分割和空间布局的分析中，探讨了企业将价值链各环节在全球进行空间布局的能力，并将价值链分析纳入全球化框架当中。Feenstra（1998）认为，随着贸易的发展及全球市场一体化进程的不断加快，发达国家发现将一些非核心的生产和服务等业务分离出去并进行全球采购的效益更好，这为发展中国家融入 GVC 创造了机会。之后，Gereffi（1999）在价值链理论的基础上提出了一个新的概念"全球商品链"，这一概念是 GVC 的雏形，为 GVC 理论的提出奠定了基础。Sturgeon（2001）从组织规模、地理分布和生产主体 3 个维度对 GVC 进行了界定。从组织规模看，GVC 包括参与某种产品或服务的生产性活动的所有主体；从地理分布来看，GVC 必须具有全球性，各个环节在全球分散分布；从生产主体来看，GVC 包括了各种类型的主体，有一体化企业、零售商、领导厂商、交钥匙供应商以及零部件供应商。此外，他还对价值链和生产网络的概念进行了区分，指出价值链描述的是某种产品或服务从生产到交货、消费等的一系列过程，而生产网络强调的是

一群相关企业之间关系的本质和密切程度。Gereffi 等(2005)采用
GVC 的概念搭建了 GVC 理论的基本框架,此后 GVC 理论开始快速
发展。

简单来说,GVC 是一个产品或服务生产过程中的一系列阶段,
其中每个阶段都会增加价值,且至少有 2 个阶段在不同的国家。例
如,在中国组装的飞机,其零件来自美国、德国和法国,然后出口到巴
基斯坦、埃及、津巴布韦等国家。GVC 通常与原材料(如铝或钛)、中
间投入(如发动机等零部件)或任务(如后台服务)的国际贸易有关。
根据这个定义,一个国家、部门或公司如果参与 GVC 的一个(至少)
阶段,就是参与了 GVC。跨国生产的分散会带来更精细的国际分工
和更多的专业化收益。GVC 使资源能够流向最具生产价值的领域,
资源不仅会在国家和部门之间流动,也会在各生产阶段的部门内流
动。传统国际贸易的交易活动只涉及 2 个国家(一个出口国和一个
进口国),而 GVC 贸易多次跨越边境。

(二)国内价值链的内涵

对于单一嵌入 GVC 进行产业升级的企业会面临被俘获的困境。
Schmitz(2004)在研究一些发展中国家的经验时发现,先在国内市场
培育,再进入区域或全球市场的价值链分工生产体系当中的代工企
业,表现出强大的功能升级和链条升级能力。刘志彪等(2007)基于
Schmitz(2004)的观点首先提出了 NVC 的概念,并指出在 GVC 背景
下,发展中国家摆脱被俘获困境的关键在于建立和培育高质量的国
内价值链。构建 NVC 的目的不仅仅是培育具有国内竞争力的本土
企业价值链体系,还是为了利用国内市场的高级要素、成长机会和时
空差,形成具有全球技术优势或者市场优势的价值链生产体系。日
本就是基于这一思路,成功实现了从价值链被俘获者到价值链主导

者的转换。

刘志彪等(2009)指出,NVC基于本土市场需求发育而成,其能否培育成功,取决于本土市场的容量尤其是高端市场的容量,此外,还与本土市场对创新的支持及知识产权保护的完善情况有关。2位学者提出了2种具体的NVC构建机制,即基于双边交易平台载体的构建模式和基于单边交易平台载体的构建模式(见图2-1)。双边交易平台是指联结买卖双方的专业化市场交易平台,这种平台为买卖双方提供了交互的机会和多样化的市场发展空间。单边交易平台是指那些既掌握产品品牌和销售终端渠道,又具有核心研发设计能力的领导型企业,在产业链网络中拥有绝对的领导地位和控制权,可以决定找谁供应产品,也可以决定将产品卖给谁。但是在这一模式下,企业不仅需要塑造自己的品牌,建立自己的销售终端渠道,还要具有很强的技术研发能力。

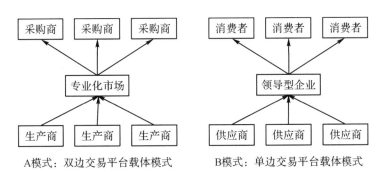

A模式:双边交易平台载体模式   B模式:单边交易平台载体模式

图 2-1   国内价值链中的 2 种构建机制

资料来源:刘志彪等(2009)。

与刘志彪等(2007)强调价值链分工主导力量内生的属权概念不同的是,黎峰(2020)提出了基于内生能力的国内价值链分工概念,即国内价值链分工是指包括初始投入(资源供给内生)、生产制造(制造能力内生)到最终消费(市场渠道内生)的整个价值链上下游布局在国内,增加值在省级区域间流动 2 次及以上的国内垂直生产专业化的分工体态,最终发展为在 GVC 背景下具有全球技术优势和市场优势的关键价值链环节或生产体系。

国内价值链是一个与 GVC 相对应的概念,GVC 强调的是国际资源的配置整合,国内价值链强调的是国内资源的配置整合。二者不是相互矛盾的关系,而是存在着相互补充的非对称关系,在企业发展的不同阶段,不同的价值链发挥的作用有所不同(盛斌等,2020)。一般来说,国内价值链对 GVC 起到补充的作用,只有当 GVC 受到破坏时,国内价值链才会取代 GVC(刘景卿等,2019)。

二、GVC 的类型

Gereffi 等(1994)指出在全球商品链运作的过程中存在着来自生产者和购买者的 2 种不同的驱动力,因此 GVC 可划分为生产者驱动型价值链和购买者驱动型价值链 2 种类型。Henderson(1998)对这 2 种价值链进行了更加深入的分析,清晰地界定了不同驱动力作用下的价值链形态。他指出在生产者驱动型价值链中,是由生产者投资来决定市场需求的,形成的是一种全球生产供应链式的垂直分工体系。在这个体系当中,起主导作用的一般是拥有技术优势的大型跨国公司(如波音、GM 等),这些公司制定一些投资决策,谋求市场扩张。一般而言,技术密集型和资本密集型的飞机、汽车制造行业就属于生产者驱动型。购买者驱动型价值链是指拥有强大品牌优势和销售渠道优势的企业,通过全球采购和业务外包的方式形成跨国商品流通网络。服装、鞋类等一些传统制造行业就属于购买者驱动型,这是发展中国家企业参与得最多的一类价值链。

之后,中国学者张辉(2006)指出,除了生产者和购买者驱动的 2 种价值链类型之外,还存在一些介于二者之间的链条,同时具备了生

产者驱动和购买者驱动的特征,即混合驱动型价值链。他提出应该
按照价值增值序列的具体环节来对价值链进行划分,而不应该按照
部门进行划分。他还指出在生产者驱动型价值链中,主要价值增值
份额都偏向生产环节,价值增值率呈现出递减的状态;在购买者驱
动型价值链中,主要价值增值份额都偏向流通环节,价值增值率呈
现出递增的状态。混合驱动型价值链在生产环节和流通环节都会
产生价值增值,在整个价值链的运作过程中,在生产环节向流通环
节转移的过程中,边际价值增值率会出现先递减再递增的变化。
除了价值增值存在差异之外,3 种价值链在其他方面也存在差异,
具体见表 2-1。

表 2-1　3 种价值链的比较分析

项目	生产者驱动型价值链	购买者驱动型价值链	混合驱动型价值链
动力根源	产业资本	商业资本	二者兼具
核心能力	研究与发展、生产能力	设计、市场营销	二者兼具
环节分离形式	海外直接投资	外包网络	二者兼具
进入门槛	规模经济	范围经济	二者兼具
产业分类	耐用消费品、中间商品等	非耐用消费品	二者兼具
发包商	跨国企业,主要位于发达国家	地方企业,主要位于发展中国家	二者兼具
主要产业联系	以投资为主线	以贸易为主线	二者兼具
主导产业结构	垂直一体化	水平一体化	二者兼具
辅助体系	相对于软件,硬件更重要	相对于硬件,软件更重要	二者兼具
典型产业部门	航空器、钢铁等	服装、鞋、玩具等	计算机等
典型跨国公司	波音、丰田等	沃尔玛、耐克等	英特尔、戴尔等

资料来源:张辉(2006)。

　　不同类型的价值链之间存在着相互转化的机制。在这 3 种全球
价值链中,装备制造业由于技术和资本密集性强,一般会被认为是生

产者驱动型。但是由于产品定制化趋势的不断增强,客户驱动属性在不断增加,装备制造业越来越呈现出一种混合驱动的复杂状态。

三、GVC 的治理模式

GVC 不仅是一种"投入—产出"的序贯式结构,也是一种治理权力配置的模式(Koza et al.,2011)。Humphrey 等(2004)为了解释GVC 分离化和片段化情形下的治理形式,基于主导企业和发展中国家代工企业控制力不对称程度,以及在确定供应商从属于买方的程度,由强到弱将 GVC 治理划分为层级型、俘获网络型、均衡网络型和市场导向型 4 种模式。刘志彪等(2007)在研究中指出,上述 4 种治理模式的技术学习成本、交易协调成本及对技术创新能力的要求都有所不同。

Gereffi 等(2005)根据 GVC 中行为主体间协调性的强弱,将GVC 治理模式划分为 5 种类型:市场型、模块型、关系型、领导型和层级型(见图 2-2),其中层级型治理模式是价值链中行为主体间协调性最弱的模式,市场型治理模式是主体间协调性最强的模式。市场型治理模式中的企业关系不完全是短暂的,而是会随着时间的推移愈加持久,在这种关系中,转换新伙伴的成本很低。模块型治理模式中的供应商会根据客户要求的规格生产产品,这些规格中的细节可能或多或少已经被规定好了。在提供"交钥匙服务"时,供应商对工艺技术的能力负全部责任。在关系型治理模式中,买家和卖家之间存在着复杂的互动关系,这往往会造成相互依赖和高水平的资产专用性。在领导型治理模式中,小供应商在交易时对大型购买者会有很强的依赖性,会面临巨大的转换成本,这是一种"俘获型"的治理模式。层级型治理模式的特点是纵向一体化,治理的主导形式是管理控制,控制权从管理者流向下属,或者从总部流向子公司和附属公司。价值链的治理模式不是一成不变的,而是会随着企业能力的变化而有所调整。凌永辉等(2021)为了明确 GVC 节点上的动态控制与竞争问题,将 GVC 治理结构划分为主动型治理结构和被动型治理结构,并具体分析了每种治理结构中组织结构和经营战略的特点。

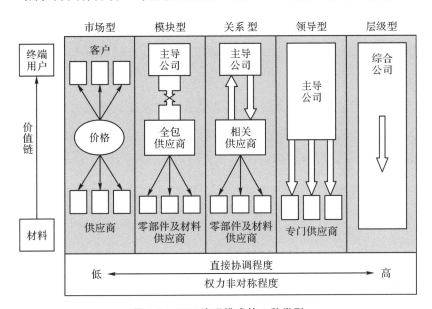

图 2-2　GVC 治理模式的 5 种类型

资料来源:Gereffi 等(2005)。

俞荣建等(2011)指出,Gereffi 等(2005)的价值链治理模式,是基于发达国家情境提出的,不适用于我国企业实际情况,并且他们提出了基于本土企业案例的买供间治理理论,归纳出了 4 种治理模式:掠夺型模式、俘获型模式、伙伴型模式和市场型模式。从"知识获取"和"价值攫取"2 个维度分析了 GVC 治理对代工企业升级的影响。

对于 GVC 治理的影响因素,综合学者们的研究,可知 GVC 治理不仅会受到内部因素的影响,还会受到政府政策、社会组织、技术进步等外部因素的影响。Humphrey 等(2000)明确提出了当地治理的

概念,并将其分为公共治理、私人治理和混合治理 3 种类型。刘洪钟
(2021)指出,现有研究中 GVC 治理的研究忽视了政府的作用。潘豪
(2010)提出,行业协会等中间性组织和当地特定的人文氛围对 GVC
治理有着重要意义。Gereffi(1999)较早注意到互联网对 GVC 治理
结构的影响。Tomaselli 等(2013)考察了信息技术快速发展与关键
业务外包增长的关系。联合国贸易与发展会议(2015)指出,数字经
济能够增强行业与国家参与 GVC 的程度,提高市场的有效性,降低
交易成本。

中国的装备制造业不仅面临着与发达国家间的技术差距,还陷
入了市场空间不足的困境(陈爱贞等,2008)。市场空间有限这一障
碍,不仅会割裂中国本土上下游行业之间的天然联系,还会影响国内
经济的自我循环体系,严重制约本土装备制造业的技术升级(巫强
等,2012)。价值链治理是一个持续调整和变化的动态过程
(Pietrobelli et al.,2011),后发转型大国在重塑价值链的空间结构时
需要将 GVC 与国内价值链的双重特性整合起来(周密,2013),从而
规避单一嵌入某一种价值链而产生的空间局限性。

四、GVC 与企业升级

(一)单一嵌入 GVC 范式下的企业升级

当今世界的生产体系已经进入一个以价值环节分工为基础的全
球化生产阶段,发展中国家的企业或区域都不同程度地加入了这种
分工体系之中,好处是能使厂商提升其能力,并获得更具盈利能力及
知识、资本密集程度更高的经济地位(Gereffi et al.,1994;Katsikeas
et al.,2009)。而发展中国家的代工制造企业加入 GVC,能否获得学
习机会,从而提升技术能力和管理能力,逐步进入高附加值环节,最

终实现产业升级(Dyer et al.,2003;张京红等,2010),是国内外 GVC
研究文献关注的焦点。

　　产品价值链是由不同附加值生产环节组合而成的,而价值链升
级是指企业从低附加值生产环节向高附加值生产环节转移的过程。
联合国贸易与发展会议(2013)根据分工位置和相应能力的获取顺
序,将新兴经济体的升级路径分为"融入"和"准备"2 种。"融入"
(Integration)是指先嵌入 GVC 再寻求相应能力的升级路径。"准
备"(Preparing)是指先培育能力再加入 GVC 分工体系的升级路径。
Wang 等(2013)证明了这 2 种路径确实存在于新兴经济体国家当中。

　　在研究升级模式的层次顺序时,Gereffi(1999)提出了从贸易方
式的角度看,制造业大致遵循 OEA-OEM-ODM-OBM 的路径进行升
级,其中 OEM(Original Equipment Manufacture)是指原始设备制造
商,ODM(Original Design Manufacture)是指原始设计制造商,OBM
(Original Brand Manufacture)是指原始品牌制造商。

　　Hobday(1995)、Humphrey 等(2002)归纳出代工企业序贯式升
级模式,即代工企业的升级会依次经历工艺升级、产品升级、功能升
级和链条升级 4 个阶段。这 4 个阶段对应的升级模式中真正能改变
代工企业在 GVC 中地位的是"功能升级"和"跨部门升级"(Kaplinsky,
2000)。Humphrey 等(2003)发现,发展中国家虽能实现"产品升级"
"工艺升级",但"功能升级""链条升级"却很难发生,发达国家会想方
设法把后发国家"套牢"在 GVC 低端环节(Humphrey et al.,2003),
使后发国家的企业在初级阶段能实现工艺升级与产品升级,而深度
"融入"后就会落入"网络陷阱",被发达国家"俘获"(沈能等,2019)。

　　刘志彪等(2007)分析得出在不同价值链治理模式下,企业可选
择的升级模式也会有所不同。层级型治理模式下,代工企业只能进
行工艺升级;在俘获型治理模式下,代工企业可以进行工艺升级和产

品升级;在均衡型治理模式和市场型治理模式下,代工企业可以进行工艺升级、产品升级、功能升级和链条升级。价值链治理模式和企业升级之间的联系并不是单向的,随着发展中国家制造商能力的提高,当企业实现了升级后,价值链治理模式也会随之发生变化(程新章等,2005)。

江心英等(2009)进一步分析了处于不同类型 GVC 中的代工企业升级路径的差异。处于生产者驱动型价值链中的代工企业会积极与价值链上的主导企业建立合作关系,一般在发展初期会采用低成本战略,之后会不断提升供货能力和技术创新水平。处于购买者驱动型价值链中的代工企业会寻求将自己由制造商转变为中间商的时机,不断拓宽自己的销售渠道,积极打造自主品牌。翁春颖等(2015)指出,在不同类型的价值链中,我国的代工企业在获取价值链中优势企业知识方面的能力存在差异,这种差异会影响代工企业的技术进步程度和升级路径选择。

对于嵌入 GVC 进行产业升级的效果,学者们从不同的角度进行了分析。一些学者指出,嵌入 GVC 有助于新兴经济体国家进行产业升级,主要是因为 GVC 中存在的 3 种积极效应(中间产品效应、行业竞争效应及大市场效应)能促进国内产业技术含量的增加(刘磊,2019)。Feenstra 等(2014)指出,通过吸收和消化高品质中间产品内嵌的先进技术,企业能够提高要素生产率,会形成"中间品学习效应";进口中间产品不仅可以扩大要素投入规模和种类,而且省去了设计、研发投入,能让企业专注于组装加工环节,从而产生规模经济,形成"研发替代效应"(钟建军,2016),这有利于产业技术的进步(Gill et al.,2007)。

王玉燕等(2014)从微观层面、吕越等(2017)从宏观层面,通过实证验证了 GVC 嵌入可能与生产率进步之间存在倒 U 形关系,而不总是正向线性关系。发达国家的俘获效应（Gibbon et al.，2008）、中间品的过度依赖程度（Liu et al.，2016；Felice et al.，2016）、竞争加剧效应（Eckel et al.，2010；Mayer et al.，2014）、技术吸收能力（Kim et al.，2000）是 GVC 嵌入能否发挥积极效应的主要影响因素。GVC 分工体系下的专业化生产方式使新兴经济体国家企业未能充分掌握其他环节的技术、工艺，从而无法完成功能升级；功能升级受阻造成其控制核心环节和组织价值网络的能力缺乏，难以实现价值链升级（Humphrey et al.，2002），仅仅依靠 GVC 很难跳出固有价值链进行升级（王珏等，2018），难以摆脱被锁定在低端环节的困境（凌永辉等，2021）。

（二）双重嵌入 GVC 和国内价值链下范式的企业升级

在刘志彪提出国内价值链的概念之后，国内许多学者突破了单一嵌入 GVC 的框架，开始从 GVC 和国内价值链双重嵌入的视角来研究企业升级的问题。袁凯华等（2019）指出，通过加快市场整合促进国内价值链发展，可以从根本上改变中国制造业的低端锁定困境。国内价值链嵌入的升级路径是新兴经济体应对其在全球价值链中升级受阻的备选方案（王磊等，2018），其最终的目的还是实现在 GVC 上的跃迁（Beverelli et al.，2019）。苏庆义（2016）指出，通过融入 GVC 和进口中间品来生产高端产品，随后通过在"干中学"和技术外溢等方式来延长国内价值链，以提升出口品中的国内增加值率，在这一过程中，新兴经济体的国际分工地位会得到提升。国内价值链构建的思路是通过区域融合和扩大内需解决质量方面的问题（赵蓉等，2020）。尤其是在日益复杂的经济形势下，国内价值链的重要性日益突出，这是建立基于内需的主场经济全球化市场的基础（刘志彪等，2020）。

　　双重价值链嵌入范式下,不仅要重视嵌入 GVC 的约束作用,也要重视国内价值链的多元化禀赋特征(周密,2013)。张少军(2009)发现,GVC 和国内价值链之间的互动关系会影响我国产业升级的前景。魏龙等(2017)证明了整合国内不同地区的要素可以强化"体内循环",对于产业的高端化进阶会产生积极影响。重塑双向开放的 GVC 和国内价值链,实现 GVC 和国内价值链的全方位衔接和互动,统筹协调国际和国内 2 个市场、2 种资源,进而构筑"陆海统筹"、"东西互济"、面向全球的对外开放经济新格局(吴福象等,2017),是破局的关键。

　　装备制造业产品生产呈现"大进大出,两头在外"的特征,以"进口—加工—再出口"的流程参与 GVC(赵桐等,2018)。林桂军等(2015)在研究中发现中国装备制造业呈现总体升级的态势,在电信和船舶方面取得了引人瞩目的成就,但仍然趋向于进口相对高价的零部件、出口相对低价的零部件。这种较低的中间品投入层次阻碍了国内价值链的延伸,加剧了 GVC 嵌入对中国装备制造业的低端锁定效应(陈爱贞等,2011),因此中国装备制造业要分阶段、有重点地参与双重价值链分工(赵桐等,2018)。

五、GVC 研究述评

　　GVC 理论是基于国际产业分工情境进行跨国企业研究时采用的主流理论,自提出后得到了快速发展。新兴经济体国家的制造企业通过参与 GVC,取得了快速发展,但是在向 GVC 高端攀升的过程中,就面临着"低端锁定"困境,因此有学者提出单一嵌入 GVC 后的升级是一种"伪升级"。为了打破这一升级困境,刘志彪等学者提出了国内价值链的概念,此后,越来越多的学者从国内价值链和 GVC

双重嵌入的视角来探索中国制造企业的升级路径。无论是单一嵌入还是双重嵌入,嵌入 GVC 进行国际化发展都是中国制造企业升级的必由之路。然而,现有研究中,关于装备制造企业升级路径的探索还非常少,多是关于制造业产业层面的研究,微观层面的机理分析还十分匮乏,未来研究可从这一方面出发,对相关研究进行补充和完善。

第二节　价值环流相关文献概述

"流"主要是指物质流和非物质流在不同区域间所产生的运动、转移和转化(成升魁等,2007)。区域的空间差异及需求的互补引起了各种要素的流动(Haggett,1977)。流动性的空间,一方面表现为由节点、枢纽、回路等组成的网络,另一方面表现为该网络所承载的信息流、资金流、技术流、资源流、人流、物流等的时空位移所形成的关系和格局(魏冶,2013)。要素和产品的持续性空间流动,是经济生态圈保持活力的关键(王淑芳等,2019)。产业的价值链升级是一个地理过程,是一个涉及空间多尺度力量的、空间重构的动态过程(朱晟君等,2020)。通过重构对外经济开放新格局,依托不同地区的要素禀赋,优化资源配置,可以实现区域规模经济效应(吴福象等,2017)。中国在嵌入 GVC 的同时,要积极关注各个区域间的价值流转(李跟强等,2016)。中国与发达经济体形成价值链上环流,与发展中经济体形成价值链下环流,在发达国家主导的 GVC 环流中,可通过双向投资进一步引进和学习先进技术(张辉等,2017)。在与不同经济发展水平的经济体进行贸易时,中国装备制造业会经历在 GVC 分工中从"被动参与"到"主动构建"角色的转变(刘会政等,2019)。

洪俊杰等(2019)指出,全球经济呈现出"双环流"格局,即发达国家形成一重环流,发展中国家形成一重环流,中国是这个"双环流"中的核心国和枢纽国。但其实,发达国家中又存在着"逆流",发展中国家中也存在着"逆流",如果仅仅把发达国家和所有发展中国家分别归为一类,就无法深刻地解释全球价值环流中的真实形态。这一划分方式考虑到了价值流向,但是将其他所有国家形成的价值环流归为一类,也不够细致。中国企业通过参与共建"一带一路"倡议,间接建设并嵌入 GVC,能够获取广泛的贸易和投资红利(刘志彪等,2018),并且中国在共建"一带一路"倡议下的 RVC 环流里,可实现技术产业化,完成产业中高端化(张辉等,2017)。张辉等(2017)将共建"一带一路"国家构成的价值环流从全球价值环流中提取出来,讨论了"一带一路"区域价值环流助力 GVC 跃迁的可行性问题。在共建"一带一路"倡议下构建 RVC 从而形成双向"嵌套型"价值环流,并在其中扮演核心枢纽角色,是新时期中国突破"俘获型困境"的关键(黄先海等,2017)。戴翔等(2019)在实证研究中发现,随着共建"一带一路"倡议的逐步推进,其在优化和重构 GVC 方面的效应已经初步显现。陈继勇等(2020)的实证研究表明,共建"一带一路"倡议能显著促进中国装备出口。张月月等(2020)将全球价值环流按照价值流向进行分层,认为共建"一带一路"国家形成的价值环流与中国的价值取向一致,可以单独列出来划分为一类,其他国家形成的区域价值环流可以划分为另一类。

第三节 国际化速度相关文献概述

本书的主要研究内容之一是国际化进入后速度的驱动因素和绩效影响,这一部分先对国际化速度的已有研究进行全面综述,以更好地把握国际化速度的研究脉络,找到研究的理论缺口。首先,对国内外关于国际化速度的研究情况进行全面概览,了解国际化速度研究的现状;其次,对国际化速度的概念及一些相关概念进行梳理,以进一步明确国际化速度的内涵;然后,对国际化速度的影响因素和效应的已有研究进行总结,以寻找进行相关研究的理论空间;最后,对新兴经济体国家企业国际化速度的研究进行梳理,以明确新兴经济体国家企业国际化速度研究的侧重点及与发达经济体国家企业国际化速度的区别。

一、国际化速度研究概览

以 2000 年至 2020 年为时间轴,在 Web of Science、EBSCO、ABI、中国知网、万方数据库以"international speed(speed of internationalization)" "rhythm of internationalization""pace of internationalization""early internationalization""age of internationalization""rapid internationalization" "accelerated internationalization""post entry speed""time of internationalization""temporality of internationalization""国际化速度""快速国际化""加速国际化""国际化节奏""早期国际化"为关键词进行文献检索,根据研究需要和论文的典型性共筛选出 69 篇文献(其中英文文献 49 篇、中文文献 20 篇)进行具体的分析和讨论。

Autio 等(2000)关于国际化进入年龄的研究开创了国际化速度研究的先河,但是之后的几年时间,学者们并没有意识到这一领域的重要研究价值,从 2005 年开始,国际化速度的相关研究热度才呈现明显的上升趋势,且主要集中在 2010 年之后,至今仍然有一些国外学者在研究。中国关于国际化速度的研究始于 2013 年,林治洪等学者首先在国内期刊上发表相关文章。从图 2-3 可以看出,国内关于国际化速度的研究明显处于滞后状态,并且发表文献的时间主要集中在 2017—2020 年。这说明,无论是国际上还是国内,国际化速度仍然是比较热门的研究主题。

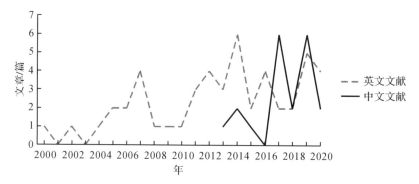

图 2-3　国内外国际化速度相关文章发表数量变化趋势图

关于国际化速度研究的主要学者有塞维利亚大学的 Casillas J C (4 篇)、肯特大学的 Batsakis G(4 篇)、林奈大学的 Hilmersson M (2 篇)等,这些学者发表的文章不仅篇数多,引用率也高,对国际化速度领域的研究产生了重要的影响。国内研究国际化速度的主要有山东大学的王益民团队、华南理工大学的黄胜团队和浙江师范大学的李杰义团队,这 3 个团队发表的国际化速度方面的文章占据国内相关发文总量的 55% 左右。

为了全面分析收录有关国际化速度的文章的期刊情况,笔者对国内外收录有关文献的期刊进行了整理,具体见表 2-2。国际化速度是国际化战略的一部分,英文文献登载的期刊大多数是国际商务领域的主流期刊,包括 *Journal of World Business*, *Management International Review*, *Business Studies*, *International Marketing Review*, *Journal of International Business Studies* 等。尤其需要指出的是,2016 年第 1 期的 *Management International Review* 发行了基于时间视角解释国际化进程的相关研究的特刊,其中包含了一些与国际化速度相关的文章。国内的文章主要发表在经济管理类期刊上，除《科学学与科学技术管理》和《外国经济与管理》上分别刊发了 5 篇和 2 篇文章外，其他期刊只刊发了 1 篇相关文章。

表 2-2　收录国际化速度相关文章的期刊情况

英文期刊名称	篇数	中文期刊名称	篇数
Journal of World Business	10	科学学与科学技术管理	5
Management International Review	5	外国经济与管理	2
Business Studies	4	中国工业经济	1
International Marketing Review	4	南开管理评论	1
Journal of International Business Studies	3	经济管理	1
Journal of Business Research	3	科研管理	1
International Journal of Management Reviews	2	科学学研究	1
International Business Review	2	世界经济研究	1
Journal of International Marketing	2	国际商务（对外经济贸易大学学报）	1
European Management Journal	2	山东大学学报（哲学社会科学版）	1
International Small Business Journal	2	东北大学学报	1
British Journal of Management	1	科技进步与对策	1
Academy of Management Journal	1	华东经济管理	1
Academy of Management Review	1	商业研究	1
Entrepreneurship Theory and Practice	1	产业经济研究	1
International Journal of Entrepreneurial Behaviour & Research	1		
Strategic Management Journal	1		
Technovation	1		
Central European Management Journal	1		
Mangement Decision	1		

续　表

英文期刊名称	篇数	中文期刊名称	篇数
Journal of Global Information Management	1		
Review of International Business	1		

注:统计日期截至 2020 年 12 月。

二、国际化速度的内涵与测量

　　Welch 等(1988)对国际化进行了明确的定义,认为国际化就是企业参与国际业务的过程。他们对国际化的海外运营方式进行了全面的分析,包括如何进入国际市场,在国际市场上销售哪些产品,可以选择在哪些地区开发国际市场,企业应该设立哪些国际化部门,企业管理者应该具备哪些技能等。在国际商务领域,很早就有学者进行了国际化进程时间方面的研究。传统的国际商务理论认为企业的国际化其实就是企业随着时间的推移,通过缓慢积累海外市场知识,逐渐克服"外来者劣势",而逐渐增加国际承诺的过程(Welch et al.,1993)。乌普萨拉大学的 2 位学者 Johanson 和 Vahlne 在 1977 年提出的 Uppsala 模型是国际化进程理论研究中最为经典的模型,这一模型基于不确定性和有限理性的假设,提出企业在选择目标国际市场和国际市场进入模式时,都是以渐进式的状态逐步深入的。这个模型中隐含着 2 个变化机制,机制之一是企业会根据它们在国际市场中学习到的经验而有所改变,另一个机制是企业会通过制定承诺性的决策而改变它们在国际市场中的地位。

　　基于 Uppsala 模型,很多学者展开了对国际化模式、国际化动机等方面的静态研究(Eden,2009),但忽略了现实情境中国际化进程的动态、复杂、多元的特点。随着国际创业理论的兴起,学界才关注到国际化进程并非总是渐进式的,还存在"跳跃""激进"的情况,而传统的国际化理论却无法解释这一现象(McDougall et al.,1994)。Johanson和 Vahlne 在 2009 年对之前的模型进行了优化,引入了商业网络、创业机会和知识创造等理论对企业的国际化进程模型进行了修正,以期能够解释更多的国际化现象。此后,"国际化速度"的概念开始得到学界的关注,并逐渐成为研究的热点。可以看出,国际化速度是随着国际化进程研究的不断深入而拓展出的概念。

国际化速度概念提出后,学界不断深入和丰富对于国际化速度定义、维度和测量的研究。然而许多学者将国际化速度纳入研究范畴时,并未对国际化速度进行明确的定义(Wagner,2004;Luo et al.,2005;Oviatt et al.,2005;Zhou,2007;Kiss et al.,2008;Khavul et al.,2010;Musteen et al.,2010;Prashantham et al.,2011;Ramos et al.,2011;Chen et al.,2012)。

在物理学当中,速度是指在一个单位时间内物体的位置变化,或者说是移动一定距离所用的时间,它是一个距离和时间的相对概念。而学者对于国际化速度的定义则没有这么明确,学者们大都根据自己的研究内容来对国际化速度进行定义和测量。

一些学者从时间的角度对国际化速度进行了定义。Casillas 等(2014)认为,国际化速度就是企业国际化进程和时间的关系,Casillas等(2013)进一步将国际化速度明确定义为企业国际化的事件与时间之间的关系。Acedo 等(2007)参考 Jones 等(2005)的定义,认为国际化速度是企业用于实现某一具体国际化目标所花费的时间。Prashantham 等(2011)仅仅探讨了国际化进入后速度,并认为这一速度就是企业在成为国际新创企业(International New Ventures,INVs)后的国际化扩张速度。Chang 等(2011)将国际化速度定义为企业首次进行 FDI(外商直接投资,Foreign Diret Investment)后每年在新的国家进行 FDI 的平均次数。这些研究还只是将国际化速度作为一个单维度概念进行研究。

Chetty 等(2014)指出,国际化速度的概念内涵丰富,仅仅从时间的角度定义国际化速度过于片面,且现有研究较少深入国际化速度的本质和内容,国际化速度的定义仍不甚清晰和明确,对国际化速度的研究仍然缺乏理论背景和内容效度。王益民等(2017)认为,在进行国际化速度研究时,应该将其视为一个多维概念进行研究,将国际化战略研究中的"时间""深度""范围""模式"等进行融合,这样才能更好地揭示企业国际化进程中的多元化和动态性特征。

首次对国际化速度进行维度划分出现于 Oviatt 和 McDougall 在 2005 年发表的 *Defining international entrepreneurship and modeling the speed of internationalization* 一文中。该文在研究国际新创企业的国际化速度时将其划分为初始国际化速度、国际化范围速度和国际化承诺速度。之后,Prashantham 等(2011)进一步明确了这种划分的依据,从国际化市场知识角度界定了国际化范围速度,从国际化技术知识角度界定了国际化承诺速度。Casillas 等(2013)从速度的本质属性出发,从"距离"和"时间"的角度对国际化速度进行了具体的划分,从"距离"角度将国际化速度划分为国际商业强度变化速度、国外资源承诺变化速度和国际市场广度变化速度,从"时间"角度分别按照时间变化特点(连续和不连续)和时间长度(长期、短期)对国际化速度进行了划分,并形象刻画了不同时间视角下的国际化速度的形态(图 2-4)。Casillas 等(2013)关于国际化速度方面较为深入的研究成果为后续国际化速度的动态研究提供了有力的支撑。

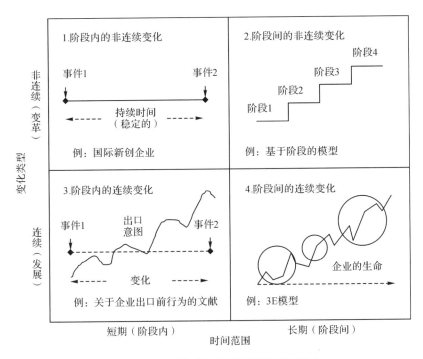

图 2-4 不同时间视角下的国际化速度形态

Chetty 等(2014)认为,虽然已经有学者对国际化速度进行了多维度研究,但是维度划分的依据并不充分。他们基于国际化进程理论,也从"时间"和"距离"2 个方面对国际化速度的内涵进行了分析,他们认为国际化速度就是企业所覆盖的距离和达到这一距离所使用的时间,其中覆盖距离就是企业所处的国际化状态。他们从企业的经验知识学习和国际化承诺两个方面将国际化速度划分为国际化学习速度和国际化承诺速度。并且将国际化学习速度划分为国际活动重复性学习速度和国际活动多样化学习速度,进一步丰富了国际化速度的多维度研究。

与聚焦时间的学者不同的是,García-García 等(2017)对国际化速度的定义与第一次进入国际的时间、加速程度和建立外资企业的速度进行了对比,关注的是出口目的国家的累计数量,这样可以了解跨国公司为适应东道国的努力情况。

小结：通过文献梳理，可以看出学界对国际化速度的研究经历了从单维度到多维度、从静态到动态的变化过程，对国际化速度的研究在不断深入。分析不同学者对国际化速度的定义可以发现，仍然有许多学者将"初始国际化速度"与"国际化进入后速度"作为一个整体进行研究，但其实二者差异很大。测算初始国际化速度时用的时间间隔是企业成立至进入国际市场之前的时间段，而测算国际化进入后速度时用的时间间隔则是企业进入国际市场之后至当前的时间段，二者是 2 个完全不交叉的概念，因此不能将二者混为一谈。相较于初始国际化速度，国际化进入后速度是与国际化企业当前发展联系更为紧密的概念，对这一速度进行研究更具有实践价值。

三、国际化速度的相关概念

学界对国际化速度概念的界定还不清晰（Casillas et al.，2013），有的研究对于同一个概念有着不同的解释，而有的研究则赋予不同的概念以相同的内涵，其中最明显的不一致体现在公司成立与首次进行国际销售之间的时间间隔上。学者们在对国际化速度进行表述时存在着很大差异。Hilmersson 等（2017）认为，有必要对与国际化速度相近/相关的概念进行区分，从而有益于未来知识研究的深入。本书对与国际化速度（Speed of Internationalization/Internationalization Speed）相关/相近的概念"国际化时间"（Time to Internationalization）、"国际化扩张速度"（Pace of Internationalization）、"快速国际化"（Rapid Internationalization）、"加速国际化"（Accelerated Internationalization）、早期国际化（Earliness of Internationalization/Early Foreign Market Entry）和"国际化节奏"（Rhythm of Internationalization）等进行了分析，以进一步明确国际化速度的内涵。

（1）国际化时间。Zucchella 等（2007）指出，国际化时间（Time to Internationalization）有着不同的维度，不仅包括国际化活动的早期开始，还包括国际化增长速度、国际化扩张速度和国际化节奏。Chetty 等（2004）在文章中讨论了天生全球化企业和传统企业在不同发展战略下的国际化时间的不同，但是这篇文章没有对"Time to International"进行明确的定义。Zhou 等（2012）通过实证方法研究了企业进入国际市场的时间点对企业营销能力和国际化成长的影响。Hilmersson 等（2017）将国际化时间定义为企业成立后开始国际化的时间，这是一种非常直接的表述。有学者将这些与国际化速度相近的概念作为国际化速度基于时间进行划分的维度，将其统称为国际化时间，并将其作为自变量纳入研究当中（Hilmersson，2017）。与其不同的是，Baum 等（2011）把这些更精确的时间维度作为抽样或识别案例的标准。无论以何种方式运用国际化速度的时间维度，都有助于未来的学者更深入地研究国际化速度的时间性问题，都有助于国际化速度概念的进一步清晰化。总体来说，国际化时间是对国际化过程中涉及时间内容的总体描述，是一个总体性的概念，包含的内容十分广泛。

（2）国际化扩张速度。Vermeulen 等（2002）在研究国际化扩张进程的过程中，涉及进入国际市场后的扩张速度时使用的是"Pace"一词，而且在该篇文章中，他们将"Pace"和"Speed"作为同义词在文章中混合使用。他们认为，企业在国际化扩张中会出现时间压缩不经济的问题，国际化步伐的加快会使跨国公司高管更有可能将次优的时间和注意力投入打造绿地、筛查和选择收购对象及将收购对象纳入现有子公司体系中。企业如果进行快速的扩张，将无法完全挖掘国际化过程中的潜在收益。Lin（2012）认为，"Pace"就是企业国际化的速度，具体来说，是企业在一定时期内进行的对外扩张的程度或在一定时期内国际化程度的变化。其研究结果显示,组织冗余程度越高,企业绩效越低于预期,企业会以更快的速度进行国际化扩张。Chetty 等(2004)在总结传统企业和天生全球化企业的差异时,对二者的国际化扩张路径(Path)和速度(Pace)进行了比较分析,认为传统企业的国际化是一个渐进的过程,而天生全球化企业的国际化则是快速的过程,并基于此对 2 类企业案例进行了分析。可以看出,学者们在使用这一概念时并未与"Speed of Internalization"进行区分,经常混合使用。"Speed of Internationalization"包含了初始国际化速度和国际化进入后速度 2 个方面,而"Pace of Internationalization"仅说明了企业在国际市场上扩张的速度,描述的是进入后的状态,未来学者在研究进入后速度时可采用这一表述。

(3)早期国际化。Oviatt 等(2005)在研究国际新创企业时发现这些企业在发展的初期或前几年就开始了国际化行为,并逐渐引起了学界的关注。早期国际化是指一个新企业开始其第一次海外市场活动的早期程度,通常是指其从创业到进行第一次跨境销售之间的时间,或者称为第一次进入海外市场时的创业年龄(Autio et al.,2000)。Zhou 等(2012)实证检验了早期进入国际市场对创立时间较短的小型企业的营销能力及绩效的积极影响,并指出营销能力的提升有助于新创企业克服外来者劣势。Zhou 等(2014)实证研究了企业创业年龄对早期国际化和企业销售收入、盈利及创新绩效等关系间的调节效应。Sapienza 等(2006)基于能力的视角研究了企业早期国际化对企业生存和发展的影响。他们认为,企业的早期国际化行为无法用传统的国际化理论进行解释,这促使一些学者探究这一现象产生的原因。Zucchella 等(2007)分别从企业家、组织、区位、网络层面分析了企业早期国际化的驱动因素,并选择了 144 家中小型制造企业作为样本进行实证检验,发现企业家过往的经验,尤其是国际

化经验,会对企业的国际化产生显著的积极影响。Cavusgil 等
(2015)从 5 个方面总结了以往关于"年轻"企业早期国际化现象研究
的价值,并说明了对天生全球化企业早期国际化行为进行研究的必
要性,发挥了一定的承上启下的作用。早期国际化是企业发展初期
就进行国际化扩张的现象,这一现象在天生全球化企业中更为明显,
更多体现的是企业初始国际化情况。

(4)快速国际化。一些研究中更多的是将快速国际化作为一种
重要的国际化现象进行研究。起初学者关注到的是天生全球化企业
快速国际化这一现象(Gabrielsson et al.,2008;Cavusgil et al.,
2015)。这是因为天生全球化企业具有先天性的国际化发展路径,在
国际化过程中呈现出了典型的"革命性"和"快速"的特征。Chetty 等
(2004)对区域型企业、全球化企业和天生全球化企业这 3 种战略群
组进行了比较分析,以进一步明确天生全球化企业的特点。研究得
出,无论是天生全球化企业还是其他传统国际化企业,国内市场在其
发展过程中都发挥了重要的作用。后来,逐渐有学者发现,新兴经济
体的后发企业也出现了快速国际化的现象。Chandra 等(2012)采用
机会基础观(OBV)来研究天生全球化企业快速国际化的本质。徐雨
森等(2014)发现了一些后发企业国际化进程非常快的现象,研究了
后发企业快速国际化的影响因素,构建了基于国家—产业—企业 3
个层面的理论模型,并通过案例研究对这一模型进行了分析,最后指
出内在因素对企业维护国际市场稳固地位具有更加重要的作用。
Deng 等(2015)也关注到了新兴经济体的企业在经营发展过程中呈
现出的快速国际化现象。有学者将快速国际化现象作为一种研究情
境(García-García et al.,2017;李杰义等,2018)。基于这种情境,
Garccía-García 等(2017)研究了国际化速度与企业长期绩效间的关
系,李杰义等(2018)深入分析了中国后发制造企业国际化速度的

影响因素。快速国际化更多的是一种企业国际化扩张过程中呈现出来的现象,是对企业国际化速度的一种描述,一般作为研究背景或研究情境,既可以用于研究初始国际化速度,也可以用于研究国际化进入后速度。

(5)加速国际化。天生全球化企业和国际新创企业的兴起让学界意识到加速国际化的重要性,并引发了越来越多的学者对这一现象的关注。Pla-Barber 等(2006)研究了后发国家中加速国际化的企业与渐进国际化的企业在发展过程中存在的差异,并指出加速国际化的企业对国际化营销有着更加明显的积极性。Weerawardena 等(2007)在分析企业加速国际化时,将国际化速度(Speed)、程度(Extent)和范围(Scope)纳入其中,并从动态能力的角度构建了天生全球化企业加速国际化的概念框架,具体分析了管理者层面因素,聚焦于市场的学习能力,内部的学习能力、网络能力、营销能力,以及知识密集型产业对企业加速国际化的影响,同时分析了这些因素之间的关系。Tan 等(2015)从国际化速度的动态角度(change)定义了加速国际化,认为应该将加速国际化与天生全球化区分开来,认为加速国际化的概念中更多地包含了"快速"的意思,而天生全球化企业的快速国际化则包含了"早期"国际化的内涵,他们认为应将加速国际化作为企业进入国际商业体系的一种战略,该研究进一步明确了加速国际化的内涵。总体上来看,加速国际化是企业的一种战略选择,而国际化速度偏向于一种结果,在使用这 2 个概念时要避免混淆。

(6)国际化节奏。Vermeulen 等(2002)探讨了国际化节奏的问题。企业的吸收能力不是恒定不变的,企业的快速扩张导致的资源超载会进一步降低企业消化吸收的能力,但是不进行国际化扩张,企业的吸收能力也会降低,稳定的、有节奏的扩张速度会比不规律的、独特的扩张速度对企业更有益。图 2-5 左侧展现的是规律演进的国际化扩张形态,右侧展现的是不规律的国际化扩张形态。由图可知,不规律的国际化扩张的波动较大,对企业的能力要求更高,更容易受到时间压缩不经济的影响。Lin(2012)认为,国际化节奏就是企业海外扩张模式的规律性程度的体现,并且沿用 Vermeulen 等(2002)的观点对企业的国际化节奏进行了分析,指出企业应该保持足够的弹性才能应对波动的国际化状态。也有一些学者认为,国际化节奏是企业在全球化扩张过程中的速度变化情况(Shi et al.,2012;Chetty et al.,2014;Chen et al.,2016)。王艺霖等(2016)认为,国际化节奏就是企业海外子公司数量的变化在时间上的集中程度,他们将有节奏、有规律的国际化扩张模式称为连奏,将不规律的扩张模式称为断奏。国际化节奏强调的是企业在国际化扩张过程中的变化情况,是属于国际化进入后速度的一种表现形态。对国际化节奏的研究是一种追踪式的动态研究,国际化节奏是把企业国际化动态特征刻画得更为精细的概念,但相对于国际化速度,其更难以测量。

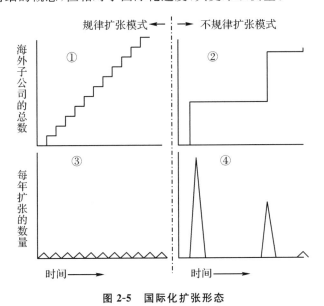

图 2-5　国际化扩张形态

小结:在国际商务领域中,出现了许多与国际化速度相关或相近的概念。未来在使用这些相近或相关的概念时,要注意和国际化速度区别开来,并在使用时明确和清晰地界定其含义。目前学界普遍认同的对国际化速度的表述主要是"Speed of Internationalization"或"Internationalization Speed",可见越来越多的学者开始统一对国际化速度的表述。与国际化速度相近或相似的概念大多指企业在进行国际化扩张中的状态,其中加速国际化的概念更多地倾向于指一种企业战略,其他的概念更多体现的是对国际化速度的一种描述,在使用时要明确具体是对哪种国际化速度进行描述,是初始国际化速度还是国际化进入后速度,以避免对概念的错误运用。对与国际化速度相关概念进行辨析,有助于对国际化速度概念的清晰认识,有助于进一步明确国际化过程研究中各种时间维度概念之间的区别与联系,对于明晰学界对国际化时间维度的认知,以及进一步推动国际化过程方面的研究,具有一定的价值。与国际化速度相近/相关的概念见表 2-3。

表 2-3　与国际化速度相近/相关的概念

相近/相关概念	内涵界定	主要学者
国际化时间(Time to Internationalization)	企业成立后开始国际化的时间,是一个综合性的概念	Chetty 等(2004);Zhou 等(2012);Himersson 等(2017)
国际化扩张速度(Pace of Internationalization)	企业进入国际市场后的扩张速度	Vermeulen 等(2002);Chetty 等(2004);Spence 等(2006);Nadolska 等(2007);Lin(2012);Chen 等(2016)
早期国际化(Earliness of Internationalization)	在企业发展初期阶段就开始进行国际化的现象。企业首次进入海外市场的早期程度,也就是企业进入海外市场时的年龄	Oviatt 等(2005);Autio 等(2000);Sapienza 等(2006);Zucchella 等(2007);Zhou 等(2012);Zhou 等(2014);Cavusgil 等(2015)

相近/相关概念	内涵界定	主要学者
快速国际化（Rapid Internationalization）	企业进行国际化扩张的速度很快（主要是作为一种研究现象或情境），是速度的一种状态	Gabrielsson 等（2008）；Chandra 等（2012）；徐雨森等（2014）；Cavusgil 等（2015）；García-García 等（2017）；李杰义等（2018）
加速国际化（Accelerated Internationalization）	企业以更快的速度进行国际化扩张，更多地体现为一种战略和决策	Pla-Barber 等（2006）；Weerawardena 等（2007）；Tan 等（2015）
国际化节奏（Rhythm of Internationalization）	企业进行国际化扩张时速度变化的幅度/企业国际化发展随时间维度变化而变化的规律情况	Vermeulen 等（2002）；Lin（2012）；Shi 等（2012）；Chetty（2014）；Chen 等（2016）；王艺霖等（2016）

四、国际化速度影响因素的研究

研究国际化速度时，很多学者将国际化速度作为整体概念进行研究，也有学者将国际化速度划分为不同的维度进行研究，但很多都是研究某些因素对所有维度的影响，很少单独研究初始国际化速度和国际化进入后速度，因此本部分对 2 种速度的影响因素进行整体分析。学者们从不同的角度研究了国际化速度的影响因素，纵览关于国际化速度的文献后，本部分从个体层面、团队/组织层面、组织间层面和组织外部环境层面对国际化速度的影响因素进行了分类和总结，具体见表 2-4。

表 2-4 国际化速度影响因素汇总表

研究层面		研究变量	影响路径
个体	社会属性	CEO 网络关系（地理多样化、共同语言）（Musteen et al.，2010）、高管权力（方宏等，2018）	自变量
		高管国际经验、政治关联（宋铁波等，2017）	调节变量

续表

研究层面		研究变量	影响路径
个体	心理特征	CEO过度自信(钟熙等,2018)	自变量
		积极主动性、模糊容忍性、风险感知性(Acedo et al.,2007)	中介变量
		企业家感知(Oviatt et al.,2005)	调节变量
		学习导向(黄胜等,2017)	中介变量
		国际化导向(Acedo et al.,2007;黄胜,2015)	调节变量
团队/组织	团队	高管团队国际化经验(Luo et al.,2005;Mohr et al.,2019)、高管团队过度自信(方宏等,2018;钟熙等,2019)、高管团队共享战略(刘亚专,2018)	自变量
		高管团队国际化风险注意力(方宏,2018)	中介变量
		高管团队任务导向断裂带(方宏,2018)、高管团队竞争压力(Mohr et al.,2019)	调节变量
	组织属性	无形资产和国际化经验(Mohr et al.,2019)、企业营利性(Powell,2014)、知识集中度(Autio et al.,2000;Oviatt et al.,2005;Morgan-Thomas et al.,2009)、国际市场进入年龄(Autio et al.,2000)、期望差距(宋铁波等,2017)、企业文化(Taylor et al.,2013)、地理范围(Mohr et al.,2019)、组织冗余(李自杰等,2020)、商业智能(Cheng et al.,2020)	自变量
		组织合法性(周劲波等,2014)	调节变量
	组织行为/战略	风险投资、多元化(Schu et al.,2016;钟熙等,2019)、区位选择、经验学习(Casillas et al.,2014)、技术创新模式(Ramos et al.,2011)、国内多元化(钟熙等,2019)、国际多元化战略和国际渠道战略(Morgan-Thomas et al.,2009)、产品多元化(Batsakis et al.,2017)、国际化时点(Hilmersson et al.,2017)、模仿(Schu et al.,2016)、社会媒介使用速度(Rialp-Criado et al.,2020)	自变量
		组织学习(周劲波等,2014)、国际学习(李杰义等,2019)	中介变量
		产品多元化(Mohr et al.,2019)	调节变量
	组织能力	创新能力、营销能力(Luo et al.,2005)、数字化能力(Lee,2019)	自变量
		学习能力(李杰义等,2018)、制度能力(黄胜,2015)	中介变量

续　表

研究层面		研究变量	影响路径
组织间	网络	社会网络（Kiss et al. ,2008）、国际网络（Musteen et al. ,2010）、双重网络嵌入性（李杰义等,2018）、海外网络嵌入性（李杰义等,2019）	自变量
		政治网络（方宏等,2018）	调节变量
	关系	关系（Pla-Barber et al. ,2006）、强联结、弱联结（Kiss et al. ,2008）、组织夹带（Khavul et al. ,2010）	自变量
	合作联盟	ICTs 技术联盟（Morgan-Thomas et al. ,2009）	自变量
组织外部环境	行业环境	地理范围、模仿（Schu et al. ,2016；Autio et al. ,2000）、行业竞争性（Oviatt et al. ,2005）、市场成熟度（Taylor et al. ,2013）	自变量
		模仿度（Acedo et al. ,2007）	中介变量
		母国区域集中性（Mohr et al. ,2014）	调节变量
	母国环境	制度不确定性、制度多样性（黄胜,2015）	自变量
		制度发展水平（Kiss et al. ,2008）	调节变量
	东道国环境	海外市场距离（Schu et al. ,2016）、东道国制度环境（黄胜等,2015）、制度距离（杜璇,2016；葛菲等,2020）、国外利基市场（McDougall et al. ,2003）	自变量
	基础设施	科学技术的发展（Oviatt et al. ,2005）、联网性、技术普及性（Luo et al. ,2005）	自变量

（1）个体层面的影响因素。在个体层面的研究中,学者们主要从个体社会属性、心理特征等方面开展了研究。在社会属性方面,Musteen 等（2010）从地理多样性和共同语言 2 方面研究了 CEO 网络关系对企业国际化速度的影响,方宏等（2018）研究了高管权力对企业国际化速度的作用机制。宋铁波等（2017）在其研究框架中,将高管的国际经验和政治关联作为调节变量纳入国际化速度影响因素的研究模型中。在心理特征方面,学者们从 CEO 过度自信（钟熙等,2018）,积极主动性、模糊容忍性、风险感知性（Acedo et al. ,2007）,

企业家感知（Oviatt et al.，2005），学习导向（黄胜等，2017），国际化导向（Acedo et al.，2007；黄胜，2015）等方面研究了企业内部个体不同的心理特征对国际化速度的影响。在对个体层面2方面的研究中，心理特征的研究已较为全面，涉及国际化速度的主效应、中介效应和调节效应等多个方面，将社会属性作为主效应和调节效应的研究较多。在这些个体层面的因素研究中，关于初始化速度的研究较多，关于国际化进入后速度的研究则比较少。

（2）团队/组织层面的影响因素。相较于个体层面的研究而言，团队层面的研究较少，但是组织层面的研究很丰富。团队方面，目前学界主要研究的是高管团队对企业国际化速度的影响。有学者将高管团队国际化经验（Luo et al.，2005；Mohr et al.，2019）、高管团队过度自信（方宏等，2018；钟熙等，2019）、高管团队共享战略作为国际化速度的主效应影响因素进行了研究。方宏（2018）研究了高管团队国际化风险注意力对国际化速度的中介效应，同时，方宏（2018）、Mohr等（2019）分别研究了高管团队任务导向断裂带和高管团队竞争压力的调节效应。组织属性中，学者们关注到了无形资产（Mohr et al.，2019）、国际化经验（Mohr et al.，2019）、企业营利性（Powell，2014）、知识集中度（Autio et al.，2000；Oviatt et al.，2005；Morgan-Thomas et al.，2009）、国际市场进入年龄（Autio et al.，2000）、期望差距（宋铁波等，2017）、企业文化（Taylor et al.，2013）、地理范围（Mohr et al.，2019）、组织冗余（李自杰等，2020）、商业智能（Cheng et al.，2020）对企业国际化速度产生的影响。在组织行为/战略中，学者们研究了风险投资（Schu et al.，2016；钟熙等，2019）、多元化（Schu et al.，2016；钟熙等，2019）、区位选择（Casillas et al.，2014）、经验学习（Casillas et al.，2014）、技术创新模式（Ramos et al.，2011）、国际多元化（钟熙等，2019）、国际多元化战略和国际渠道战略（Morgan-

Thomas et al.,2009)、产品多元化(Batsakis et al.,2017)、国际化时点(Hilmersson et al.,2017)、模仿(Schu et al.,2016)、社会媒介使用速度(Rialp-Criado et al.,2020)、组织学习(周劲波等,2014)、国际学习(李杰义等,2019)、产品多元化(Mohr et al.,2019)等因素对国际化速度的影响。从组织能力方面探索国际化速度影响因素的文献中,Luo 等(2005)研究了企业创新能力、营销能力及 Lee(2019)研究了数字化能力对电子商务公司国际化速度的影响,李杰义等(2018)研究了快速国际化情境下学习能力对企业国际化速度的影响,黄胜(2015)研究了制度能力在二元制度环境下对新兴经济体创业企业加速国际化的中介效应。

(3)组织间层面的影响因素。不同组织之间能够结成各种网络、关系和战略联盟,且对企业国际化速度产生重要的影响。有学者研究了单一的社会网络(Kiss et al.,2008)、国际网络(Musteen et al.,2010)、政治网络(方宏等,2018)对国际化速度的影响,也有学者研究了双重网络嵌入性(本土网络和海外网络)(李杰义等,2018)对企业国际化速度的影响。Pla-Barber 等(2006)研究了不同组织间的关系对国际化速度的影响,Kiss 等(2008)进一步深入地研究了关系联结的强弱对国际化速度产生的不同影响,也有学者研究了组织夹带(Organizational Entrainment)对国际化速度的影响(Khavul et al.,2010)。网络和关系具有很强的关联性,有学者研究了网络关系对国际化速度的作用机制。合作联盟是组织间建立的关系类型之一,Morgan-Thomas 等(2009)研究了信息和通信技术联盟对国际化速度的影响。

(4)组织外部环境层面的影响因素。外部环境因素是国际化速度的重要影响因素,无论是行业环境、母国环境、东道国环境层面还是基础设施层面都有学者进行了深入研究。行业环境层面,有学者研究了地理范围、模仿(Schu et al.,2016;Autio et al.,2000)、行业竞争性(Oviatt et al.,2005)、市场成熟度(Taylor et al.,2013)、模仿度(Acedo et al.,2007)、母国区域集中性(Mohr et al.,2014)等因素对企业国际化速度的影响。母国环境层面,一些学者研究了制度不确定性(黄胜,2015)、制度多样性、制度发展水平(Kiss et al.,2008)等因素在企业国际化速度中发挥的作用。东道国环境层面,有学者研究了海外市场距离(Schu et al.,2016)、东道国制度环境(黄胜等,2015)等因素对国际化速度的作用机制。除了上述这些环境因素,还有基础设施层面因素,如科学技术的发展与普及也加快了企业的国际化扩张速度(Oviatt et al.,2005;Luo et al.,2005)。

随着学界对国际化速度概念的进一步明确,一些学者开始对国际化速度进行更深入的研究,有学者开始探索处于不同时间轴上的2种国际化速度之间的关联性。黄胜(2015)将初始国际化速度和国际化进入后速度纳入企业国际化发展全过程框架当中,研究了初始国际化速度对国际化范围速度和国际承诺速度这2种国际化进入后速度的影响。

小结:在国际化速度的影响因素研究中,个体层面的研究主要集中在企业高管的社会属性和心理特征上,并且个体层面的研究主要是关于初始国际化速度的研究,而关于国际化进入后速度的研究较少,未来可进一步研究个体层面因素对国际化进入后速度的影响。在团队层面研究中,学者们只是关注到高管团队,现实中可能还有其他团队也对企业国际化扩张速度产生了影响,未来可进行实证探索。组织层面的研究虽然已经十分丰富,但是组织能力方面尤其是组织动态能力方面的研究还只有少数学者涉及。在组织间层面的研究中,网络和关系是学者们一直以来都非常关注的内容,未来可挖掘新型的网络/关系类型和网络/关系嵌入模式。组织外部环境,尤其是制度环境成了近些年兴起的研究热点,尤其在共建"一带一路"倡议提出后,越来越多的国内学者关注对制度环境的研究,未来可进一步深入研究这一层面因素,为国家制度建设贡献力量。综观4个层面的研究发现,学者们主要进行的是单个层面影响因素的研究,多层次或跨层次的研究还很少。虽然有学者进行了调节效应的研究,但是对变量间交互效应的研究还不够深入。未来在进行国际化速度影响因素方面的研究时,以整合性的视角进行多层次研究会有助于国际化速度研究的进一步丰富和深化。

五、国际化速度效应的研究

目前关于国际化速度效应的研究,主要涉及绩效效应,研究其他效应的还很少,仅有1篇文章研究了国际化速度对企业创新的影响(Zhou et al. ,2014),这篇文章也仅仅是将创新作为企业绩效的一个维度。在国际化速度的效应研究中,多是将国际化速度作为自变量,但也有若干文献将国际化速度作为调节变量纳入研究模型当中(Yuan et al. ,2015;李杰义等,2019)。

对于国际化速度的绩效效应,学者们主要研究的是企业绩效、国际绩效等整体性绩效,只有很少的学者对绩效进行了区分,从生存和成长2个方面进行测量(黄胜等,2017)。例如,García-García 等(2017)聚焦于长期绩效,Zhou 等(2012)聚焦于企业成长绩效,也有一些学者聚焦于企业短期绩效(Mohr et al. ,2017)。García-García 等(2017)首先研究了国际化速度与企业长期绩效间的关系,认为长期绩效比具有短期导向的会计计量更能准确地反映快速国际化的后果,长期绩效比生存指标更能代表未来的增长前景(因为它们不区分盈利投资)。实证结果显示,该篇文章中选择的2个调节变量对国际化速度与长期绩效间的关系发挥了调节作用,这对于国际化速度和绩效间关系的争议具有一定的消除作用。

国际化速度与企业绩效间关系的本质一直是学界存在争议的话题,很少有学者从经验上检验这 2 个变量之间的关系,而已经尝试过的学者还没有就这种关系显示的模式达成共识(García-García et al.,2017)。表 2-5 总结了国外期刊上发表的涉及国际化速度与绩效关系的主要实证研究成果。目前,将国际化速度作为自变量的研究已有不少,但是将其作为情境因素的研究还不是很多。通过表 2-4 可以看出,当把国际化速度作为自变量进行研究时,国际化速度与企业绩效间的关系存在多种类型,包括 U 形关系(林治洪等,2013)、倒 U 形关系(周立新等,2019;黄胜等,2017;García-García et al.,2017;Mohr et al.,2017;Wagner,2004)、混合关系(Hilmersson et al.,2016;Jiang et al.,2014;Zhou et al.,2014;Zhou et al.,2012;Chang et al.,2011;Jautunen et al.,2008)、正向关系(Hsu et al.,2013;Li et al.,2012)、负向关系(陈初昇等,2020;田曦等,2019;Zeng et al.,2013;Chang,2007)等,学者们基于不同的理论视角对这些结果进行了解释。目前关于企业国际化速度与绩效关系为正向的研究,主要基于先行者学习优势和规模经济的视角;关于企业国际化速度与绩效关系为负向的研究,主要基于时间压缩不经济、组织吸收能力、组织成本和外来者劣势的视角;关于企业国际化速度与绩效为非线性关系/混合关系的研究,主要是基于国际化渐进理论和组织学习的视角。学者们基于不同视角研究国际化速度与企业绩效的关系,丰富了这一领域的研究成果。

Contractor 等(2003)提出,所有这些相互矛盾的发现都可以在一个新的国际化扩张三阶段理论中得到调和,在这个理论中,正向、负向和 U 形关系在不同阶段呈现。Chang(2007)在 Contractor 等提

表2-5 国际化速度与绩效关系的主要实证研究

作者及年份	速度的角色	速度的测量	效应变量	效应的测量	数据来源	速度—绩效关系
Freixanet 等(2020)	自变量	公司销售额的平均增长率	中小型企业生存	10年期间的破产情况	ACICSA数据库	负向关系
陈初昇等(2020)	自变量	国际化程度/国际化进程的长度(国际化进程的长度为企业首次对外直接投资的年份至报告期的时间间隔)	海外子公司生存	海外子公司生存状态、生存时间	国泰安和世界银行数据库	负向关系
田曦等(2019)	自变量	基于深度的国际化速度:企业海外子公司个数除以国际化年限;基于广度的国际化速度:企业在海外投资的东道国数目除以国际化年数	企业绩效	总资产收益率(ROA)	A股上市公司对外直接投资数据	负向关系
周立新等(2019)	自变量	企业产品出口和境外投资所涉及的国家和地区数量除以企业首次国外扩张至报告期的年数	企业绩效	利润、销售额、市场份额增长和资产回报4个题项	问卷调查	非线性关系(倒U形)
黄胜等(2017)	自变量	初始速度:企业首次进入国外市场与该公司成立年份的时间差;国际化范围速度:问卷法;国际承诺速度:跨度国指数	国际绩效(生存绩效、成长绩效)	生存绩效:持续经营、应对生存危机的能力;成长绩效:销售额、市场份额、税前利润、员工增长	322家中国国际新创企业(问卷调查,创企业对兑特5分量表)	非线性关系(倒U形)
方宏等(2017)	自变量	企业FDI总数除以该企业首次FDI至报告期的间隔时间	企业绩效	投入资本回报率(ROIC)	中国上市公司(二手数据)	负向关系

续　表

作者及年份	速度的角色	速度的测量	效应变量	效应的测量	数据来源	速度—绩效关系
García-García 等(2017)	自变量	公司在某一年通过 FDI 进入的新国家累计数除以该公司进入第一个海外国家至报告期的年数	长期绩效	Tobin's q	西班牙企业(二手数据)	非线性关系(倒 U 形)
Mohr et al.(2017)	自变量	平均外国网点数量除以公司首次进行国际化扩张至报告期的年数	短期绩效	净收益与总股本之比(ROE)	进行国际化运营的零售企业(二手数据)	非线性关系(倒 U 形)
Hilmersson 等(2016)	自变量	一定时段内出口的市场数,一定时段内的出口总销售额,一定时段内国外资产所占比例	企业绩效	总资产回报率	瑞典南部的中小型企业(Small and Medium-sized Enterprises,SMEs)(一手数据和线上调查)	混合关系
Jiang 等(2014)	自变量	首次进入和焦点进入的时间间隔	海外子公司绩效	生存和盈利能力	日本企业(二手数据)	混合关系
Mohr 等(2014)	调节变量	自国际化以来每年新增的国外网点数量	企业绩效	销售收入	进行国际化运营的零售企业(二手数据)	正向调节
Zhou 等(2014)	自变量	从新公司成立到企业进入第一个国际市场的时间间隔	企业绩效	销售增长和资产回报率(ROA)	浙江制造企业(问卷调查、李克特 5 分量表)	混合关系
林沿洪等(2013)	自变量	国际化程度的变化率	企业绩效	净资产收益率(ROE)	中国上市公司(二手数据)	非线性关系(U 形)

续　表

作者及年份	速度的角色	速度的测量	效应变量	效应的测量	数据来源	速度—绩效关系
Hsu 等 (2013)	调节变量	公司首次对外直接投资时的年龄	企业绩效	投资收益率	台湾 SMEs (二手数据)	正向关系
Zeng 等 (2013)	调节变量	公司每年 FDI 的平均数	FDI 失败率	每年 FDI 的生存状态	韩国公司 (二手数据)	负向关系
Li 等 (2012)	自变量	公司在 3 年内从事国外业务的程度	企业绩效	销售收入	美国技术密集型小企业 (二手数据)	正向关系
Zhou 等 (2012)	自变量	公司首次涉足国际市场时的年龄	企业成长绩效	国际销售、利润和市场份额增长	中国企业 (问卷调查)	混合关系
Chang 等 (2011)	自变量	首次 FDI 后在新的国家进行 FDI 的平均数	企业绩效	投资收益率	韩国制造企业 (二手数据)	混合关系
Khavul 等 (2010)	自变量	公司首次进行海外销售时的年龄	企业绩效	销售增长、盈利能力、市场份额和竞争地位	中国、印度和南非的新创企业 (问卷调查；李克特 5 分量表)	不显著
Jantunen 等 (2008)	调节变量	公司进行国际业务前所经过的时间	国际绩效	绩效满意度	芬兰企业 (问卷调查；李克特 10 分量表)	混合关系
Chang (2007)	调节变量	每年进行 FDI 的平均数	企业绩效	销售收入	亚太地区跨国公司	负向关系
Wagner (2004)	自变量	国际化程度的变化	成本效率变化	成本效率	德国制造企业 (二手数据)	负向关系
Vermeulen 等 (2002)	调节变量	每年 FDI 的平均数	企业绩效	资产回报率	荷兰企业 (二手数据)	非线性关系 (倒 U 形)

出的三阶段模型的基础上提出了一个新的三阶段模型,其是对之前研究的深化与拓展。

当国际化速度作为情境因素时,学者们在研究中发现国际化速度对企业绩效产生的影响也并不一致,出现了正向调节(Mohr et al.,2014;Hsu et al.,2013)、负向调节(Zeng et al.,2013;Chang,2007)和混合调节(Jantunen et al.,2008;Vermeulen et al.,2002)等多种结论。有学者认为目前学界未对二者关系的性质达成共识是由于国际化速度和绩效都存在难以概念化的问题(García-García et al.,2017),这导致了学者们从不同的角度进行定义和测量,在数据方面就出现了不一致。

在国际化速度与绩效关系的实证研究中,研究对象大多是发达国家(如美国、德国、荷兰、芬兰等)的跨国公司/新创企业,但也有一些学者开始关注新兴经济体国家(如中国、印度、南非)的中小企业/新创企业(黄胜等,2017),在新兴经济体国家的企业中,中国企业是被研究的主要对象。从研究的结果中可以看出,基于不同样本的对国际化速度与绩效关系研究的结果呈现出巨大的差异,由此可以看出,国际化速度是一个与情境关联性很强的变量,研究情境或研究对象发生变化后,研究的结果也会发生变化。这说明,进行这一理论研究的过程中,选择合适的边界条件十分重要。未来的研究可在研究对象具体化、研究情境明确化方面做进一步的改进。

上述文献中关于国际化速度可能产生的绩效效应有着不一致的结果,一方面可能是由于绩效测量方式的差异性,另一方面可能是由于研究情境存在着差异,则各研究收集的样本数据存在很大差异,尤其是发达国家和新兴经济体国家的企业本身的国际化动机、资源和能力等方面差异明显。此外,国际化速度与企业绩效间多种关系的存在并不能解释为什么有些公司能够成功地加快国际化进程,而另一些公司却不能。因此,未来有必要进一步聚焦某一具体的情境研究国际化速度与企业绩效之间的关系,从而更深入地解释国际化速度与绩效研究结果不一致的问题,或对这一问题进行更明确的解释。

学者们普遍认为企业绩效是一个多维度的概念,国际化战略对不同维度的企业绩效有着不同的影响(Sapienza et al.,2006)。现有的研究大多关注的是国际化速度对一些财务绩效指标的影响,如对国际市场增长收益和市场份额等的影响,也有一些学者关注到国际化速度对非财务绩效指标的影响,如生存绩效、成长绩效等。除此之外,Knight等(2004)指出国际化的本质其实就是一种创新行为,能够促进公司创新解决问题关键能力的提升。Zhou等(2014)对国际化速度对学习和创新的影响进行了研究。

小结:目前关于国际化速度的效应研究中,多数是关于国际化速度的绩效效应,也涉及其他效应,但相对较少。在国际化速度与绩效关系的研究中,出现了多种研究结果,有线性关系(正向、负向),也有曲线关系(U形、倒U形、S形等),这可能与研究对象或测量方式的差异性相关。但无论如何,可以看出国际化速度是一个具有高度情境依赖性的因素。在国际化速度其他效应的研究中,关于营运绩效(生存、成长)的研究较多,仅有少数关注到了国际化速度与创新之间的关联性。在未来国际化速度效应研究中,尤其是进行中国情境下的国际化速度研究时,可进一步深入研究国际化速度对创新的影响,这将具有非常大的理论价值和现实意义。

六、新兴经济体国家企业的国际化速度的研究

国际化扩张已经成为世界范围的普遍现象,但是以往关于国际化扩张过程中速度变量的研究,多以发达国家跨国企业为研究对象

（王益民等，2017），对发展中国家或新兴经济体国家的企业的关注度不够（Khavul et al.，2010）。随着生产力的不断提高，越来越多的新兴经济体国家的企业在母国政府的支持下走向国际市场，开始了国际化扩张之路。加速国际化的现象在新兴经济体国家的跨国企业中特别明显（Yeoh，2011；Yiu，2011），是特别令人吃惊的特征（Deng et al.，2015）。

Hitt 等（2016）指出新兴经济体国家的跨国企业至少有 2 个不同于发达国家跨国企业的特征。第一，新兴经济体国家的跨国企业的母国制度环境具有典型的动态性、制度缺陷和资源约束特征。第二，新兴经济体国家的跨国企业虽然参与国际化战略的动机与发达国家的跨国企业有一定的相似性，但是新兴经济体国家的跨国企业还有其他一些独特的动机，如学习的动机，包括技术和管理技能等的学习（Hsu et al.，2013；Lyles et al.，2014）。

学界关于新兴经济体国家的全球竞争优势和国际化战略方面还存在争论（Cuervo-Cazurra，2012；Hennart，1982；Peng，2012；Yamakawa et al.，2013）。有学者认为，新兴经济体国家的跨国企业与发达国家的跨国企业在国际化扩张的过程中都面临着外来者劣势，但是有所差异的是，前者作为海外市场的后进入者，文化、认知方面"水土不服"产生的副作用更加明显，即具有明显的来源国劣势和后来者劣势（Moeller et al.，2013；Rao-Nicholson et al.，2017）。相较于发达国家的跨国企业而言，由于在市场当中的后发性、追赶特性，新兴经济体国家的企业在制定某种国际化战略时考虑的因素更为复杂，面临的内外部条件压力也更加多元化（汪涛等，2018）。Peng（2012）指出，对于新兴经济体国家的跨国企业加速国际化的现象，可以基于行业、制度和资源的视角来分析可能的驱动因素。

一些学者尝试通过修正传统的国际化理论模型来解释新兴经济

体国家的企业在国际化扩张中的独特现象;也有一些学者针对新兴经济体国家的企业的国际化行为构建了新的理论框架或提出了新的视角,主要包括:①LLL(Linkage-Leverage-Learnig,互联—杠杆化—学习)理论框架。Mathews(2006)基于资源基础观提出的 LLL 理论框架认为,与发达国家相比,新兴经济体国家的企业有着很强的后发性和新进入者属性,一般希望通过国际化来获取战略性资源,进而建立新的战略优势。Li(2007)指出,LLL 理论框架较为完整地刻画了跨国企业国际化中内容—过程的演化,并指出这一理论不仅适用于分析新兴经济体国家的企业,也适用于分析发达国家的企业。Tan 等(2015)基于 Mathews(2006)提出的 LLL 理论提出了资源杠杆的概念,并认为这是促使新兴经济体国家跨国企业加速国际化的重要战略因素。这些跨国企业基于 LLL 理论实现了加速国际化,这一理论的特点是与参与者建立初始联系,并且利用他们的资源,包括技术、技术人员和市场准入等。之后 Hung 等(2017)尝试将制度基础观整合进 LLL 理论框架当中,对 LLL 理论框架进行了深化和拓展。②国际跳板理论。Luo 等(2007)认为,新兴经济体国家的跨国企业在进行国际化扩张时将获取关键资源作为克服竞争劣势的跳板,并提出了国际跳板战略(Springboard Strategy),这一战略包含 3 项主要的活动,即在国际化扩张前从外资跨国企业引进知识和资源,通过加速国际化扩张实现国际竞争地位的提升,在国际市场上与其他跨国企业进行竞争与合作。同时,他们还基于国际多元化和企业所有权 2 个维度将新兴经济体国家的跨国企业划分为 4 种类型,即全球多元化企业、利基企业、跨国代理企业和委托专家企业(见图 2-6),这有助于分析不同优势、劣势,不同行为及特殊类型经济体国家的跨国公司的行为。Luo 等(2018)进一步指出企业不仅在扩张前会引进国外的知识与资源,还会通过海外投资来获取关键的战略资产,然后对资源进行整合利用以提升企业自身能力。③战略意图视角。Rui 等(2008)也提出了相似的观点,但是将获取海外战略性资产以弥补自身的战略劣势,克服制度环境约束的追求称为企业的战略意图。④双元视角。Luo 等(2009)根据新兴经济体国家的跨国企业的具体特点提出了双元性,并从 4 个维度进行了研究,包括双元导向(Co-Orientation)、双元能力(Co-Competence)、竞争与合作(Co-Competition)和共演(Co-Evolution)。之后,Li(2010)也指出在国际化学习过程中,跨国学习双元性的重要作用。

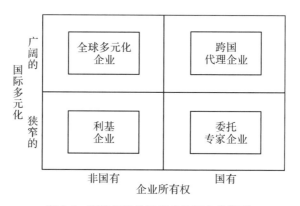

图 2-6　新兴经济体国家的跨国企业类型

　　基于上述的理论框架和视角,学者们对新兴经济体国家的新创企业、天生全球化企业及中小型制造企业的国际化速度进行了研究(具体见表 2-6)。

　　Chang(2007)在 Contractor 等(2003)提出的三阶段模型的基础上提出了一个新的三阶段模型(见图 2-7)。第一阶段:国际化—绩效关系为负相关,因为早期的全球业务规模小,不足以弥补国际化的成本。第二阶段:国际化—绩效关系是正相关,因为此时进一步的国际化扩张所带来的增量收益大于扩张所带来的增量成本。第三阶段:国际化—绩效关系为负相关,此时的国际化扩张超过最佳阈值。同时,Chang 基于三阶段理论构建了理论框架并实证检验了国际化扩

表 2-6　国外关于新兴经济体国家企业的国际化速度研究汇总

作者及年份	研究问题/目的	理论/框架/概念	实证/理论研究	研究对象	主要发现
Chang(2007)	为涉及新兴经济体国家企业业务的国际化扩张目与小企业绩效相关的多方面先行概念提供一个整合性框架	基于三阶段理论构建了理论框架并实证检验了国际化扩张路径、扩张速度,地理范围及新兴经济体国家的跨国企业国际化扩张的产品多样化过程的效果	实证研究	亚太地区跨国公司	新兴经济体国家的跨国企业追求快速的国际化扩张往往低估了复杂性增加的幅度。新兴经济体国家的跨国企业应该重视战略决策制定过程中影响速度的重要因素
Luo等(2007)	构建一个分析新兴经济体国家企业的独特性的总体性框架	提出了一个基于跳板视角来描述新兴经济体国家跨国公司的国际化问题	理论研究	新兴经济体国家跨国公司	
Zhou等(2012)	早期进入国际市场对年轻型企业营销能力和绩效的影响情况	营销能力在早期国际化中对绩效的影响	实证研究	中国的新创企业	营销能力是帮助年轻国际化企业减少海外运营难题以取得国际业绩的有利因素
Khavul等(2010)	组织纽带在国际新创企业国际化中的作用	构建了以组织纽带为情境变量的涉及国际化程度、范围、速度与企业绩效的关系模型	实证研究	中国、印度和南非的新创企业	当企业与最重要的国际客户达成时间约定时,他们可以更有效地在国际市场上实现战略目标
徐雨森等(2014)	后发企业快速国际化的影响因素	构建了包含国家特定优势、产业特定优势和企业特定优势的影响机制模型	实证研究(单案例研究)	中国上市公司山河智能	国家特定优势、产业特定优势企业特定优势对后发企业的国际化都有一定的推动作用,其中企业特定优势是最关键的因素

续表

作者及年份	研究问题/目的	理论/框架/概念	实证/理论研究	研究对象	主要发现
Zhou 等 (2014)	企业早期国际化对绩效的影响	将创业年龄和国际承诺作为调节变量构建企业早期国际化与绩效同的关系模型	实证研究	中国浙江省制造企业	企业早期国际化对企业的销售增长影响显著，但对企业创新和利润影响不显著。早期国际化的绩效优势在年轻公司转为成熟公司时就不适用了
Tan 等 (2015)	将加速国际化作为新兴市场跨国企业国际化扩张的一种独特模式，并探讨可能的驱动力	运用战略推理的方法分析新兴经济体国家加速国际化的进程，丰富了加速国际化的研究领域	实证研究（案例研究）	中国风涡轮制造企业	LLL 理论框架对于后发企业国际化扩张时间层面的解释力很强
Yuan 等 (2015)	研究中国跨国公司国际化战略的绩效影响	分别考察了中国跨国公司在发达国家和发展中国家的国际化速度和年龄对绩效发挥的个体效应和联合效应	实证研究	206 家中国上市跨国公司	年龄与企业绩效呈负相关，但发展中国家子公司的快速扩张呈正相关。此外，年轻化和两种扩张类型的影响，即发展中国家和发达国家地理扩张产生的快速扩张，中国子公司的快速扩张范围的快速扩张，都是累积的
李杰义 等 (2018)	探讨双重网络嵌入性对学习能力和中国企业国际化速度的影响	构建了双重网络嵌入性对学习能力与国际化速度的理论模型	实证研究	长三角地区 336 家外向型制造企业	双重网络嵌入性和学习速度都有着正向影响，学习能力在双重网络嵌入性和国际化速度间起部分中介作用

张路径、扩张速度、地理范围及新兴经济体国家跨国公司国际化扩张的产品多样化过程的效果。对 115 个亚太地区的跨国公司样本进行实证分析发现,新兴经济体国家跨国公司追求迅速的国际化扩张往往低估了复杂性增加的幅度。新兴经济体国家跨国公司应该重视在战略决策制定过程中影响速度的重要因素。

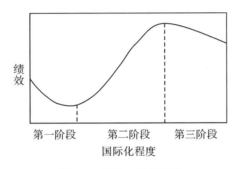

绩效

第一阶段　第二阶段　第三阶段
国际化程度

图 2-7　新的三阶段模型

Luo 等(2007)通过研究新兴经济体国家跨国公司进行国际化扩张的动机,提出了跳板理论,并基于这一理论对新兴经济体国家跨国公司的国际化问题进行了深入的阐释。他们指出,新兴经济体国家的企业将国际化作为跳板来获取母国市场中很难获取的战略资源,它们会在全球化舞台上通过一系列快速、高风险的方式从成熟的跨国公司那里获取或购买关键资源来弥补竞争劣势。

Khavul 等(2010)构建了以组织夹带为情境变量的涉及国际化程度、范围、速度与企业绩效关系的模型,并以中国、印度和南非的新创企业为实证研究对象来检验理论假设。研究发现,当企业与最重要的国际客户达成时间约定时,企业可以更有效地在国际市场上实现战略目标。这为新兴经济体国家的企业制定恰当的国际化战略提供了参考。

徐雨森等(2014)构建了包含国家特定优势、产业特定优势和企业特定优势的影响机制模型来研究后发企业快速国际化的影响因素。他们在对中国上市公司山河智能进行探索性案例研究时,发现国家特定优势、产业特定优势和企业特定优势对后发企业的国际化都有一定的推动作用,其中企业特定优势是最关键的因素。

Zhou 等(2012)研究了早期进入海外市场对新创企业获得和营销相关的能力的影响及应用这种能力对帮助企业在早期国际化和快速国际化过程中获得成功的影响。这一研究中,他们将国际市场类型(发达市场 vs 新兴市场)作为情境因素,来检验不同市场背景下的国际市场进入时点对企业营销能力与成长绩效的影响。

Zhou 等(2014)基于新知识学习优势理论具体研究了新创企业早期国际化对新兴经济体国家企业绩效(市场增长、收益、创新)的影响。他们指出,由于年轻企业面临的约束条件更少,它们在开展海外活动时能够进行更高效的学习,因而它们早期进入国际市场时会比老企业更具有优势,实证研究结果也显示早期进入国际市场对企业绩效有着显著的影响。

Tan 等(2015)通过基于资源杠杆的战略推理来解释新兴经济体国家企业加速国际化的现象,以补充现有的基于微观经济推理的框架。并且对中国风涡轮制造企业进行了深入的案例研究,揭示了加速国际化是新兴市场跨国企业国际化扩张的一种独特模式,并探讨了其可能的驱动力。

李杰义等(2018)构建了双重网络嵌入性对学习能力与国际化速度影响的理论模型,然后通过对长三角地区 336 家外向型制造企业的实证研究发现,双重网络嵌入性和学习能力对企业国际化速度都有着正向影响,学习能力在双重网络嵌入性和国际化速度间起部分中介作用。

Yuan 等(2015)对 206 家中国上市跨国公司进行了实证研究,分别考察了中国跨国公司在发达国家和发展中国家的国际化速度和年龄对其绩效产生的个体效应和联合效应。研究发现,年龄与企业绩效呈负相关关系,但发展中国家子公司的快速扩张和发达国家的地理范围与绩效呈正相关关系。此外,年轻化和 2 种类型扩张产生的影响,即发展中国家子公司的快速扩张和发达国家地理范围的快速扩张,都是累积的。

以中国为代表的新兴经济体企业的国际化过程与发达经济体企业的国际化过程有着很大的差异,且有着不同的行为逻辑(Tan et al.,2015),传统的国际商务理论已无法解释新兴经济体国家后发企业国际化的过程及影响机理(Achcaoucaou et al.,2014)。相较于发达国家的跨国企业,新兴经济体国家的跨国企业自身的知识和能力匮乏,母国的创新实力也较弱,因此在国际化扩张中会拥有更多的学习机会(Buckley et al.,2007)。目前,对新兴经济体国家企业的国际化速度的研究中,关于早期国际化/初始国际化速度的研究较多,而关于国际化进入后速度的研究较少。

目前,新兴经济体企业国家在国际化扩张中呈现出来的快速国际化、加速国际化等现象开始得到一些国际商务领域学者的关注。以往分析发达国家跨国企业的理论模型和框架不适用于新兴经济体国家企业,因此,学者们针对新兴经济体国家企业的特点,先后提出了 LLL 理论框架、跳板理论、战略意图理论和国际双元学习理论。基于这些理论,一些学者研究了新兴经济体国家企业的国际化速度问题,但研究较多的是国际化速度的驱动因素,且多是关于初始国际化速度的驱动因素,很少研究新兴经济体国家企业的国际化进入后速度的效应。当新兴经济体国家的企业进入国际市场已有一段时间后,进入后的国际化扩张速度对企业发展的影响就需要进行实证检验。未来可进一步丰富新兴经济体国家企业的国际化进入后速度的驱动因素及其效应的研究。

七、国际化速度研究述评

国际新创企业和天生全球化企业的快速国际化现象,引起了越来越多学者的关注,他们基于不同的理论视角或框架对企业的国际化速度问题进行了探讨和分析(见表 2-7)。学者们主要研究的是发达国家企业的国际化速度问题,对新兴经济体国家企业的国际化速度研究较少。虽然国外对于国际化速度的研究已有约 20 年,但是国内这方面的研究在近几年才兴起。尤其在共建"一带一路"倡议提出后,中国企业"走出去"的步伐加快,对中国企业国际化速度的研究愈显重要。经典的国际化过程理论对传统跨国公司的国际化行为具有很强的解释力,但对于一些新兴经济体国家企业"快速国际化""跳跃式国际化"的现象,用这些理论解释时则存在着很大的局限性。未来需要结合新的情境,更加深入地探究这些新兴经济体国家企业的国际化速度问题,以丰富对国际化速度的研究。

表 2-7 已有文献采用的理论视角或框架

理论视角或框架	代表性学者
制度理论/制度经济	Scott
网络理论	Stuart
国际化理论	Buckley; Casson;Johanson; Vahlne; Dunning;
动机理论:特质方法	Atkinson
资源基础观,能力	Mathews
国际新创企业框架	Oviatt;McDougall
资源依赖理论	Davis
文化维度	Hofstede
知识基础观/组织学习理论	Nonaka;Prahalad; Hamel

续表

理论视角或框架	代表性学者
社会认知理论	Bandura
行为理论	Simmon
信号理论	Spence
利益相关者理论	Freeman
社会建构理论	Bruner；Vygotsky

目前,学界对于国际化速度的影响因素的研究较为丰富,对国际化速度与企业绩效间关系的研究也较多,而将国际化速度作为调节变量进行研究的文献还很少,将国际化速度作为中介变量的研究还未出现。在影响因素研究方面,学者们基于企业个体、团队和组织、组织间关系或网络及组织外部环境等用实证或案例的方式进行了研究,探究了不同因素对国际化速度的影响。但是现有研究中,关于个体因素对国际化进入后速度的影响的研究还较少,涉及组织能力因素的也较少,未来可以进一步丰富这几个方面的研究;现有的关于国际化速度的前因研究,主要是单一层面的分析,跨层次和交互效应的整合性研究还很少,未来应该将多种因素进行统筹考虑,从而更全面地揭示国际化速度的形成机制。

随着学界对国际化速度概念的进一步明确,一些学者开始对国际化速度进行更深入的研究。黄胜等(2015)将初始国际化速度和国际化进入后速度纳入全过程框架当中,研究初始国际化速度对国际化范围速度和国际承诺速度这 2 种国际化进入后速度的影响。方宏等(2018)进一步把国际化进入后速度二分为基于深度的国际化速度和基于广度的国际化速度,并对这 2 种国际化速度的绩效效应进行了实证研究。未来可进一步深化对国际化进入后速度的解构研究,以更好地揭示企业在国际市场扩张的特点,从而深化对国际化速度的研究。

通过对国际化速度相关文献的整体回顾和梳理,本书绘制了相关研究的整合性框架(见图 2-8),以帮助学者更好地把握国际化速度的研究脉络。

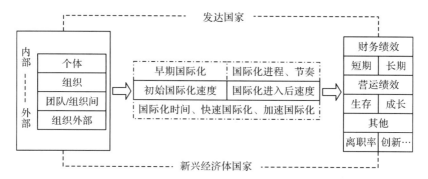

图 2-8　国际化速度相关研究的整合性框架

就目前而言,国际化范围和国际化程度的研究日益完善,而国际化速度作为近些年刚兴起的研究领域,有待丰富和完善。国内学者应该立足于中国这一后发新兴经济体国家的实际,深入分析中国后发企业在国际化进程中面临的独特问题,构建能应用于本土企业的国际化理论,从而进一步助推中国企业成功地,更好地"走出去"。

第四节　本章小结

本章对 GVC、价值环流和国际化速度的相关文献进行了梳理。现有研究中鲜有关于 GVC 相关文献的梳理,关于 GVC 和企业升级相关文献的梳理尤其匮乏。本章对 GVC 及相关概念的内涵、GVC 的类型、GVC 的治理模式及 GVC 与企业升级的关系进行了系统梳理。价值环流是一种新兴的理论,现有研究还非常少,主要是国内学者进行了相关研究。价值环流的研究中,大多数学者对国际价值环流进行了分类讨论,鲜有关于价值环流内部结构的分析。关于国际化速度的现有研究中,还存在国际化速度概念界定不清晰、测量指标不统一、影响因素研究杂乱、效应研究结论不一致等各种问题。基于这些问题,本章对国际化速度相关文献进行了细致的梳理,主要从6个方面展开,分别是国际化速度研究概览、国际化速度的内涵与测量、国际化速度的相关概念、国际化速度的影响因素、国际化速度的效应、新兴经济体国家企业的国际化速度。本章通过回顾和总结相关文献,找到了进一步研究的思路和方向,为本书其他章节的研究奠定了理论基础。

第三章　中国装备制造企业的界定、特征与发展现状[①]

第一节　中国装备制造企业的界定

　　装备制造业是国民经济发展中的战略基础性产业,是影响国家竞争优势构筑的关键产业。虽然目前对装备制造业并未做出明确界定,但1998年的中央经济工作会议提出"要大力发展装备制造业"时及《国务院关于加快振兴装备制造业的若干意见》《装备制造业调整和振兴规划》等文件都对装备制造业进行了一定的说明和定义。一般来说,装备制造业是指为国民经济各部门进行简单生产和扩大再生产提供装备的各类制造业的总称。

　　中国的装备制造业的类型划分经历了多次修订(见表3-1),在1978—1984年,由于还未明确提出装备制造业,在统计资料中与装备制造业相对应的是机械工业,之后,国民经济行业划分中才单列了装备制造业这一类别。参考最新的《国民经济行业划分》(GB/T 4754—2017),装备制造业包括八大类:金属制品业,通用设备制造业,专用设备制造业,铁路、船舶、航空航天和其他运输设备制造业,电气机械和器材制造业,计算机、通信和其他电子设备制造业,仪器

　　[①]　研究生杨心雨参与了本章的撰写与整理工作。

仪表制造业,金属制品、机械和设备修理业。需要特别注意的是,与
装备类产品相关的修理服务业也纳入至装备制造业当中,因此广义
的装备制造企业就是指从事上述 8 种行业经营的企业。现有文献中
的装备制造企业多是指生产和销售装备类产品的制造类企业,下文
中提到的装备制造企业如无特别说明,指的都是实体制造类企业,不
包括服务类企业。

表 3-1 中国装备制造业的划分(1978—2017 年)

时间	1978—1984 年（机械工业）	1985—1993 年（六大类）	1994—2001 年（八大类）	2002—2008 年（七大类）	2009—2017 年（八大类）
分类情况	1.文化生活用整机; 2.生活用机械制造工业; 3.生产用轻工金属品工业; 4.日用金属品工业; 5.农业机械制造工业; 6.工业设备制造工业; 7.交通设备制造工业; 8.电子工业	1.金属制造业; 2.机械工业; 3.交通运输设备制造业; 4.电气机械及器材制造业; 5.电子及通信设备制造业; 6.仪器仪表及其计量器具制造业	1.金属制品业; 2.普通机械制造业; 3.专用设备制造业; 4.交通运输设备制造业; 5.武器弹药制造业; 6.电气机械及器材制造业; 7.电子及通信制造业; 8.仪器仪表及文化办公用机械制造业	1.金属制造业; 2.通用设备制造业; 3.专用设备制造业; 4.交通运输设备制造业; 5.电气机械及器材制造业; 6.通信设备计算机及其他电子设备制造业; 7.仪器仪表及文化办公用机械制造业	1.金属制品业; 2.通用设备制造业; 3.专用设备制造业; 4.交通运输设备制造业; 5.电气机械和器材制造业; 6.通信设备、计算机及其他电子设备制造业; 7.仪器仪表及文化、办公用机械制造业

第二节 装备类产品的特征

装备类产品有很多种类型,大到高铁、飞机、船舶,小到摄像机、
手机,无论是哪一种,一般都有复杂的构造,由多种零配件组装而成,
通常一家企业无法完成所有生产环节。装备制造业有着鲜明的模块
化发展的特点,需要整个产业链的配合,这使得装备制造企业对产业

链稳定性的需求很高。像手机这种通信设备,看似非常小,但是却是由 1000—2000 个零部件组装而成的,因此需要很多企业配合,才能完成整个产品的生产。大型的产品则更为复杂,汽车约由 10 万个零配件组成,高铁约由 50 万个零配件组成,飞机约由 600 万个零配件组成,航空母舰由上亿个部件组成,这些产品的生产需要成千上万家企业的协作才能完成。从这方面也能看出,装备制造业是一种产业关联度很高的行业。如果某一个装备制造企业升级了,则会带动其他相关配套企业的进步和发展,也会有助于使用装备设备生产产品的下游制造企业的升级。

由于装备类产品具有很高的技术复杂性,相对于其他领域的制造业来说,装备制造企业普遍对资本、技术及劳动的要求更高,是一种资本、技术和劳动密集型产业。资本方面,装备制造企业通常要投入大量的资金进行工厂的建设,引入先进的设备,采购大量的材料,以及进行产品的研发。装备制造企业的原始资本投入比其他制造业领域普遍更高一些。例如,一般的装备制造企业投资建设一个厂房动辄需要几十亿元的资金,而纺织制造企业的厂房建设不需要这么多的资金。技术方面,装备类产品的生产工艺的精密度很高,组装的过程也非常复杂。因此在生产过程中,对智力要素和技术水平的要求相较于其他制造业也会更高一些。技术决定了装备制造企业的竞争力,这也是装备制造企业越来越重视研发(有些企业的研发投入占销售额的比重达到 10% 以上)的原因。劳动方面,虽然近几年很多制造型企业都在用机器替换人工,进行智能化生产,对劳动力的需求也在逐步降低,但是由于装备制造企业多是非标准化制造、按单制造或按项目制造的,存在着大量的定制化设计、定制化采购、定制化生产、定制化装配等工作,这与普通消费品的生产制造有着很大的差异,装备制造企业需要给每个生产线配备若干名工人,不存在由少数几名工人看管多条生产线的情况。基于这 3 点,装备制造业对先进技术、就业、投资等方面发挥了很强的拉动效应。但是,也正是因为这几点,装备类产品的生产投入大、周期长,很容易遭受外部环境变化的冲击。现阶段,中国的装备制造企业要处理好与资本、技术和劳动之间的关系,要根据环境的变化及自身需求调整发展侧重点,才能集中力量实现主要目标。

随着科学技术的进步和发展,装备类产品也在不断升级优化,其产品形态和复杂性发生了很大的变化,经历了机械化、电气化和信息化 3 个阶段,当前正处于智能化探索阶段(见图 3-1)。在数字智能化时代,装备类产品的劳动密集属性会越来越弱,技术密集属性会越来越强,产品更新换代的速度也会越来越快。谁掌握了最先进的技术,谁就能获得更高的附加值,谁就能占据 GVC 的高端环节。

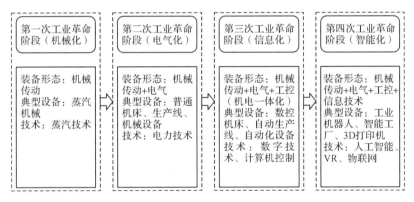

图 3-1　装备类产品的升级进化过程

为了推动智能制造业的发展,发达国家推出了各种扶持性政策,对智能制造业进行了战略部署。美国在 2009 年提出"再工业化"计划,在 2011 年宣布实施"先进制造业伙伴"(Advanced Manufacturing Partnership,AMP)计划,在 2012 年又发布了"先进制造业国家战略"计划,在 2013 年发布了《机器人技术路线图:从互联网到机器人》,在 2018 年推出了"美国先进制造业领先地位"战略。德国在

2013 年推出了"工业 4.0"战略,在这一战略计划中,智能制造占据着核心位置。日本在 2014 年发布的《制造业白皮书》,确定了以机器人、3D 打印等智能技术为基础,以物联网、大数据、云计算等信息技术为手段,对制造业生产服务系统和运营模式进行优化升级的战略规划;在 2015 年又专门发布了"机器人新战略"。英国在 2014 年发布了"高价值制造"战略,将应用智能化技术作为产品升级的基础。韩国在 2009 年推出了"新增长动力规划及发展"战略,将数字化工业设计和制造业数字化协作作为目标,加强对智能制造基础的开发。

相对于美、日、欧等发达国家和地区,我国对智能制造领域的关注时间较晚,但是关注度非常高。我国自 2015 年出台了《中国制造 2025》之后,又相继出台了《"十三五"国家战略性新兴产业发展规划》(2016)、《高端智能再制造行动计划(2018—2020 年)》等战略规划,将智能制造作为国家经济建设的重点内容。在这些政策的引领下,中国装备制造业的智能化发展驶入了快车道。

第三节 中国装备制造企业的发展现状

一、产业规模

(一)产业产值规模

按照 2017 年《国民经济行业分类》标准,中国装备制造业共包括八大类,在本书中主要研究金属制品业,通用设备制造业,专用设备制造业,铁路、船舶、航空航天和其他运输设备制造业,电气机械和器材制造业,通信设备与计算机和其他电子设备制造业,仪器仪表制造业 7 类纯制造领域行业。根据国家统计局公布的数据,

笔者对 2016—2020 年我国装备制造业和各细分行业的主营业务
收入进行了整理,得到的结果如图 3-2 和图 3-3 所示。

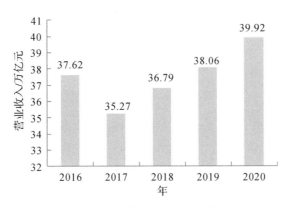

图 3-2　中国装备制造业营业收入

数据来源:国家统计局。

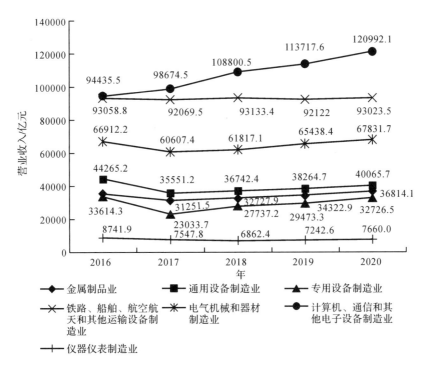

图 3-3　中国装备制造业各细分行业营业收入

数据来源:国家统计局。

　　整体上来看,中国装备制造业营业收入呈现上升趋势。2016—2020 年间,除了 2017 年有所下降之外,其余年份都处于稳步上升的状态。2020 年,中国装备制造业整体的收入规模达到了 39.92 万亿元,同比增长 4.89%,超过了 2019 年的同比增长率(3.45%),居世界首位。可以看出,2020 年虽然暴发了新冠疫情,但对我国装备制造业的影响并不大,整个产业的总体规模仍在不断扩大。

　　分行业来看,趋势上,除了铁路、船舶、航空航天和其他运输设备制造业及仪器仪表制造业之外,其他各个行业发展的趋势与装备制造业的总体发展趋势基本一致。铁路、船舶、航空航天和其他运输设备制造业 2018 年的营业收入最高,2019 年后,营业收入有所下降,到 2020 年又有所回升。仪器仪表制造业在 2016 年之后,营业收入连续 2 年下降,到 2019 年开始回升。规模上,各个细分行业的收入规模存在着较大的差异,从大到小依次为计算机、通信和其他电子设备制造业,铁路、船舶、航空航天和其他运输设备制造业,电气机械和器材制造业,通用设备制造业,金属制品业,专用设备制造业,仪器仪表制造业。计算机、通信和其他电子设备制造业,2020 年的营业收入为 120992.1 亿元,同比增长 6.40%,超过了 2019 年的同比增长率(4.52%)。铁路、船舶、航空航天和其他运输设备制造业 2020 年的营业收入为 93023.5 亿元,虽同比增长率不到 1%,但相对于 2019 年的负增长,2020 年的表现较好。电气机械和器材制造业 2020 年的营业收入为 67831.7 亿元,同比增长 3.66%,低于 2019 年的同比增长率(5.86%)。通用设备制造业 2020 年的营业收入为 40065.7 亿元,同比增长 4.71%,超过了 2019 年的同比增长率(4.14%)。金属制品业 2020 年的营业收入为 36814.1 亿元,同比增长 7.26%,超过了 2019 年的同比增长率(4.87%)。专用设备制造业 2020 年的营业收入为 32726.5 亿元,同比增长 11.04%,超过了 2019 年的同比增长率

（6.26％）。仪器仪表制造业 2020 年的营业收入为 7660 亿元,同比增长 5.76％,略高于 2019 年的同比增长率（5.54％）。可以看出,在2020 年,同比增长最快的为专用设备制造业,同比增长最慢的为铁路、船舶、航空航天和其他运输设备制造业。

（二）企业数量规模

国家统计局发布的《中国统计年鉴 2020》中的数据显示了 2019 年装备制造业各细分行业的企业数量。各细分行业企业数量分别为:金属制品业有 24687 家企业单位,通用设备制造业有 24788 家企业单位,专用设备制造业有 19108 家企业单位,铁路、船舶、航空航天和其他运输设备制造业有 20198 家企业单位,电气机械和器材制造业有 25267 家企业单位,计算机、通信和其他电子设备制造业有 18726 家企业单位,仪器仪表制造业有 4892 家企业单位,共计 137666 家企业单位。各细分行业的单位数占比见图 3-4。装备制造企业单位数占全部规上工业企业总数的 36.44％,可以看出装备制造业是工业经济重要的组成部分之一。

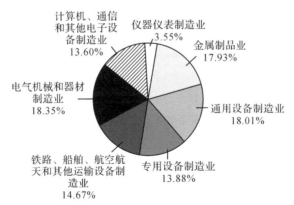

图 3-4　2019 年中国装备制造业各细分行业企业单位数占比[①]

数据来源:国家统计局。

---

① 计算占比时取约数,故各占比相加约等于 100％。

二、区域分布

（一）领先企业分布情况

本部分据中国装备制造行业协会网站发布的"2021 年中国装备制造业 100 强榜"绘制了图 3-5。从图中我们可以看出，入选百强的中国装备制造领先企业区域分布非常不均衡，呈现出梯度分布的特点，东部沿海区域是领先企业最为集中的地区，其次为中部区域，西部区域领先企业非常少。在榜单中，入选百强企业中排名前三的都是东部沿海区域的企业，即浙江、广东和江苏分别有 17 家、14 家和 13 家。排名前十的领先企业中，北京一共有 4 家，是进入排名前十企业数最多的地区，广东和上海排名第 2，各有 2 家企业进入前十。

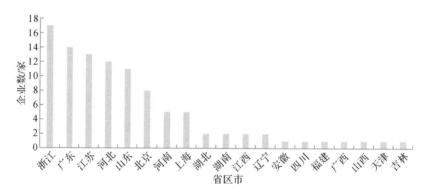

图 3-5　2021 年中国装备制造百强企业区域分布

（二）各地区的优势产业

2017 年，党的十九大报告提出，要促进我国产业迈向全球价值链中高端，培育若干世界级先进制造业集群。培育先进制造业集群也被写入了"十四五"规划纲要。中国是进行产业集群建设较晚的国家，早在 2007 年，德国就提出了"领先集群竞争"计划，致力于打造 15

个世界级的创新集群;美国在 2010 年提出了"区域创新集群"
计划,打造了 56 个创新集群;同样,日本在 2010 年提出了"区域创新集群"
计划,打造了 17 个全球性创新集群。综上,可以看出产业集群建设
的重要性。

环渤海和长三角地区是装备制造业发展的核心区域,珠三角和
东北是两翼区域。环渤海地区是我国规模最大的装备制造业集聚
区,其中,北京是全国航空、卫星、机床等行业的研发设计中心,辽宁、
河北、山东在海洋工程装备、机床、轨道交通装备等方面的制造基础
雄厚。长三角地区是我国最有活力的装备制造业集聚区,其中,上海
是民用航空装备的研发制造重点基地,浙江的汽车制造工业发达,江
苏的海洋装备工业发达。珠三角地区是工业机器人、海洋工程、通信
设备的研发和生产基地。与其他地区大力发展新兴制造业不同的
是,东北地区主要生产的仍然是传统的重型装备。

除了以上装备制造业的几个主要区域之外,中西部地区部分
省份的装备制造业发展得也比较好,如湖南的轨道交通和航空产
业发展迅速,山西形成了以太原为中心的轨道交通基地,江西的航
空产业发展较快,重庆在卫星导航方面表现出色。越来越多的企
业开始创建国家新型工业化产业示范基地,并且还培育了多个重
大技术装备集聚区。此外,长沙—株洲—湘潭还形成了以轨道交
通、工程机械、能源装备等产业为依托的产业集聚区,成都—德
阳—自贡形成了以航空、石油钻采、发电、环保等产业为依托的产
业集聚区。相对其他的制造行业,装备制造业的聚集度和密集度
更高。

工信部 2021 年公布了先进制造业产业集群决赛优胜者名单(见
表 3-2),这些集群被认为是国内产业集群的最高规格和最高水准的
代表。最终共 25 个集群入围,来自全国的 9 省 21 市,呈现出"东强

西弱,长三角和珠三角两个核心,中部和西部两个支撑"的分布格局,其中大部分都是装备制造或者和装备制造密切相关的产业集群,分布于集成电路、数字安防、工程机械等领域。从这个名单中,可以看到跨城市、跨区域企业间的协作成效,如广深佛莞的智能装备集群,深圳、广州 2 市的高端医疗器械集群及成都和德阳的高端能源装备集群等。

表 3-2　2021 年中国先进制造业集群决赛优胜者名单

序号	集群名称	序号	集群名称
1	广东省深圳市新一代信息通信集群	14	上海市张江生物医药集群
2	江苏省无锡市物联网集群	15	陕西省西安市航空集群
3	广东省深圳市先进电池材料集群	16	浙江省杭州市数字安防集群
4	上海市集成电路集群	17	山东省青岛市智能家电集群
5	广东省广佛惠超高清视频和智能家电集群	18	浙江省宁波市磁性材料集群
6	江苏省南京市软件和信息服务集群	19	广东省广深佛莞智能装备集群
7	广东省东莞市智能移动终端集群	20	山东省青岛市轨道交通装备集群
8	江苏省南京市新型电力(智能电网)装备集群	21	江苏省常州市新型碳材料集群
9	湖南省株洲市先进轨道交通装备集群	22	广东省深广高端医疗器械集群
10	湖南省长沙市工程机械集群	23	浙江省温州市乐清电气集群
11	江苏省苏州市纳米新材料集群	24	四川省成都市软件和信息服务集群
12	江苏省徐州市工程机械集群	25	四川省成都市、德阳市高端能源装备集群
13	安徽省合肥市智能语音集群		

资料来源:工信部。

三、国际竞争力

(一)发展规模

进出口占比能在一定程度上反映一个行业在国际市场上的认可程度。2018年我国装备制造业各个细分行业的出口额占世界总出口额的比重分别为:金属制品业9.66%,通用设备制造业16.43%,专用设备制造业10.72%,铁路、船舶、航空航天和其他运输设备制造业6.22%,电气机械和器材制造业16.31%,计算机、通信和其他电子设备制造业38.57%,仪器仪表制造业36.07%。2018年我国装备制造业各个细分行业的进口占世界总进口的比重依次为:金属制品业15.35%,通用设备制造业7.38%,专用设备制造业12.77%,铁路、船舶、航空航天和其他运输设备制造业6.32%,电气机械和器材制造业19.26%,计算机、通信和其他电子设备制造业2.56%,仪器仪表制造业13.9%。[①] 其中,通用设备制造业,计算机、通信和其他电子设备制造业,仪器仪表制造业的出口占比明显高于进口占比,计算机、通信和其他电子设备制造业和仪器仪表制造业的出口占世界市场的比重超过了三分之一,在规模上形成了非常明显的优势。然而,金属制品业,专用设备制造业,铁路、船舶、航空航天和其他运输设备制造业,电气机械和器材制造业的出口份额明显低于进口份额,这些行业极易受外部环境的影响,尤其在"逆全球化"和新冠疫情反复的特殊时期,这些行业受到了较大的冲击。

中国的装备制造业与发达国家相比,整体上仍存在着较大的差

---

① 数据来源:石宇飞:《中国装备制造业发展及国际竞争力》,吉林大学博士学位论文,2020年。为了保证全书分类一致,将其中的"普通机械"表述为与其内涵一致的"通用设备"。

距,且各细分行业分化明显。在技术方面,我国的发电设备、轨道交通、通信设备已经处于世界领先地位。在规模方面,发展最突出的是铁路、船舶、航空航天和其他运输制造业,其中汽车制造业发展最好。在"2021年中国装备制造业100强榜"中,前十中有5家汽车制造企业上榜,分别为上海汽车集团股份有限公司(排名第2)、中国第一汽车集团有限公司(排名第3)、东风汽车集团有限公司(排名第4)、北京汽车集团有限公司(排名第6)、广州汽车工业集团有限公司(排名第10)。在2020年8月《财富》杂志发布的世界500强榜单中,共有23家汽车制造企业上榜,上述5家企业均上榜,其中上海汽车集团股份有限公司排名第52。虽然从产值规模上看,我国的汽车制造业与发达国家相比差距不是很明显,但是这些汽车企业中,大多数都是合资企业,我国未掌握关键核心技术,且产品集中在中低端。这说明,即使是发展较快的汽车制造领域,仍只能说我国是汽车制造大国,而不是汽车制造强国。

中国的装备制造业整体上与发达国家相比仍存在着较大的差距,国际市场的认可度并不是特别高,尤其是在高端装备制造领域,如工业机器人、民航客机、能源开采设备、机床等产品的稳定性、安全性和可靠性方面与发达国家相比还存在较大的差距。

(二)创新能力

中国科学技术发展战略研究院发布的《国家创新指数报告(2020)》将美国的创新指数设为100%,其他国家以美国为基准进行计算,其中中国的创新指数为72.5%,排名第14,与上期相比上升了1个名次。虽然中国的整体创新能力有所上升,但是创新水平与先进国家相比还有一定的差距。

研发投入水平是企业创新能力的重要表现之一,研发投入有助于提升技术水平。通过比较中国与其他国家的差异,可以基本了解中国企业的创新情况。图 3-6 显示了 2021 年装备制造业主要国家的研发投入强度,其中韩国的平均研发投入强度达到了 4.6%,德国为 3.2%,日本为 3.2%,美国为 3.1%,中国为 2.2%。可以看出,中国与美、日、德等国家的平均研发投入强度相比还有一定的差距[1]。

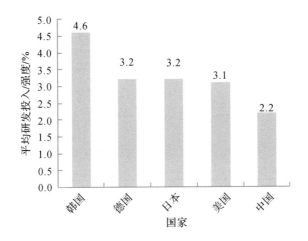

图 3-6　2021 年世界部分国家研发投入强度

数据来源:经济合作与发展组织(Organization for Economic Co-operation and Development,OECD)。

在中国的所有行业中,2019 年研发投入经费超过 500 亿元的行业一共有 9 个,其中装备制造领域占了 5 个(见表 3-3),从基本面上看,在我国制造业的研发经费投入中,装备制造业已经占据了重要的地位。作为我国研发强度较高的装备制造业,平均研发投入强度为 2.1%。其中,只有仪器仪表制造业的研发投入强度超过了 3%,金属制品业和铁路、船舶、航空航天和其他运输设备制造业的研发投入强度还不到 2%。可以看出,中国装备制造业的研发投入强度不仅与

①　数据来源于 OECD2021 年度发布的数据。

美、日、德、韩等装备制造业发达国家相比存在一定的差距,其中有些
行业甚至还没有达到国内整体研发投入强度的平均水平。

表 3-3　2019 年中国装备制造业研发投入情况

装备制造细分行业	研发经费/亿元	研发经费投入强度/%
金属制品业	466.4	1.36
通用设备制造业	822.9	2.51
专用设备制造业	776.7	2.64
铁路、船舶、航空航天和其他运输设备制造业	1718.7	1.87
电气机械和器材制造业	1406.2	2.15
计算机、通信和其他电子设备制造业	2448.1	2.15
仪器仪表制造业	229.1	3.16

数据来源:国家统计局。

　　专利是衡量创新能力的重要指标,我国规上装备制造业 2019 年
的专利申请总数达到了 727061 项,占所有规上行业专利申请数的
68.6%(见表 3-4),可以看出装备制造业是中国技术创新的主要行
业。在装备制造业申请的专利中,发明专利有 286484 项,发明专利
占专利申请数的比重为 39.40%。具体来看,在装备制造业的几个细
分行业中,发明专利占比由低到高依次为:金属制品业(24.49%),通
用设备制造业(29.49%),专用设备制造业(32.90%),电气机械和器
材制造业(32.99%),铁路、船舶、航空航天和其他运输设备制造业
(33.07%),仪器仪表制造业(36.08%),计算机、通信和其他电子设
备制造业(58.83%)(见表3-4)。然而,美国的装备制造业发明专利
占比为 90.43%,日本为 82.92%,德国为 80.5%,英国为 72.27%。
可以看出,2019 年我国装备制造业的技术创新还主要是一些简单的
应用型创新,高水平创新的能力还落后于科技发达的国家。

表 3-4 2019 年中国规上装备制造业的专利申请情况

行业	专利申请数/项	发明专利/项	发明专利占比/%
金属制品业	46181	11308	24.49
通用设备制造业	95039	28030	29.49
专用设备制造业	94361	31043	32.90
铁路、船舶、航空航天和其他运输设备制造业	98794	32673	33.07
电气机械和器材制造业	157224	51867	32.99
计算机、通信和其他电子设备制造业	204836	120512	58.83
仪器仪表制造业	30626	11051	36.08
总数	727061	286484	39.40

数据来源：中国科技统计年鉴。

（三）运营模块

与其他制造行业不一样的是,装备制造业有着十分明显的模块化特征。这种特征既是进行国际化发展的优势,也可能是进行国际化发展的劣势。其优势体现在,模块化意味着存在明显的可分工生产的特点,如果进行有效的国际化分工和协作,可以大大提高这种产品生产的效率,节约生产的成本。劣势在于,模块化也意味着复杂性,装备制造产品复杂性高,对工作人员的技术要求和时间要求高,这是这类产品国际化的一个难点。

装备制造业的模块化发展模式存在着明显的等级化特点。一般来说,装备制造业的生产组织模式中包含了 5 种类型的组织,这 5 种组织按照数量由少到多、替代性由低到高来排序的话,依次为品牌厂商、核心零部件制造商、整机制造商、骨干零部件制造商及一般零部件制造商(见图 3-7)。各种类型的装备制造业组织内都有一些龙头型企业,知名的装备制造品牌厂商有中航(航空)、华为(通信)、吉利

(汽车)等,核心零部件制造商有武汉高德(传感器)、汇川(伺服电机)、三菱(控制器)等,知名的整机制造商有富士康、比亚迪、闻泰等,骨干零部件制造商有人本(轴承)、汇川(变频器)、泰星(减速机)等,一般零部件制造商有东明(紧固件)、南高齿(齿轮)、中策橡胶(橡胶)等。龙头企业的市场供给能力更强,更能体现国内装备制造领域的水平。

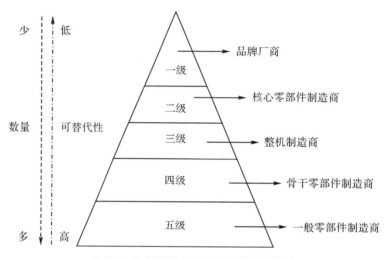

图 3-7　装备制造业的生产制造组织模式

　　越上端的企业位势越高,数量越少,在整个装备制造产业链中的主导性越强,有着更大的话语权。越下端的企业,位势越低,数量越多,是最上端企业的配套厂商。如果最上端的品牌厂商要提升自己的国际竞争力,就需要把控好下面每一级厂商的效率和质量。目前很多中国装备制造企业处于第三、第四和第五级,国际竞争力还较弱。其生产的主要是中低端产品,高技术产品和重大成套设备很少(韩晶,2017),中国零部件制造商的工艺水平与先进国家相比还有一定距离,很多核心零部件仍需大量进口,极易被"卡脖子"。《科技日报》推出的系列文章报道了制约我国工业发展的 35 项"卡脖子"技术,其中与装备制造相关的零配件有芯片、航空发动机短舱、触觉传感器、真空蒸镀机、射频器件、重型燃气轮机、激光雷达、高端电容电阻、核心工业软件、ITO靶材、航空钢材、铣刀、高端轴承钢、高压柱塞泵、光刻胶、掘进机主轴承、微球、高强度不锈钢等。中国装备制造业要想形成强有力的国际竞争力,就必须构建出一个完整的、高水平的产业链条,生产出高端的产品。

(四)技术标准制定

近些年,中国企业参与国际标准制定的积极性不断提高。2019年中国参与制定的国际标准数量为1905项,2020年中国500强企业参与制定的国际标准数量达到了7571项,上升幅度大,但参与程度与其他发达国家相比还有很大的差距。

ISO标准制定委员会一共有160个成员国,但存在极度不平衡的状态。例如,少数发达国家制定的国际标准数占据国际标准制定总数的95%,新兴经济体国家提交并发布的标准比例非常低。中国虽然是ISO的6个常任理事国之一,在"十二五"期间主导制定的国际标准数量由0.25%上升到0.7%,但这与中国世界第一贸易大国、第二经济体的地位非常不匹配。中国企业仍然只是国际标准的追随者和执行者,很少有企业参与到标准起草、制定等实质环节。在标准制定方面的弱势状态,会导致中国企业面临话语权缺失的困境,不利于企业在国际市场的进一步发展。

装备制造业多数领域的技术标准制定被美国、欧洲和日本的企业掌控,并且已经形成了较为稳定的技术路线和生态体系,构筑了很高的技术壁垒。以计算机、通信和其他电子设备制造业为例,我国起步较晚,仍处于模仿和追赶的阶段,缺乏国际标准、规则制定的话语权和主导权。以微处理器为例,美国英特尔公司主导的X86架构定义了桌面端微处理器的一整套架构规则,英国的ARM公司主导的

ARM 架构定义了移动端的微处理器的一整套架构规则,这 2 家公司
制定了微处理器架构的主要标准,构筑了行业进入壁垒。中国的企
业如果要使用相关架构必须支付高昂的知识产权费用。在这种情况
下,由于成本过高,中国企业只能获得较低的附加值利润。更为严重
的后果是,如果发达国家停止授权,我国的整个产业链都可能受到影
响。典型的例子有华为所在的中国电子信息通信行业,由于受到美
国的技术封锁,发展受到严重影响。

中国的高铁制造业发展非常迅速,无论是速度和安全性都已经
处于国际领先水平。速度上,中国高铁运营速度高达 350 km/h,位
居世界第一;安全性上,即便高速行驶,中国高铁的脱轨系数也只有
0.34,远远低于欧盟安全标准中 0.8 的脱轨系数要求。即使如此,欧
洲现行铁路标准仍由欧盟及其成员国自主制定,如德国的 DIN 铁路
标准、法国的 NF 标准。这容易使中国高铁制造企业的国际化之路
受阻、受限,十分不利于中国的高铁制造企业提升国际竞争力。

第四节　本章小结

装备制造业是国民经济的支柱型产业,其类型划分经历了多
次修订,本书采用最新的《国民经济行业分类》(GB/T 4754—
2017),将中国装备制造业界定为八大类。在这八大类中,第八类
是金属制品、机械和设备修理业,涉及的是服务类的企业。现有研
究中的装备制造企业多是指生产和销售装备类产品的制造类企
业,因此本书的研究对象如无特别说明指的都是实体制造类企业,
不包括服务类企业。

装备制造类产品有着高度复杂性的特点,因此装备制造企业

相对于其他制造类企业在创新发展方面,难度更大,投入更多。并且随着科学技术的不断发展,装备制造类产品的功能也在不断升级优化,正朝着智能化方面发展,这对中国的装备制造企业提出了新的挑战。

经过几十年的发展,中国装备制造企业的产业规模已经居世界首位,即使受新冠疫情影响,仍然保持着增长的态势。在区域分布上,其有着明显的梯度分布的特点。领先企业主要位于东部沿海地区,中西部的领先企业非常少。当前装备制造企业的区域化分布呈现出了明显的集群化发展态势,且主要集中于沿海地区。国际竞争力上,与整个产业规模的领先状态不同的是,我国领先的装备制造企业的规模与发达国家的领先企业相比还有一定的差距,创新能力方面的表现还有待提升,国际技术标准制定的话语权明显不足。这些差距和不足,表明了中国装备制造企业还需要继续探索创新能力和创新水平提升的路径,更加积极地参与国际标准制定,才能真正发展成为有国际影响力的领先企业。

第四章 中国装备制造企业的国际化发展路径研究[①]

第一节 中国装备制造企业发展的国际环境分析

一、国际环境的整体结构

改革开放后,中国的装备制造企业以代工的方式参与到 GVC 中,得到了快速发展,继日、韩等国家之后,成为全球化分工的主要参与国。第一次工业革命后,在相当长的时间里,整个世界的主要趋势是加强与其他国家的贸易与合作,依据自身的比较优势,获得国际产业分工的红利。全球经济得到了快速发展,全球贸易和产出分别增加了 140 倍和 60 倍。

然而,全球化并非一帆风顺,当全球局势出现动荡时,都会出现一阵"逆全球化"思潮,但以往这种"逆全球化"思潮都是一种边缘化的存在。而在 2008 年金融危机爆发后,GVC 贸易受到了很大的影响,贸易份额呈现出下降的趋势(图 4-1)。美国、欧洲、日本等国家和地区的经济遭受了重创后,开始调整发展战略,"逆全球化"再次出现,成为一个不能忽视的影响因素。2016 年,特朗普上台后,进一步

---

① 研究生谢婷雅参与了本章的撰写与整理工作。

推动了"逆全球化"。此后,日本等国家开始鼓励企业将生产线迁回本土。新冠疫情暴发后,国际环境的不确定性骤增,大量的企业倒闭,失业率上升,国家间的冲突也不断增加,给全球化带来了新的挑战,打乱了经济全球化的正常节奏。为了保护本土企业的发展,美国等国家发布了一系列的贸易保护政策,进一步加剧了"逆全球化"。

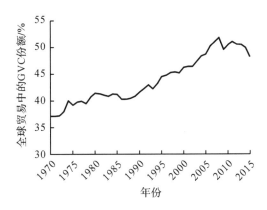

图 4-1 GVC 贸易变化情况

资料来源:2020 年世界发展报告。

为了更深入地分析国际价值环流的结构,本部分除了按照价值流向进行划分之外,还按照区域经济规模大小(流量)的差异进行了进一步的细分,分为 4 种类型(见图 4-2)。类型一是倡导全球化的共建"一带一路"国家形成的全球化价值环流,类型二是美、日等倡导"逆全球化"的发达国家形成的"逆全球化"价值环流,类型三是倡导全球化的其他国家形成的价值环流,类型四是倡导"逆全球化"的其他国家形成的价值环流。在全球经济体系中,国家间的联系网络错综复杂,各个地区之间已无法完全割裂,因此这 4 种价值环流呈现出嵌套交错、相互影响的结构。

在这 4 种价值环流中,对中国影响最大的是共建"一带一路"国家形成的全球化价值环流和美、日等国倡导的"逆全球化"价值环流。

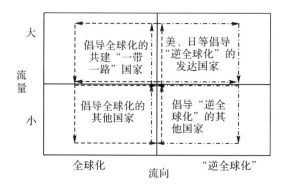

图 4-2 国际价值环流的结构

二、"逆全球化"价值环流

(一)"逆全球化"形成的阶段性过程

在全球化波动起伏的过程中,"逆全球化"时有出现,只是在不同的阶段,强度不一样。回顾历史,由于西方国家为获得相关利益采取的不同措施、战争与和平的交替出现及全球性经济危机爆发的周期性,全球化与"逆全球化"呈现出周期性交替而生的现象。本部分将全球化演变过程划分为 3 个周期,分别为 19 世纪末至 20 世纪中期、20 世纪中期至 21 世纪初、21 世纪初至今(见图 4-3)。虽然在不同的阶段,"逆全球化"时而出现,但全球化仍是世界发展的主流趋势。由

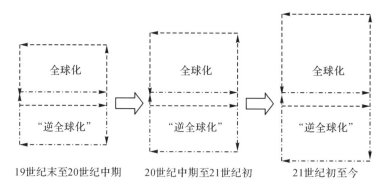

图 4-3 全球化的变化过程

于各个国家经济的不断发展,全球经济整体上的价值流动强度在不断上升,其间无论是全球化还是"逆全球化",产生的影响都在增强。

1.第一个周期

前半期(19世纪末至1913年)。世界市场在19世纪末20世纪初的第二次工业革命时期被资本主义瓜分完毕,随后在大西洋贸易的兴起之下,世界的经济、政治、文化等开始了交流、碰撞,自由贸易理论兴起。与此同时,英镑本位的国际货币制度及在蒸汽机、铁路等交通工具的作用下大大提升的运输效率都强有力地支撑和维护着这一次全球化浪潮的扩展。这一次全球化浪潮波及的地理、人口范围较广,囊括了现代视角下的全部发达国家及众多殖民地、半殖民地。

后半期(1914—1943年)。"逆全球化"是指市场由全面开放退回到有条件开放甚至封闭状态,即各国为保全自身利益,为商品、资本、劳动力等流行性要素的国际流动设置障碍,控制要素的流入与流出,这其实是在经济全球化进展至某一节点后所形成的具有差异性的市场再分割。

由于世界各国的政治、经济发展极为不平衡,这次全球化最终导致了世界大战,经受战火洗礼的人们意识到全球化并非完全平等的同化,而是弱肉强食型的同化,这致使一些国家对于全球化的希冀破灭,反对自身利益被他国侵犯的"逆全球化"思想由此萌芽。第一次世界大战爆发后(1914年),各国收紧贸易和移民政策,英国宣布终结英镑本位制度及美国罗斯福政府宣布实行"美国复苏优先"政策都标志着"逆全球化"的出现。

受1929年世界经济大萧条的影响,美国经济崩溃,"逆全球化"发展进入高潮。全球资本市场一体化使得此次危机具有"传染性",

迅速蔓延到欧洲,并使当时刚摆脱恶性通胀的德国(魏玛共和国)再次崩溃。大量德国银行资本不足,面对银行体系濒临瓦解的情况,德国央行(Reichsbank)在 1931 年被迫采取救助措施,以平息市场恐慌。但是这一系列的措施导致了德国(魏玛共和国)第二轮大通胀及纳粹主义的抬头。此外,英国、法国等发达国家也纷纷为应对经济危机而高筑关税壁垒,可以说,经济大萧条从根本上终结了第一次全球化浪潮,而"逆全球化"则呈现螺旋式上升的趋势。

2. 第二个周期

前半期(1944—2007 年)。"二战"后,战争的损耗让亚洲、欧洲等多国的经济恢复进程缓慢,各国基于恢复战后经济的考量,开始重启贸易自由化及扩张全球市场等以外汇自由化、资本自由化和贸易自由化为主要内容的多边经济政策。战胜国之一的美国在帮助他国恢复经济的同时利用自身优势,奠定了三大霸权——军事霸权、美元霸权和科技霸权,主导建立了布雷顿森林货币体系(Bretton Woods System),这标志着全球化第一个周期的终结及第二个周期的开始。第二次全球化所暗藏的不平等由此可见一斑。但是,世界经济发展的三大支柱——世界贸易组织(World Trade Organization,WTO)、国际货币基金组织(International Monetary Fund,IMF)、世界银行(The World Bank,WB)的出现支撑了第二次全球化浪潮的发展,让世界得以在一个较为公平的规则下重新联结,东亚与大西洋两岸之间的三角贸易及 GVC 的形成有力推动着第二次全球化的进程,并让各国经济以较快的速度恢复、发展。

后半期(2008—2012 年)。1997 年的亚洲金融危机,2008 年的美国次贷危机,都向世界证明了经济繁荣的全球化伴随着经济危机的全球化。2008 年,美国爆发次贷危机,这一危机蔓延至世界众多国家,演变成世界范围的金融危机,这一危机使得整个世界经济陷入瘫痪,全球经济长期处于缓慢的复苏状态,世界 GDP 在 2000—2008 年期间的年平均增速大约为 3.37%,2008 年的国际金融危机爆发后,世界 GDP 在 2008—2018 年期间的年平均增速跌至 2.54%。经济基础的变化对于上层建筑产生了重大影响,社会矛盾激化的现象不断在西方国家出现,以至于西方社会逐渐形成一个社会共识,即经济全球化是让国家制造业空心化和失业率上升的导火索。同时,在各国民粹主义的带动下,越来越多的民众将国内不断加剧的收入不平等问题归因于经济全球化导致的分配效应,其中最为典型的是美国民众拥抱"逆全球化",其根源正是贫富差距形成的社会认知鸿沟(见图 4-4)。

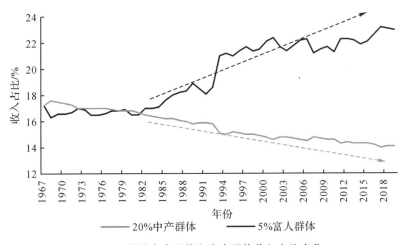

图 4-4　美国中产群体和富人群体收入占比变化

资料来源:发现数据平台。

3.第三个周期

前半期(2013—2016 年)。2013 年 4 月 7 日德国汉诺威工业博览会的举行,推动了第四次工业革命的到来。这是以人工智能、新材料、分子工程、石墨烯、虚拟现实、量子信息、清洁能源等技术为突破口的工业革命,在智能化、信息化和自动化持续降低企业生产经营成本的情况下,全球生产方式呈现多元化的特点,各国不再局限于劳动力、商品等要素的贸易,而是将供应链的某些环节分散到其他国家,这一方面促进了新兴经济体国家产业链发展壮大,另一方面促进了全球产业链形成。

后半期(2017年至今)。自2016年英国进行"脱欧"公投、美国特朗普总统上台以来,"逆全球化"开始展现出浓重的政治色彩。其中,"逆全球化"的推行以美国为主。美国在市场、科技、研发3个维度上频频发力,发起了1对N的全球贸易战,展现出鲜明的贸易保护主义立场,其主要意图是减少出口和减缓其他国家货物出口总量增长,抑制和阻止其他国家的创新和崛起,并最终确保国家的整体经济产出和发展质量。

"逆全球化"的政治化催生了众多如美、欧、日之间的零关税贸易协议,美墨加协定等区域性自由贸易协定,这些协定从谋划伊始便带着明显的排他性,因此其成为分裂以世界贸易组织为核心的多边贸易体系的主要力量。美国作为超级大国,在"逆全球化"问题上的态度影响并推动了其他国家实施相应对策,导致主要经济体之间出现恶性竞争,随之而来的是多边贸易谈判的障碍增多,国际经济秩序的震荡,这一切让"逆全球化"愈演愈烈。

美国特朗普政府从2018年开始大肆推行"霸权主义"贸易政策,频繁采取单边措施,频繁调整对他国进口商品的关税。贸易壁垒开始蔓延至非关税区域和边境管制领域,贸易战和贸易制裁在世界各大经济体中卷起巨大波涛。可以看出,"逆全球化"已明显蒙上了厚重的政治色彩。贸易战已成为发达经济体国家争夺国际经济贸易地位的手段,这也说明,贸易领域是"逆全球化"的主要领域。

"逆全球化"在如今这个阶段已经改变了目标方向,不再是为了缩减贸易逆差,而是为了稳固美国在国际经济秩序中的影响力和其在高端科技领域的绝对话语权。因此,美国开始以高筑贸易壁垒为手段阻碍并遏制新兴经济体国家进行产业转型升级。贸易制裁的非理性化、关税壁垒的重建、对他国高科技企业的封杀等让贸易保护主义极端化,国际经济的正常运行也因此受到了较大的阻碍。以制裁的名义所实行的贸易保护政策让全球经济贸易领域的摩擦不断升级,进一步深化了"逆全球化"。

在 2020 年暴发的新冠疫情的冲击下,全球经济遭遇了灾难性的打击,发达国家过度依赖对外贸易、产业链过于分散冲击供给,部分国家进一步思考全球产业链布局回迁与重构事宜,"供应链安全"也开始被纳入各国制定政策的考虑因素,因此,各国均开始严格审查外来资本,加强对本国产业的保护,并实施利好政策吸引本国制造业企业从海外回流。

相关数据显示,在已存在"逆全球化"的 2013—2019 年间,出口在中国 GDP 中所占比例仅下跌 4 个百分点,在 2019—2020 年间,出口在中国 GDP 中所占比例大幅度下滑了 7 个百分点,仅 2020 年一年的世界出口额下跌幅度就超越了过去 12 年的下跌幅度。同时,受疫情影响,全球贸易和跨境投资均遭受重创。

(二)"逆全球化"对中国装备制造业的影响

1. FDI

美、日、欧等发达国家和地区的"逆全球化",对我国制造业的影响直接体现在 FDI 上,但影响不是很明显。在外商投资总额上,中国的外商投资总额和制造业外商投资总额虽有所波动,不过总趋势仍是上升的,其间也有一些方面出现了降低的趋势。2008—2019 年期间,制造业设立外商投资企业数连续降低,从 2008 年的

199526 家减少为 2019 年的 135260 家,制造业签订 FDI 合同的项目数在波动中逐渐下降,从 2008 年的 11568 个减少为 2019 年的 5396 个(见表 4-1)。

表 4-1   中国制造业外商投资情况

年份	制造业签订 FDI 合同项目数/个	制造业设立外商投资企业数/家
2008	11568	199526
2009	9767	191671
2010	11047	187547
2011	11114	181017
2012	8970	173606
2013	6504	161195
2014	5178	161168
2015	4507	158256
2016	4013	154158
2017	4986	147547
2018	6152	141144
2019	5396	135260

数据来源:国家统计局。

2. 制造业回流

2008 年金融危机爆发之后,制造业"空心化"的弊端日益凸显,美、日、欧等一些发达国家和地区经济增长乏力,失业率增加,国内矛盾日益加剧。与此同时,数字智能技术与制造业相融合的新一轮工业革命逐渐兴起。这些国家纷纷将注意力聚焦于制造业领域,制定了促进制造业回流本土、振兴本国工业等方面的政策(见表 4-2)。不同的国家支持的重点领域有一些区别,但主要都是先进制造业和高科技领域。除了发展先进制造业、培养技术工人之外,这些国家还重视产业间的合作与协同,不断完善相应的配套部门,优化制造业的管理体制机制。美、日、欧等发达国家和地区制定的扶持政策的内容主要包括加大基础设施建设、减少税收、增加研发投入等方面。

表 4-2　主要发达国家的再工业化政策

国家	政策文件	政策内容	时间
美国	《2009 年美国经济复苏和再投资法案》(American Recovery and Reinvestment Act of 2009,ARRA)	在条款中提出 ARRA 投资项目中如涉及铁、钢及制造产品采购,须购买美国制造品等	2009 年 1 月
	《重振美国制造业框架》	将制造业确定为美国的核心产业,营造有利于制造业发展的政策环境	2009 年 12 月
	《制造业促进法案》	通过关税和税收减免,降低制造业成本	2010 年 8 月
	《出口倍增计划》	在未来 5 年实现出口总额翻一番	2010 年 3 月
	"先进制造伙伴"计划	通过产学政合作,找出先进制造业领域的研发投资机会	2011 年 6 月
	"先进制造业国家战略"计划	提出制造业发展应遵循的 3 项原则	2012 年 2 月
	"国家制造业创新网络"计划	创建 15 个国家制造业创新中心	2012 年 3 月
	《振兴美国先进制造业》2.0 版	提出通过支持创新、加强人才引进和完善商业环境等方式,确保美国在先进制造业领域拥有全球主导地位	2014 年 10 月
	《美国创新战略:推动可持续增长和高质量就业》	围绕投资创新基础等 6 个关键要素,提出具体的行动计划	2015 年 10 月
	《美国先进制造业领导力战略》	提出了发展和推广新的制造技术、培训先进制造所需劳动力和扩大国内制造业供应链能力等三大发展目标	2018 年 10 月

续　表

国家	政策文件	政策内容	时间
日本	《日本振兴战略》	推出了产业振兴、战略性市场创造、国际化战略等行动计划	2013 年 6 月
	《促进成长战略的方针》	利用大数据、人工智能和物联网对日本制造业的生产、流通、销售等领域进行重构,以实现产业结构的变革	2015 年 7 月
	《科学技术创新综合战略 2016》	提出了"超智能社会"的内涵和框架	2016 年 5 月
德国	"工业 4.0"计划	基于网络实体系统和物联网,提升制造业的智能化水平	2013 年 4 月
	数字战略 2025	该战略的目标是将德国建设成最现代化的工业国家	2016 年 3 月
	高科技战略 2025	其目标在于促进科研和创新、加强核心竞争力、保障可持续发展	2019 年 9 月
英国	《制造业:新机遇、新挑战》	其目的是振兴制造业,保持和强化英国先进制造业的领先优势	2008 年 9 月
	先进制造领域"一揽子"新政策	旨在帮助英国制造业充分利用先进技术并抓住新的市场机遇,打造英国工业的未来	2009 年 4 月
	《英国工业 2050 战略》	提出了英国制造业发展与复苏的政策	2013 年 10 月
	《加强英国制造业供应链政府和产业行动计划》	将加强制造业供应链的竞争力上升为国家战略	2015 年 2 月
	《英国 2015—2018 年数字经济战略》	倡导通过数字化创新来驱动经济社会发展	2015 年 2 月

根据美国 The Reshoring Initiaive 网站公布的数据,美国 2008—2017 年间从国外回归本土的各个制造业细分行业占制造业的比例中,装备制造业占据了约 42%。回流美国的装备制造企业中,排名前八的企业分别为通用汽车、波音、大众汽车、福特汽车、富士康、奔驰、英特尔等(见表 4-3),这些都是装备制造业各个细分行业的领先企业。

表 4-3　回流美国的前 8 家装备制造企业

企业名称	回流岗位/人	企业名称	回流岗位/人
通用汽车	12000	福特汽车	3000
波音	7800	富士康	3000
Mahindra	6000	奔驰	3000
大众汽车	4000	英特尔	3000

资料来源：上海财经大学美国财政与经济研究所。

　　美国波士顿咨询集团分别在 2012 年和 2015 年对在中国设厂制造的美国企业进行了调查,2012 年的调查结果显示有 37％的美国企业期望回归,2015 年的调查结果显示有 53％的美国企业期望回归;2012 年的调查结果显示有 7％的美国企业将在中国的生产线回迁到了本土,2015 年的结果为 17％,这说明美国企业回流本土的意愿有所增强。回流倡议组织发起人美国企业家摩泽尔指出,在其整理的数据库中,已经有 745 家企业从中国迁出。2020 年 4 月,有几十家日本企业集体从中国撤出。从整体上说,发达国家的工业战略已经推行了几年,制造业回流动向已有所显现,目前虽然还主要是小规模的回流,但是这一现象仍然需要关注。

　　3. 贸易保护

　　目前,美国是"逆全球化"思潮最为严重的国家,也是采取贸易保护措施最多的国家,不仅对中国中低端出口产品开展了反倾销,对中国的高技术企业也展开了"精准打击",通过包括"232 调查"、"377 调查"及《国防授权法案》等来限制中国产品准入。美国从资金、技术、人才等方面对中国实施"全政府策略",通过严厉的出口管制限制这些资源流入中国。在美国的多维出口管制清单中,有 70％与装备制造业相关。美国除了制定管制清单,还操纵《瓦森纳协定》、澳大利亚集团和"导弹及其技术控制制度"等出口管制机制,从而限制中国装备制造业升级,尤其是对电子器件、计算机、电信与信息安全等领域的高端装备制造企业实施出口禁运,多重阻挠西方国家向中国出口光刻机等高端设备。

在美国"232调查"中,至2020年5月一共发起了14项调查,其中有6项都关涉装备制造业。2019年,中国被纳入实体清单的机构达到了253家。2020年,美国修订了《出口管理条例》,限制向中国出口中高端技术、产品。受到该条例影响的不仅包括轴承圈等零部件,还包括计算机外部互联设备、光学测量仪器等整装设备。这加大了中国的"断供"风险。

在美国"337调查"中,中国自2002年至2021年连续19年成为遭遇调查最多的国家。"337调查"是美国国际贸易委员会依据美国《1930年关税法》第337节的有关规定,针对进口贸易中知识产权侵权行为及其他不公平竞争行为展开的调查。"337调查"涉及最多的中国企业是高科技领域的企业,主要是装备制造企业。据统计,2009—2016年,美国对中国产品进行的"337调查"中,有42起是关于中国装备制造产品的,占中国被调查产品的28.6%,并且这一比例还在不断提高。在"337调查"中,涉案最多的产品是通信设备、传感器、集成电路、3D激光雷达、无人机、微型机电系统、蜂窝信号增强器等装备制造领域的高技术产品。

三、"一带一路"价值环流

中国是共建"一带一路"倡议的发起国也是核心国。习近平总书记分别在2013年9月和10月提出了建设"新丝绸之路经济带"和"21世纪海上丝绸之路"的合作倡议。此后,中国与共建"一带一路"国家开展了各项合作。共建"一带一路"倡议中提出的政策沟通、设施联通、贸易畅通、资金融通和民心相通的"五通"目标,是对新常态下对互利合作、共同发展模式的继承与创新。自倡议提出以来,中国积极推进实现"五通"目标,不断投入大量资金、人力和技术,为共建国家经济发展提供重要援助,促进国家间合作交流,同时积极承担国际责任,取得了阶段性重要成就,也使得这一区域中的价值流动更为顺畅。

政策沟通方面。加强政策沟通是"一带一路"建设的重要保障。随着"一带一路"建设的深入,中国的"一带一路""朋友圈"越来越大。共建"一带一路"国家已由亚欧延伸至非洲、拉丁美洲、南太平洋等区域,专业领域对接合作有序推进,如在数字丝路建设方面,截至2019年9月,我国与16个国家签署了加强数字丝绸之路建设的合作文件;在能源合作方面,我国组织召开了"一带一路"能源部长会议,至2019年4月,与沿线的30个国家建立了"一带一路"能源合作伙伴关系;在法治合作方面,我国召开"一带一路"法治合作国际论坛,推动建立国际商事法庭和"一站式"国际商事纠纷多元化解决机制。同时,我国还成功举办了一系列包括进博会、服贸会、广交会等重要展会,有力促进了与相关国家和地区的经贸往来。

设施联通方面。基础设施建设是"一带一路"建设的重要领域。在陆上丝绸之路经济带方面,中国通过建设铁路、公路、机场、管道等基础设施,构建了六大经济走廊。这六大经济走廊的走向,分别为中蒙俄、新亚欧大陆桥、中国—西亚—中亚、中国—中南半岛、中巴和孟中印缅。其中,部分基础设施建设项目已经竣工,如中俄蒙段铁路、德黑兰至伊斯法罕高铁、中泰铁路等,中欧班列成为连接欧亚各国经济的新亚欧大陆桥。

海上丝绸之路方面。中国积极推动海外战略支点的建设,已经建成吉布提港、瓜达尔港及皎漂港等港口,为海上运输提供了有力的安全保障,解决了中国能源运输的后顾之忧,同时,中国加强建设世界级远洋港口,提升港口对外开放能力,提高贸易便利性。海上丝绸之路由 2 条要道组成,一是从中国沿海港口过南海,经马六甲海峡到印度洋,通过红海和苏伊士运河进入地中海;二是从中国沿海港口过南海,经印度尼西亚抵达南太平洋。至 2019 年底,中国已与世界 200 多个国家和地区、600 多个港口建立航线联系,海运互联互通指数保持全球第一;与共建"一带一路"倡议相关的 65 个国家签订了双边政府间航空运输协定。2019 年新增的国际航线达 409 条。至 2021 年 11 月,中国与共建"一带一路"倡议沿线的 100 个国家签订双边政府间航空运输协定,并与 19 个国家签署了 22 项国际道路运输便利化协定。

贸易畅通方面。投资贸易合作是"一带一路"建设的重点内容。2020 年,中国与共建"一带一路"国家的货物贸易额达 1.35 万亿美元,同比增长 0.7%,占中国总体外贸的比重达到 29.1%。中欧班列的贸易大通道作用更加凸显,2020 年开行超过 1.2 万列,同比上升 50%,通达境外 21 个国家的 92 个城市,比 2019 年底多 37 个。国际陆海贸易新通道建设加快,合作规划编制等相关工作扎实推进。

资金融通方面。资金融通是"一带一路"建设的重要支撑。2015 年,由中国倡议设立的多边金融机构——亚投行,按照多边开发银行模式和原则运营,支持亚洲地区基础设施建设,为"一带一路"的基础设施建设提供重要的资金来源与保障。2020 年,中国对共建"一带一路"国家非金融类投资额为 177.9 亿美元,占对外投资总额的 16.2%,投资主要分布在能源、基建、不动产、原材料等领域。中国与新加坡、加拿大、柬埔寨等国家签订了本币互换协议,加强了双边金融合作,扩大了与各国间本币使用范围,促进了双边贸易和投资便利化,维护了金融稳定。目前,中国正致力于加强开发性金融服务,通过建设开发性金融机构来进一步解决国际融资过程中资金供给渠道和供给规模不足的问题。

民心相通方面。民心相通是"一带一路"建设的社会根基。中国秉持着友好合作的精神和互利共赢的理念,广泛开展文化交流、学术研讨、人才交流合作等,为深化多边合作奠定了坚实的民意基础。中国制造企业在"走出去"的过程中,为促进共建国家的经济发展、社会福祉提升做出了重要贡献,通过一系列基础设施建设,改善了当地人民的生活,增加了就业岗位,解决了很多民生问题,赢得了当地人民的好感。

为实现"五通"目标而做出的努力,让中国与共建"一带一路"国家的贸易合作不断强化,贸易联系进一步紧密。截至 2021 年 6 月,中国已与 140 个国家和 32 个国际组织签署了 206 份共建"一带一路"的合作文件。2013—2020 年,中国与共建"一带一路"国家货物贸易额由 1.04 万亿美元增至 1.35 万亿美元,占中国货物贸易总额的比重由 25.0% 提升至 29.1%。"一带一路"官网数据中的各类贸易指数均显示出稳步上升的趋势。2020 年 12 月,海上丝绸之路的贸易指数达到了 169.85,"一带一路"整体贸易额指数达到了 161.07,相较于前几年有所上升。

中国与广大发展中国家有着互补的比较优势,这会使双方的合作关系越来越紧密。共建"一带一路"国家具有广阔的市场空间,能够使中国企业获得更多市场份额,扩大企业规模,从而获得规模经济效益,提高企业的国际市场占有率,提升品牌和企业的国际知名度,提升中国的国际地位。中国在世界市场影响力的提升能够带动人民币国际化,使企业以更低的成本进行海外投资,这有利于企业在当地更加全面、深入地发展,也有助于东道国的经济发展。

第二节　中国装备制造企业国际化发展的
演化路径分析[①]

　　中国装备制造业的发展经历了不同的阶段,按照发展水平和发展模式,可以将其划分为 3 个阶段,即摸索阶段、前追赶阶段和后追赶阶段。无论在哪个阶段,装备制造企业都会或多或少地受到 2 种价值环流的影响,即本土区域内的国内价值环流和国外区域的国际价值环流。在不同的发展阶段,中国装备制造企业在国内国际 2 种价值环流中的嵌入程度和嵌入模式也有所差异。相对于嵌入国内价值环流,嵌入国际价值环流时本土装备制造企业面临的环境更为复杂。企业在嵌入国际价值环流时,主要会采用 2 种国际化发展战略,一种是内向国际化,一种是外向国际化(见表 4-4)。在整个装备制造业发展过程中,2 种国际化发展战略贯穿其发展的整个过程,并产生交互影响。Welch 等(1993)指出,内向国际化过程会影响企业外向国际化的发展,内向国际化的效果将决定其外向国际化效果。中国装备制造企业在早期阶段主要采用的是一种内向国际化的发展模式,之后越来越外向化,最后外向国际化发展逐渐成为主流。但是在当前复杂动荡的国际环境下,国际化发展战略可能需要进行动态调整。

---

　　① 本部分的核心内容由张月月、俞荣建、陈力田合作完成,并发表于《经济学家》2020年第 10 期。

表 4-4　2 种国际化发展战略类型比较分析

类型	方式	作用
内向国际化	引进国外先进设备 进口零部件和元器件 加工装配 技术合作 设立合资企业	提高生产技术水平 提高产品的档次和质量 改进生产工艺 跟踪国际技术发展动向 利用外商资金、技术、市场和 信息,提高管理水平
外向国际化	贴牌生产 直接出口 建立海外办事处 并购海外企业 海外技术合作	全面提升产品质量 改善工艺 建立销售渠道 树立品牌形象 收集海外市场信息 把握行业发展趋势 获取海外资产优势 技术领先

资料来源:鲁桐(2003)。

　　2014 年 11 月,时任国务院总理李克强在考察吉利控股集团时指出:吉利的发展史,就是中国经济不断升级的缩影。因此,本部分在分析装备制造业的整体情况时,以吉利汽车为例,分析这一代表性企业在上述 3 个阶段嵌入国际价值环流的情况。

一、摸索阶段的内向国际化

　　2001 年之前,本土装备制造企业主要处于摸索阶段,尚未形成普遍适用的有效发展模式。尤其是在改革开放之前,装备制造业的发展比较滞后,只能使用一些摸索着制造出来的机械和设备,产能和质量都跟不上需求。改革开放之后,在国际交往过程中,中国社会各界认识到了装备制造业的重要性,开始大力发展这一产业,一些企业开始从国外进口高质量的生产机械。但是这一阶段的本土装备制造业还主要是扎根本土进行发展,虽然有一些企业尝试"走出去",但这一阶段的国际化主要是引进、消化、吸收式的内向国际化,国际化发展的速度非常缓慢,国际化的范围很小,国际化的程度很低。

吉利控股集团成立于1986年,以生产零配件和材料起家。在有利的政策及国内旺盛市场需求的推动下,其于1997年开始布局汽车制造领域。成立之初,吉利汽车还没有核心技术,未能获得造车资质,只能在未获得政府准入的情况下摸索坚持。吉利汽车依据国内市场需求的特点,推出了"质优价廉""合规"的自主品牌两厢小汽车——吉利豪情。在这款汽车推入市场之初,产品质量饱受诟病,但是吉利汽车的研发团队不断进行改进和优化,最终这款汽车经受住了市场的检验,成为当时较为热门的产品。这一时期的吉利汽车,还只是为了立足国内市场而努力着。

二、前追赶阶段的外向国际化

2001—2012年是中国装备制造企业的快速追赶时期,但是这一时期主要是数量方面的追赶,本部分将这一阶段称为前追赶阶段。改革开放后,一些装备制造企业开始在国际市场探索和发展,但是只是国际价值环流中的边缘性存在。直至中国加入世界贸易组织,中国装备制造企业才迎来了国际化发展的契机。中国以世界贸易组织成员的身份进入全球市场,为中国装备制造企业的国际化发展创造了更多的便利条件,也吸引了更多的跨国公司来中国投资设厂。国际上知名的装备制造企业大都是靠有效的产品内分工构筑自身的竞争优势的。基于这些国际知名装备制造企业的经验,越来越多的中国装备制造企业日益意识到国际价值环流的重要性,积极参与国际产业分工。国际环流中的市场价值、技术价值是吸引本土装备制造业嵌入的主要因素。在这一阶段,中国装备制造企业嵌入国际价值环流的范围不断增加,呈现出了明显的外向发展态势。

2001 年,吉利汽车正式拿到了汽车生产资质,成为符合政府规定的汽车制造商。吉利汽车在之后的一段时间,基于高成本控制能力、组织运营能力和市场营销能力,在国内低端汽车市场占据了一席之地。在有了一定的资本积累后,2003 年,吉利汽车开始积极探索国际化发展之路,以并购的方式迅速提升了品牌的国际知名度和技术能力,以合作、合资、独资等方式,在多个国家和地区建立销售网络、经销渠道、生产基地,稳固了国际化发展的基础。通过为在东道国本土化发展而做的努力,吉利汽车获得了较高的国际化发展红利,产品销量大大提升,年平均增长率达到了 35%,成为中国汽车制造的龙头企业。

三、后追赶阶段的分层国际化

2013 年,中国装备制造业产值规模超过 20 万亿元,成为世界上装备制造业产值规模最大的国家,浙江省的高端装备制造业在国内同领域中也占据一席之地。然而,低端装备产品供给过剩、高端装备产品供给不足、生产成本上升、人口红利消失等一系列问题日益凸显,规模化发展的路径难以为继,必须转变发展思路,由要素驱动式发展向创新驱动式发展转变,由数量追赶向质量追赶转变,本部分将这一时期称为后追赶阶段。然而,一直以来,发达国家给我国的创新发展设置了各种障碍,中国装备制造企业若想依靠国际价值环流实现创新能力提升十分不易。2020 年,习近平总书记多次提出要逐步形成以国内大循环为主体、国内国际双循环相互促进的新发展格局。对于中国装备制造企业而言,如何充分利用国内大市场,充分发挥国内价值环流的潜力来提升创新能力,进而在国内国际双价值环流的有效对接中实现向 GVC 高端环节攀升,是这一阶段需要考虑的重要问题。

　　自 2013 年提出共建"一带一路"倡议以来,中国与越来越多的国家建立了合作关系,合作方式不限于简单的层级转移或技术的垂直化分工,而是形成了以产业链为基础的产品内分工(洪俊杰等,2019)。中国对共建"一带一路"国家,尤其是对发展中国家的价值链引领能力在不断提升,这为中国实现国内国际价值环流的有效对接提供了便利。中国装备制造业也日益加强了在共建"一带一路"国家的布局,装备制造产品在共建"一带一路"国家的贸易效率也在逐步攀升(李晓钟等,2019)。本土装备制造领域的龙头企业杭汽轮、杭氧也深度参与到"一带一路"建设当中,在 2017 年双双中标全球最大的天然气制甲醇项目(伊朗卡维项目),成为这个庞大项目的配套供应商。

　　以中国为出发点的国际价值环流已出现了明显的分化,因此需要将整个国际价值环流区分为 2 部分来进行差别化接入,第一部分是"一带一路"区域价值环流,第二部分是其他国家形成的其他国际区域价值环流。有效地嵌入多重价值环流中是中国装备制造业破局的关键(王晓萍等,2018)。"一带一路"区域价值环流中的积极要素较多,可以广泛且深度地嵌入。其他国际区域价值环流中的消极因素和不稳定因素多,应该相对降低接入比重,以减少单边主义因素的干扰。

　　新冠疫情的暴发,加剧了西方发达经济体和发展中经济体间的矛盾,加速了发达经济体"逆全球化"的进程。中国高端装备制造企业需要接受全球化脱钩这一现实,转变发展思路,适时收缩在其他国际区域价值环流的扩张战略,增加嵌入"一带一路"区域价值环流的比重,充分挖掘"一带一路"区域环流中的价值,发挥"一带一路"区域价值环流"黏合剂"和"缓冲带"的作用(见图 4-5),这不仅有助于缓解当前各种不利因素所带来的冲击,也有助于装备制造企业更加平稳地嵌入 GVC 高端环节(张月月等,2018)。

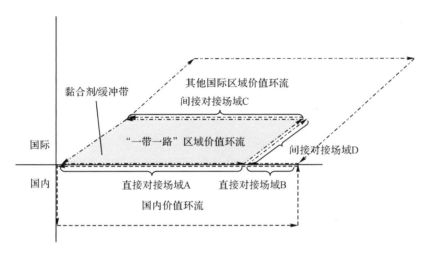

图 4-5 依托"一带一路"区域价值环流的国内国际价值环流对接图

这一阶段,吉利汽车的产品种类很丰富,在国内具有很强的竞争力,但是发动机、变速箱、底盘等涉及的核心技术与发达国家高端汽车品牌相比还有一些差距,产品低端化特征明显。若吉利汽车想成为国际龙头车企就必须在创新上继续努力,在质量上实现跃升。除了国内的研发中心,吉利汽车还在全球范围内不断吸纳、整合和配置资源,探索国际化研发之路。吉利汽车不断深嵌"一带一路"区域价值环流之中,已经在科威特、黎巴嫩、阿联酋、沙特阿拉伯、阿曼、白俄罗斯、俄罗斯、智利等国家进行了深度的布局,并且嵌入模式正由贸易输出型向技术和管理输出型转变,可见吉利汽车的全球化程度在不断加深。基于共建"一带一路"倡议的有序布局,对于吉利汽车国际品牌知名度的提升及倒逼创新能力提升等方面都发挥了较大的作用。然而,吉利汽车若想要攀升到汽车产业 GVC 高端,仍需努力。

第三节　中国装备制造企业参与 GVC 的
升级路径分析[①]

一、GVC 类型辨析

在对向价值链高端攀升的路径展开探讨之前先需要明确 2 个问题,一是当前 GVC 有哪些类型? 二是中国后发装备制造企业位于何种价值链之上? 其目的在于深度剖析价值链运作特质,为之后制定具有针对性的升级办法"投石问路"。

判断不同价值链类型要借助外在标准。综观当前 GVC 结构动态特性,产品生产缔约方之间议价与协商权力的平衡关系可以直接反映出价值链整体协调程度(吕文晶等,2019)。高平衡关系价值链往往意味着客户与厂商具有均衡的议价和协商能力,一方面高端企业没有完全掌控附加值分配的权力,另一方面后发企业对领导企业的依赖度低,可以从生产活动中获取较高的产品附加值。相反,价值链生产节点间权力越失衡,低端企业受高端企业控制程度越高,也就越容易被低端锁定。故此,本节将缔约方之间的权力关系作为切入点,辨析中国装备制造企业所参与的不同价值链类型。Inomata (2017)认为,生产和交易活动最能反映双方或多方之间的权力关系结构,而且生产和交易决定了产品价值链的价值分布与节点收益规模。在既有研究成果的基础上,本节从生产复杂程度(Complexity)、

[①]　本部分内容由胡峰、袭讯、俞荣建、向荣、谢杰、张月月(通讯作者)合作完成,并发表于《科研管理》2021 年第 3 期。

知识编码程度（Codify）、低端节点发展潜力（Potentiality）3 个指标出发，分析不同价值链生产、交易的异同，挖掘价值链的权力关系结构特征，进而深度刻画不同价值链的类型。

3 个指标的具体含义为：①生产复杂程度是指中间品在价值链内部转移和再加工所需知识的复杂程度，特别是在工艺规范性方面。生产复杂程度越高，表明中间品再加工所需知识越复杂，这要求后发节点配套高水平生产技术。而现实情况是，高技术知识往往由高端节点直接提供，其掌握了关键决策权，而后发节点仅负责装配和再加工等简单生产活动，生产自主性较差。这表明生产复杂程度越高，产品价值链节点间的议价和协商权力越容易失衡。②按照生产规格加工产品需要一套技术知识体系，知识编码是指知识通过书面、口头、肢体语言或者电子网络等形式进行表达和传递的过程。当生产规格较为复杂且技术知识隐性程度较高时，承包商被动购买、租赁高端技术和设备及聘请组织外部人才成为最有效的选择，但这会使承包商的利润大打折扣。当生产规格简明或承包商拥有高契合度的生产技术时，客户与生产商之间相互依赖性较高且协商合作范式较为常见，价值链整体均衡性较强。③低端节点的发展潜力包括高端进口和低端出口企业的自主研发能力、知识吸收能力、人才储备和资本实力等。高发展潜力的后发企业不再严重依赖价值链主导企业，而是有更多外部选择。究其原因，高发展潜力后发企业的市场适应能力和市场敏感度强、成长速度快，这会增加其与高端企业之间的合作黏性，进而平衡价值链节点之间的决策权力。本研究借助生产复杂程度、知识编码程度和低端节点发展潜力 3 个指标将 GVC 划分为市场型、模块型、关系型、俘获型、层级型 5 种类型（见图 4-6）。

市场型价值链具备知识编码程度高、低端节点发展潜力高、生产复杂程度低的特点。该类型价值链一般不需要在生产设备与研发技

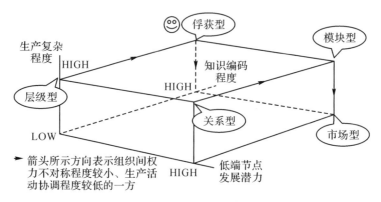

图 4-6　价值链解析"盒子"

术上进行特定投资,生产商之间也无须交换详细的生产规格信息,这
是因为绝大多数关键生产信息可以在产品预设价格目录中找到。所
以客户或者供应商可以有多个备选合作伙伴,价值链节点之间也不
存在协调与被协调的合作关系,承包商完全可以根据获利情况决定
是否继续留在原价值链中。与其他价值链类型相比,市场型价值链
节点间的议价、协商权利最为均衡,但存在节点组织流动性较强、价
值链合作不稳定的问题。

　　模块型价值链具有知识编码程度高、低端节点发展潜力高和生
产复杂程度高的特点。该类型价值链中不同的模块知识组合令高潜
力生产商能够设计出单个产品的多种变体,对于这一情况,合作过程
中的复杂交易可以通过调整知识组合加以完成,承包商不必再增加
特定投资,而且可以将新组合的知识扩展到与其他潜在客户的合作
中,增加链外收益。当然,承包商自身应该具备高发展潜力,即强知识
吸收能力、研发创新能力和生产调节能力等。与市场型价值链相比,模
块型价值链节点之间传递的信息量可能相当大,但出于对承包商的信
任,客户会压缩业务干预量,也就是说,后发企业依旧保有较大决策权。

　　关系型价值链具有知识编码程度低、低端节点发展潜力高和生
产复杂程度高的特点。该类型价值链涉及专用设备和知识,且该生

产设备与知识在其他规格条件下无法发挥最高的生产效率,因此承包商如果寻求其他潜在客户则要承担收益降低的风险;对于客户来讲,从第三方供应商获取同样效率水平的专用设备和知识相对困难、昂贵,故而双方都没有动力去寻求其他商业伙伴。与市场型和模块型价值链相比,关系型价值链中流通的信息的知识隐性程度较高,供应商展开生产活动时需要与客户协调,价值链权力平衡性较弱。

俘获型价值链具有知识编码程度高、低端节点发展潜力低和生产复杂程度高的特点。该类型价值链参与方在权力行使方面存在巨大差异,类似于全球知名企业与分包小企业之间的商业关系,供应商必须完全按照客户指标的要求保证产品质量与交货时间。与其他价值链不同的是,俘获型价值链中后发企业既没有足够的生产能力扩大自身生产规模,也没有特殊的生产设备维持自身竞争优势。仅依赖平庸的生产能力大大减少了后发企业寻找其他商业伙伴的机会,这等于把主动俘获地位"强加"于高端节点。高端节点企业在俘获型价值链中享有较高主导权,后发节点企业几乎没有议价空间与能力。

层级型价值链其实是跨国公司内部形成的价值链条,具有知识编码程度低、低端节点发展潜力低和生产复杂程度高的特点。当产品规格复杂且很难被编码,企业又无法寻求到高潜力承包商时,企业将被迫自行研发和制造所需产品,进而形成垂直一体化的内部生产链条。学界普遍的共识是,层级型价值链的母体企业拥有绝对支配权,包括资源配置与收益再分配的权力。

二、中国装备制造企业参与 GVC 的范式选取

中国装备制造企业以参与 GVC 的方式开始了国际化之路,得到了快速发展。但是中国装备制造企业具体是如何发展的? 参与的是

哪种类型的 GVC? 效果如何? 这些是这一部分要分析和解决的问题。本部分借助知识编码程度、低端节点发展潜力和生产复杂程度 3 个指标,对 GVC 的参与类型进行了分析。为尽量保证判识的准确性,本部分采用装备制造业贸易增加值与跨境专利流通总数之比的绝对值①、行业专利流入与流出之比②、行业专利跨境流通总数③分别表示知识编码程度、低端节点发展潜力和生产复杂程度,在与对照组相比较的前提下确定中国本土装备制造企业参与的 GVC 主要类型(见表 4-5)。

表 4-5　中国装备制造企业参与 GVC 的类型判识

指标	行业				
	农业	建筑业	采矿业	交通运输业	装备制造业
知识编码程度	1.6445	9.4193	212.7659	143.0615	62.9383
低端节点发展潜力	1.1753	0.4025	0.2709	1.2833	0.2020
生产复杂程度	875.0000	1085.0000	376.0000	1398.0000	11122.0000

注:农业、建筑业、采矿业、交通运输业、装备制造业贸易增加值核算数据来源于 WIOD 数据库(http://www.wiod.org),2014 年 43 个国家 56 个行业的投入产出统计数据(国家/行业/百万美元)依据 ISIC Rev 3.0 行业分类标准进行整理,其中农业包括 C1、C3、C4、C5、C6,建筑业包括 C17、C18、C29,采矿业包括 C2、C11,交通运输业包括 C23、C24、C25、C26,装备制造业包括 C13、C14、C15、C16;行业专利数据来源于 WIPO 数据库(https://www.wipo.int)2014 年数据(国家/行业/件),将 IPC 国际专利分类标准与 35 个技术领域联系起来,其中农业流通专利数据包括 A01H、A21D、A23B-G、A41H、A43D、A46D 等,建筑业流通专利数据包括 G01B-L、E01B-D、E01H、E02B-H 等,采矿业流通专利数据包括 B22C-D、B22F、C01B-G、C03C、C04B 等,交通运输业流通专利数据包括 B60B-W、B61B-M,装备制造业流通专利数据包括 B01B、B01D、B01F、F01B-D、F02B-M 等。

---

①　中国装备制造业贸易增加值核算借助单国多部门模型,不再考虑中间品贸易增加值的分解部分,具体为 $\sum_{a=1}^{N} VA_a = \sum_{a=1}^{N} \sum_{i=1}^{n} (E_{ia} - I_{ia})$。对照组行业贸易增加值的采用同样核算方法,此处不再逐一列举。行业贸易增加值与跨境专利流通总数的比值越高,代表行业生产体系中可编码知识技术占比越不足,承包商与客户之间完成技术交接越困难。

②　行业专利流入中国装备制造企业的数量与流出到境外企业的数量的比值越大,表示本土生产节点企业越依赖国外先进技术知识,自主研发创新潜力越不足。

③　行业专利跨境流通总数指流入与流出专利数量之和,该数值越高表示行业研发创新程度越高,行业研发所需要的技术知识也就越多、越复杂。

由表 4-5 可见,中国装备制造业整体生产复杂程度为 11122.0000, 远高于农业、建筑业等对照组核算结果,则可判定中国装备制造业为高生产复杂程度行业;低端节点发展潜力为 0.2020,明显小于对照组核算结果,表明中国装备制造业整体发展潜力不足;知识编码程度为 62.9383,属于中低水平,表明中国装备制造业技术知识隐性程度不高,具备较强的可编码性。此外,2014 年中国整体装备制造企业参与的 GVC 位势指数为 0.0072[①],小于边界数据 0.0080,所以多数本土企业位于 GVC 低位势节点。至此,可初步判定中国装备制造企业参与的 GVC 的主要类型为俘获型价值链。

三、中国装备制造企业参与的 GVC 的特征分析

在明确了本土装备制造企业参与的 GVC 的主要类型"是什么"之后,还需明确另一个问题——"为什么",即中国装备制造企业为什么会被低端锁定,成为高端企业的"俘获品"。解答该问题可以从后发装备制造企业参与的 GVC 的特征入手,内在逻辑为后端节点企业参与 GVC 是一个动态调整的过程,不同时期要求节点企业具备不同的潜力特质,但部分特质缺失容易导致后发企业向高端攀升动力不足,进而产生低端锁定效应。进一步剖析中国装备制造企业价值链参与特征有助于深入理解低端锁定效应产生的机理,可为设计逃离路径增加理论深度与效度。

在判定中国装备制造企业参与 GVC 的类型主要为俘获型后,探究中国装备制造企业参与 GVC 的特征与组织特质则是为了深度挖

---

① 通过比较出口国外的中间品附加值与从国外进口的中间品附加值的大小,判断国家或地区 GVC 位势,则 j 国 i 行业的位势指数可分解为出口国外的中间品附加值 EV 与从国外进口中间品附加值 IV 之差,即 $GVC\_position_{ji} = \mathrm{Ln}\left(1 + \dfrac{EV_{ji}}{E_{ji}}\right) - \mathrm{Ln}\left(1 + \dfrac{IV_{ji}}{E_{ji}}\right)$。

掘向价值链高端攀升的切入点。而中国装备制造企业参与 GVC 到底具有哪些特征,则是本部分要回答的第一个问题。本部分依据中低端企业参与 GVC 的现实情况,尝试将后发企业参与 GVC 的过程划分为关联前阶段、关联阶段、升级阶段及稳定阶段 4 个时期[①],并分别对每个阶段后发者的参与特征展开讨论(见图 4-7)。

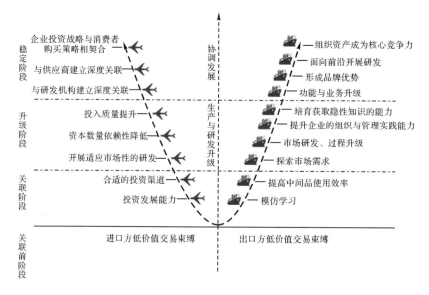

图 4-7　后发装备制造企业价值链参与特征[②]

在关联前阶段,从事贸易进出口的后发装备制造企业被低价值交易束缚,但不存在低端锁定效应;处于关联阶段的后发装备制造企业满足了产品跨境合作的最低要求,且后发企业参与 GVC 的状况并不稳健,协作过程中可能存在第三方同质性企业的竞争,致使与原节

---

① 不同价值链类型的主体参与特征具有相似性,这是因为全球价值链类型差异是所有参与主体的综合作用结果,而阶段特征特指中国装备制造企业的时序性质,二者出发点明显不同。

② 与一般装备制造企业参与全球价值链相比,后发者在"关联前阶段"凸显了"束缚"特性,并且在"关联阶段"寻找投资渠道和模仿学习相对困难、被动;另外,与后发者相比,前沿型装备制造企业价值链参与过程中可能不存在"升级阶段"或者其他阶段,主动性与稳定性更强。

点企业无法继续合作,但此时后发装备制造企业被低端锁定的可能
性依旧不高;处于稳定阶段的装备制造企业成为价值链领导者、关键
供应商或者交易平台等,即后发装备制造企业升级为高端企业,并主
导或面向更加复杂的产品价值链。

与上述 3 个阶段不同的是,升级阶段存在低端锁定的陷阱,这是
因为一旦后发装备制造企业突破简单关联阶段,捕捉与学习外部溢
出知识就会成为企业基本能力,而且由于企业知识吸收的能力与组
织合作的可能性联系紧密,其有助于积累客户资源。伴随升级过程
的持续深化,过程创新、产品创新和中层管理创新变得异常重要,后
发装备制造企业开始集中精力增加自身核心竞争力,并剥离那些不
是自身优势的业务。从进口方角度讲,在升级阶段,后发装备制造企
业会提升资本投入质量,降低对人力和原料等低端资本的依赖度。
而且为进一步提高组织竞争能力与生存能力,进口端也要积极开展
适应性研发活动,一方面为与更高端的组织合作做准备,另一方面增
加企业原始产品的价值含量。从出口方角度讲,隐性知识的重要性
增加,这是因为显性知识往往作为影响企业生产研发的基础要素,而
隐性知识才是提升研发效率的关键要素。另外,后发装备制造企业
还需要增加研发和管理投入,探寻全新的市场需求与发展契机。经
过前 2 个阶段的积累,绝大多数后发装备制造企业会选择向价值链
高附加值节点攀升,但从阶段特征来看,实现升级需要后发装备制造
企业具备高创新活力与生产潜力,这对企业提出了较高的要求。实
际上,很多后发装备制造企业最终并没有完成高端升级,可能的原因
有:后发装备制造企业并没有完全具备向 GVC 高端升级的必备条
件;竞争优势被上下游合作企业的进步所稀释,即相对竞争优势不明
显。相对于其他 3 个阶段,在升级阶段,因后发装备制造企业无法完
成向价值链高端攀升而容易被外部同质性企业替代或被高端企业

"俘获"在低附加值节点,形成俘获型价值链。

基于以上分析,可以看出,中国装备制造企业参与 GVC 的类型多为俘获型,其中产品生产活动较为复杂,且生产技术与知识编码程度较高,但后发装备制造企业发展潜力不足;后发装备制造企业被俘获的高危期多在升级阶段,在该阶段因后发装备制造企业无法完成向价值链高端攀升而被外部同质性企业替代或被高端企业"俘获"在低附加值节点。至此,本部分对"是什么"与"为什么"2 个问题进行了解答。

四、中国装备制造企业的 GVC 升级路径分析

王直等(2015)认为,组织在国际合作中的升级路径可遵循 2 种思路:一是维持既定合作条件下的升级路径;另一种则是突破式升级路径。换言之,当后发装备制造企业在升级阶段被高端企业"俘获"于低附加值节点时,除了用"蛮力"升级之外,还应学会灵活变通,向高边际效益、高决策权力的节点进行价值链转移(见图 4-8)。虽然转型升级过程并不一定代表后发装备制造企业可以实现向高端攀升、主导原产品生产链条,但可以帮助后发装备制造企业打破"坐以待毙"的尴尬处境,并能够为后续价值链向高端攀升谋取更多发展时间与机遇。另外,被俘获的企业历经多个价值链升级阶段但并未完成向高端攀升时,除继续维系原生产链外,还可凭借已有知识储备、技术和人才资源拓展以本企业为主导的其他价值链,从而将绝对低附加值生产的劣势局面扭转为劣势、优势融合共存的局面。整体而言,后发装备制造企业打破升级阶段的低端锁定陷阱进而真正实现向 GVC 高端跃迁具有 2 条路径——价值链转型与链外升级。

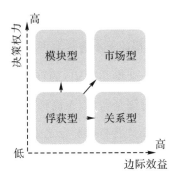

图 4-8 后发装备制造企业俘获型价值链转变路径

对于价值链转型路径,尤其需要注意 2 点:一是层级型价值链实则为跨国公司内部形成的生产体系,后发装备制造企业在既定条件下衍生的子公司很难解决技术、管理落后和人力资源匮乏的问题,而且创建分公司需要投入大量资金及人力,对于后发装备制造企业而言具有高风险性,因此,俘获型价值链向层级型价值链转变在理论上不太可能;二是俘获型价值链分别向模块型、市场型和关系型价值链转型的过程中存在一个共同点,即需要后发装备制造企业提升自身知识吸收、自主研发和人才吸引等能力,转型路径重复之处不再赘述。

(一)逃离路径之一:价值链转型

俘获型→市场型:相较于市场型价值链,俘获型价值链中可供后发装备制造企业选择的上下游合作伙伴较为单一。究其原因,是高生产复杂程度令低潜力后发装备制造企业对先进企业的人才、设备和技术具有较强的依赖性,且低端节点发展潜力相对不足,交叉作用下,企业很难得到其他链外组织的青睐,发展空间受限与机遇缺乏。转型为市场型价值链要求后发装备制造企业提升知识吸收能力,尤其是对高端溢出知识的学习吸收能力,因此可构建组织内部技术知识审核机构,并将该机构与其他职能部门嫁接,依据组织生产与研发需求准确掌握外部溢出知识,然后通过过滤和筛选功能反馈给各个职能部门,以此提升后发企业生产效率与产品质量,进而吸引链外组织寻求合作及提升后发企业参与 GVC 的自主水平与选择权。

郑州宇通重工股份有限公司(以下简称"宇通重工")的价值链转型与俘获型→市场型路径具有高度契合之处。企业成立之初十分依赖 Caterpillar、Mitsubishi 等高端企业的制造技术和管理知识,价值链嵌入种类和范式相对单一且欠缺合作深度。2003 年在和国际咨询公司 Roland Berger 的合作下,宇通重工成立了信息处理部门,旨在为研发部门、管理部门、销售部门等提供及时有效的信息服务。该部门具体运作过程为捕捉和整理组织内外的溢出知识→检测并形成检测报告→召开会议讨论→调整并重复迭代产品→投放市场→收集市场反馈信息并加工整理→重新向各个部门反馈。良性驱动下,宇通重工生产的多功能旋转钻、装载机等产品在海外市场的知名度日益提升,而且企业陆续得到与特钢科技、克莱斯克新能源等企业合作的机会,企业生产水平与自主创新水平日益提升。[①] 宇通重工能实现由低端俘获型价值链向市场型价值链转型的关键所在,即掌握参与GVC 的主动选择权,当然,这离不开企业在前期阶段的知识积累和持续学习。

俘获型→关系型:与关系型价值链中的后发装备制造企业相比,俘获型价值链中后发装备制造企业的生产、制造和装配等的专用性较弱,很难提升与其他节点企业的合作黏性。因此,需要集中企业资源攻克某一技术热点和难点(多涉及市场中的高、精、尖技术高地),以增加本企业与合作企业间的相互依赖度。就当前阶段

---

① 参考资料来自宇通重工官网(https://www.yutong.com/aboutus/development/)中"发展历程"模块和"投资者关系"模块。

而言,后发装备制造企业专用设备要结合智能制造技术,后发装备制造企业要通过与国际高端企业开展直接合作、人才委培、技术交流及产品流通等形式汲取外部隐性知识,提高核心业务板块的专用性和先进性。

三角集团自 1976 年成立以来始终坚守在轮胎行业,在其参与国际合作的早期阶段,凭借原料成本低与产品质量高等优势成为 Goodyear 等行业巨头的初级生产资料和中间品供应商,但国外高端企业对三角集团的合作依赖度并不高,其在全球行业链条中处于中低端位置。虽然三角集团能够向国内外市场供应轿车和轻卡子午胎及卡客车子午胎,但在工程子午胎尤其是巨型工程子午胎领域却受制于 Bridgestone、Michelin 和 Goodyear。企业想要躲过"低端锁定"陷阱并在轮胎行业向高端攀升就必须填补这一技术空缺。为此,三角集团在 2002 年至 2007 年之间举全公司之力突破该技术,最终在 2007 年初创建出系列化、规模化的巨型工程子午胎生产体系,打破了国际垄断局面。高度专业化的产、销、研能力和完备的轮胎品类帮助三角集团持续获得了 Caterpillar、Liebherr、Volvo 等国际知名企业的青睐,同时提高了企业在全球轮胎行业价值链中的主动性和节点附加值。[①] 三角集团参与 GVC 的历程印证了企业保持行业精度和专业化水平在向 GVC 高端跃迁中发挥的关键作用,因为这 2 个方面能够帮助企业在参与 GVC 的过程中增加合作主体之间的相互制约性与合作黏性。

俘获型→模块型:与模块型价值链相比,俘获型价值链中后发装备制造企业主要欠缺对技术与知识的整合与再创新能力。针对

---

① 参考资料来自三角集团官网(https://www.triangle.com.cn/cn/Index/listView/catid/21.html)"发展历程"模块、"投资者关系"模块。

此类问题,模块型价值链中的低端企业往往可以借助对现有技术的组合与再创新加以解决,但俘获型价值链中的后发装备制造企业仅能依靠购买、租赁技术和设备完成生产。无论是从效率和成本方面,还是决策权力方面,模块型价值链中的后发装备制造企业的作业模式都优于后者。俘获型价值链中的后发装备制造企业培育知识整合与再创新能力可以借助"系统式"发展路径,即对传统生产管理系统进行模块式分割,构建管理模块、子生产模块、销售模块和服务模块等系统模块,将企业生产研发活动由原来的"基于人力与时间"转变为"基于工艺与技术",改善工作模式、设计流程和协调管理等方面。

2014 年之前,海信家电的平板电视业务凭借自主背光灯组件在国际行业领域占据一席之地。然而与国内其他厂商一样,海信家电的平板电视的液晶模组技术严重依赖 Sharp 和 SAMSUNG 等国外厂商。虽然未被明显"低端锁定",但海信家电在全球平板电视价值链中处于低端部分的被动位置。为扭转企业自身甚至国内整个行业在液晶模组技术上的不利局面,2007 年海信家电进一步将研发中心按技术与目标差异划分成 LCD、CRT 和 PPC 等研发模块,然后建立模块与模块之间的协同渠道。最终在 2014 年,海信家电凭借研发模块协同成果——超短焦激光技术在平板电视的屏显方面实现弯道超车,并且逐步将激光电视产业化。通过技术研发,以分离再整合为特征的模块化流程缩短了研发周期,使海信家电的新品上市时间早于竞争者 3 个月到半年,大大节约了时间成本;另外,模块化研发活动再组合增加了组织的创新灵活性与成功率。①

---

① 参考资料来源于中国管理案例共享中心(http://www.cmcc-dut.cn/)、中国工商管理案例库(https://cases.sem.tsinghua.edu.cn/index.jsp)和海信家电官网(http://hxjdtzz.hisense.cn/investment-summary/index.aspx? nodeid=73)"投资者关系"模块。

从海信家电发展历程来看,由俘获型价值链向模块型价值链转变首先需要后发装备制造企业自身建构模块化结构,提高企业灵活性与研发效率,从而更好地应对 GVC 中高技术和高附加值的生产活动,最终以局部高端化带动整体跃迁。

(二)逃离路径之二:链外升级

升级阶段的后发装备制造企业已经通过吸收、学习高端溢出知识和自主研发沉淀出在部分领域的竞争优势,依靠这些优势完全可以构筑本企业主导型价值链,即实现原价值链以外的高端升级。链外升级具有 2 个益处:一是维系原有价值链不变,有利于本企业继续汲取先进企业的溢出知识,以维护组织竞争优势;二是拓展本我企业主导型价值链,有利于增加企业的产品附加值、提升盈利能力。纵观富士康的发展历程,其与后发装备制造企业链外升级过程别无二致,具体可归纳为 20 世纪 90 年代技术累积升级阶段与 21 世纪全方位价值链构筑阶段。①

1. 20 世纪 90 年代技术累积升级阶段

在参与 GVC 前期,富士康凭借低廉的代工成本和市场潜力结识了一帮有资金、有技术的客户,如 Apple、Amazon、Nokia、Dell 和 Hewlett Packard 等公司。以 Apple 公司为例,富士康最初仅为 iMAC 生产一体机框架及组装电脑零部件,较为精密的电子元件和主板等则由 Fujitsu、GE 和 IBM 等高端企业提供。富士康在 iMAC 价值链中充当低端企业角色,Apple 和 IBM 等则扮演中高端企业的

---

① 参考资料来源于中国管理案例共享中心(http://www.cmcc-dut.cn)、富士康官网(http://www.foxconn.com.cn/zh-cn/about/group-profile/key-milestones)"企业成长历程"模块及鸿海科技集团官网"投资人关系"模块(https://www.honhai.com/zh-tw/investor-relations)。

角色。为掌握精密零部件生产制造技术从而获得更高的产品附加值,富士康制定了2种策略:一是企业坚持零件研发与内制化相结合,尽可能自主掌握高端溢出知识;二是积极与高端企业建立紧密的人事联系,为实现技术进步获取更多额外前沿知识。

20世纪90年代末,富士康凭借精密模具、机电整合模组和零件组配升级等,不再局限于简单的贴牌生产,而是扩展到从事原始设计和零部件制造等活动。这也为企业争取到了包括Compaq(2002年被HP收购)等企业的更多组件订单,进一步巩固了富士康在原来产品价值链中的代工地位。在实现了产品和技术升级后,企业直接对原价值链中的中、高端企业发起了位势冲击。例如,获取Sharp在iMAC生产中的液晶制造业务。采取这一战略的原因可能是:富士康重视未来全球化协作机遇及获取潜在被替代企业溢出的知识资源。

2.21世纪全方位价值链构筑阶段

为降低生产、创新与合作风险,同时尽可能让边际收益最大,富士康将庞杂的产业网络进行整合细化,针对高技术研发业务,如纳米科技、精密光学、半导体零部件和生态显示等形成独立企业,再分别构筑自身业务领域的价值链。各链条之间相互协调配合,形成了集技术研发、代工服务及金融服务等于一体的生态系统,见图4-9。

富士康母链以精密工具与工业机器人代工业务为主,链条上下游节点一般为世界级企业。母链的生产链中,富士康多处于中低端位势,但凭借多元化和大规模接收客户订单,足以支撑起企业近45%的营收(2019年)。子链主要由富士康旗下子公司主导或参与构筑,其主要目标是为母体企业转型升级提供服务,并在提供服务过程中

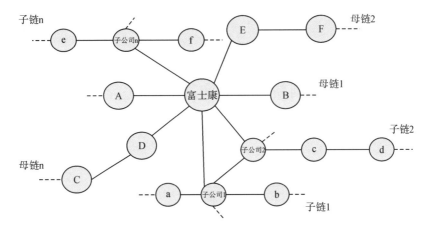

图 4-9 富士康价值链生态系统

不断壮大自己。例如,富士康旗下主要做手机代工的子公司富智康,通过与多家云平台达成合作以构建线上服务价值链,打造属于自己的移动终端操作系统,旨在协助母体摆脱对 Apple 公司过度依赖的现状;旗下锂科科技公司针对 Apple 公司提出的电池性能要求进行技术攻关,并与国内其他互补性企业构建技术研发联盟;旗下 FIH Mobile 公司创办硬件创业孵化中心,一方面构建了富士康内部硬件升级价值链,另一方面激发了企业创新活力。

可见富士康在完成多元化战略部署过程中并没有急于逃离高端价值链的低位势,反而在组织转型升级过程中不断稳固原价值链体系。其中的原因不仅仅是为了获取利润,更重要的原因是企业发展需要高端价值链溢出的技术、经验和人才等知识型战略资源。因而富士康并没有对原价值链节点企业发起正面冲击,而是尽可能将链中溢出的知识为自己所用,发展自己主导的价值链生态网络,令组织更加稳定和强大。

第四节　国际化扩张与中国装备制造企业
创新升级的实现

一、中国装备制造企业升级中的创新诉求

当前,中国装备制造企业处于发展的关键时期,企业升级是当务之急。在装备制造企业转型升级和链外升级的 2 条路径中,创新是核心,只有进行了创新发展,提质增效,才能真正摆脱被俘获的困境,真正走出中国装备制造企业自主式发展之路,提高中国装备制造企业的国际竞争力。基于 GVC 的分工主要分为研发、物化和商业化 3 个阶段,每个阶段都有着一定的创新诉求,分别为研发技术创新诉求、生产工艺创新诉求和营销服务创新诉求。

（一）研发技术创新诉求

产品研发是装备制造最为核心的一个环节,起着基础性的作用,决定了产品的技术含量和新颖程度。然而,产品研发对知识、人才的要求高,也是最难突破的阶段。当前,中国装备制造企业的研发水平有限,在国际市场中的话语权也很有限。在国际分工体系中,有 2 类企业掌握着话语权,即大型跨国企业和"小巨人"企业,这 2 类企业虽然规模有所差别,但无一例外都掌握着某一方面或某几个方面的关键核心技术。

当前中国装备制造产品的稳定性、可靠性、耐久性还有所欠缺,导致一些重要客户不敢试、不敢用、不敢买,这是制约中国装备制造企业升级发展的重要因素之一。例如,国产涡扇、涡喷发动机主轴轴

承的使用寿命只有国外同类产品的 1/10;国产民用飞机和军用飞机的齿轮寿命分别只有美国同类产品的 6% 和 13%;国产的精冲模寿命只有国外同类产品的 1/3 左右;国产的五轴联动数控机床连续工作无故障的时间只有国外的 2/3;国内集成电路的合格率为 2.5 Sigma,欧美等发达国家的合格率是 4.5 Sigma;国内高压柱塞泵的生产水平基本上还只处于国外 20 世纪 90 年代初期的水平。

装备制造类产品是一种技术密集型产品,如果想要得到长足的发展,就必须进行持续创新。技术创新能力的高低是评估装备制造企业竞争力的关键所在。中国的装备制造业虽然在规模上已经位于第一梯队,但是产品质量和产品认知度在国际上与一些发达国家相比还有很大的差距。中国装备制造业是被"卡脖子"最严重的行业,归根结底还是装备制造企业自身的技术创新能力不足,没有掌握这一领域的关键核心技术。2018 年,工信部对全国 30 多家大型企业的 130 多种关键基础材料进行了调查,结果显示,其中 52% 的关键基础材料依赖进口,32% 的关键基础材料在中国的生产是空白的,计算机和服务器需要的高端芯片有 95% 依赖进口,70% 以上的智能终端处理器和绝大多数存储芯片也依赖进口。高端装备领域中的高档数控机床、大飞机、运载火箭、航空发动机、汽车等关键件精加工生产线上超过 95% 的制造和检查设备都依赖进口。每个细分行业的短缺性关键核心技术见表 4-6。

表 4-6　2018 年中国装备制造业依赖进口的关键零部件不完全列表

行业	依赖进口的关键零部件
金属制品业	高端轴承钢、高端焊接材料等
通用设备制造业	五轴联动数控技术、真空蒸镀机、触觉传感器、控制器等
专用设备制造业	传感器、涡轮、芯片等

续表

行业	依赖进口的关键零部件
铁路、船舶、航空航天和其他运输设备制造业	芯片、高速轴承、毫米波雷达、高比能量电池、高效高密度驱动电机系统、传感器、软件、功率半导体、航空发动机短舱、重型燃气轮机、铣刀、牵引制动系统等
电气机械和器材制造业	硅锗材料、光纤涂料等
计算机、通信和其他电子设备制造业	基础软件、工业软件、集成电路、智能终端微处理器、操作系统、元器件、高端电容电阻、微球等
仪器仪表制造业	核心控制系统、传感技术、纳米技术、微电子技术等

虽然中国已经有一批企业成长为规模很大的品牌商,但这只是很小的一部分,并且与发达国家的企业相比,还存在很大的差距。中国的装备制造业大部分领域的中小型企业较多,只能在中低端的市场中进行竞争。除了关键零部件之外,一些高端的产品仍然需要大量进口,例如金属制品中的精密紧固件,通用设备中的高精度机械手、高端数控机床,专用设备中的医疗器械,交通设备中的大飞机,仪器仪表中的电镜、核磁共振仪、液质联用仪、基因检测仪、射透电子显微镜等高端科学仪器都还主要依赖于进口,产业链高度脆弱。要想实现高端产品的自给自足,加强产业链韧性,就必须进行研发创新。

装备类产品有着复杂度高、模块性强、关联性强的特点。这类产品的研发过程有着很强的知识多元化诉求,只靠某一家企业很难完成所有部分的研发设计,需要多家企业的协作攻关,进行协同式创新。例如,大型客机 C919 机载系统的国外供应商有 17 家,在技术攻关过程中有 30 多家高校参与。在技术创新过程中,多样性、前沿性知识的获取是关键。不同的科研机构、不同的企业可能拥有装备制造的某一个环节或元器件的某一部分的关键知识。与多样的外部组织进行合作,可以更全面地了解装备产品研发中的知识,缩短研发的探索时间,更加快速地完成技术攻关。

（二）生产工艺创新诉求

生产环节是价值链的中间环节，发挥着承上启下的作用，是将具体的技术转化为产品的过程。我国装备制造环节的生产效率和工艺水平还比较低。装备制造的工艺流程复杂且严谨，仅仅以航空发动机和重型燃气电机上的单晶叶片为例，仅仅大的生产工序就有14道，还有一些小的工序。在生产工艺流程中，如果某一个方面有所欠缺，产品的质量就会受到很大的影响。

元器件方面，虽然中国产品的产量很高，但是产品多而不精。我国的企业不存在"做出来"的问题，但是怎么样做得好，却是困扰它们的难题。当前，中国的精密型器件还较少，无法满足高端设备的需求，未来需要向高精度、低噪音、高效率、大负荷、长寿命、小磨损、强通用性、节能低耗、结构紧凑等方向努力。而这些产品改进的背后，需要各种知识的积累。生产线方面，要加强对生产过程的控制，提高产品的标准化和一致性。生产工艺方面，如果采用国际高标准，如用CMMI第二级可重复级对我国装备制造企业的生产过程进行评估，结果是大部分的企业都很难达标。

芯片是最为关键的元器件，其生产对精密度的要求非常高。中国当前的研发设计能力有了很大的提升，但是在生产工艺方面还有欠缺，国产化能力十分有限。例如，海思等本土芯片企业近些年发展迅速，在研发能力上已达到国际先进水平，在芯片架构创新方面已经有所突破，但是由于原来的合作生产商解约，其在国内很难找到合适的芯片生产商替代，研发和生产无法进行有效衔接，发展受到了很大的限制。

智能化生产是制造业发展的方向。我国的装备制造企业在这一方面还处于探索阶段。智能化生产是在网络化、数字化的基础上，形成人、机、物相互融合和深度交互的新一代制造系统。智能化生产过程中,可以及时进行参数优化、反馈补偿、工艺仿真、数值模拟、工艺复合,从而对生产线的各个环节进行全面实时的监控,能大大提高企业对产品质量的管控能力,降低不良产品的占比,提高生产效率。美欧日等一些国家和地区的装备制造业起步早,基础强,在智能化生产方面的发展也非常快。我国企业在生产工艺上还有很大的提升空间,需要向具有一定经验的国家学习。

(三)营销服务创新诉求

商业化阶段是价值链三阶段中的最后一个阶段,是产品转化为商品实现价值的阶段,前 2 个阶段都是投入,只有这个阶段能获得收益。商业化环节和研发环节都是产品获得高附加值的环节,但是很多装备制造企业重视研发,而对市场和品牌的关注度不够,出现了很多产品有价无市、产能过剩的问题。当前,我国装备制造企业的品牌建设还比较落后,缺少一批具有较大国际影响力且能与知名品牌相抗衡的自主品牌。据不完全统计,在 2015 年全世界装备制造业 90%的商品商标掌握在发达国家企业手中。

中国装备制造企业的未来竞争是突破空间边界,在更广阔的世界范围内的竞争,这样才能从一个区域性品牌成长为全球性品牌。在以往全球化发展过程中,由于处于"被俘获"的境地,企业的营销自主性低,报价能力十分受限。全球化重构的新形势,为中国装备制造企业的发展带来挑战的同时,也带来了机遇,更有助于企业辨别有利的市场拓展空间,找到风险性低、收益潜力大的国际市场。

顾客是企业创新的重要知识源之一。在和顾客进行交互的过程中,可以了解最新的顾客需求、顾客偏好及顾客对产品的反馈,这有助于企业开发出符合顾客需求的产品,也有助于企业采用顾客喜欢的营销方式进行产品销售,从而获得顾客口碑,提高产品的影响力。越广阔的市场,顾客需求的差异性越大,企业越有可能收集到异质性的信息,更有助于企业突破原有的知识框架,从而进行更具突破性的营销创新。

传统的营销方式成本高、效率低。新技术和新方式的不断涌现,为企业在更广阔的范围内与顾客沟通创造了便利条件。智能化信息平台的广泛应用,让企业可以更快地收集到更多的顾客信息,更快地满足顾客需求,更有效地进行顾客信息管理。此外,虚拟现实技术(Virtual Reality,VR)等信息技术的日益成熟,为远距离的顾客体验提供了可能,这为企业进行更远距离的服务创造了条件。

二、国际化扩张与中国装备制造企业创新升级的实现

装备制造企业的创新升级是当前之需,创新升级的实现不仅有助于提升企业自身的国际竞争力,还可以将先进的科学技术辐射到上下游企业,从而带动整个产业链的优化和升级。然而,国内市场的资源有限,要想实现创新升级,装备制造企业还需要到更广阔的空间进行知识搜寻。知识是装备制造企业持续创新发展的核心资源,信息、技术、技能和专利是影响装备制造企业生产的关键要素,在很大程度上影响企业各个阶段持续创新的实现。企业在全球范围内进行知识搜寻时,需要有所侧重,不能盲目,把握好搜索的时间节点和节奏才更有效率。

国际化是美、日、欧等发达国家和地区实现持续创新的重要路径。通过学习其他国家的产业经验,可以更快地掌握关键核心知识。例如,欧盟将研发机构集中建在美国,尤其是建在美国一些著名大学

和高新技术开发区附近。此外,在国际市场上进行兼并和收购也是
欧盟跨国企业发展的重要手段,通过兼并和收购,实现了企业在技
术、生产制造、市场等方面的兼容并包和取长补短,以实现企业创新
式发展的目的。

进行有益的知识开拓和积累,不仅能够打开企业的创新思路,还
能够提高企业的知识利用效率,进而缩短企业的创新周期。一般而
言,企业的知识类型越多样,越有助于企业提出具有更大差异性和突
破性的创新设计想法。当前,全球产业链正在重构,中国装备制造企
业应该正视并抓住这一"窗口期",加快推进全球化战略布局,通过在
海外寻找战略合作伙伴和海外投资设厂寻找全球价值洼地,建立知
识蓄水池,逐步构建自己主导的 GVC,真正实现 GVC 升级。

第五节　本章小结

中国装备制造企业的国际化发展起步晚、基础差,在中国 2001
年加入世界贸易组织之后,才得到了快速发展。具体而言,其发展过
程可划分为 3 个阶段,即摸索阶段、前追赶阶段和后追赶阶段,每个
阶段的国际化发展路径都有所不同。在摸索阶段,中国装备制造企
业主要采取的是引进、消化、吸收式的内向国际化,国际化发展的速
度非常缓慢,国际化的范围很小,国际化的程度很低。在前追赶阶
段,越来越多的中国装备制造企业以出口、并购的方式嵌入广阔的国
际价值环流当中,呈现出了明显的外向发展态势。在后追赶阶段,国
际价值环流的分层现象日益明显,出现了 2 种流向的价值环流,即全
球化和"逆全球化"价值环流。在全球化价值环流中,"一带一路"区
域价值环流的流量更大,中国装备制造企业在嵌入国际价值环流时

应有区别、有重点、分层次。在这 3 个阶段,中国装备制造企业在逐渐改变嵌入 GVC 的模式,以提高其在 GVC 中的位势,逃离"被俘获"的困境。通过对中国装备制造企业的案例研究发现,主要有 2 种逃离路径,一种是进行价值链转型,另一种是进行链外升级。这 2 种路径,无论采取哪一种都需要企业进行一定程度的创新。企业在进行国际化扩张时,可以通过外部搜寻获得企业所需要的各类知识,增加知识的存量,为企业创新注入活水。

第五章　共建"一带一路"倡议蕴含的国际化发展机遇研究[①]

第一节　共建"一带一路"倡议蕴含的国际化发展机遇

中国装备制造业虽在规模上处于世界领先位置,但在先进性上只处于中端水平,这属于"数量型增长模式",需要向"质量型增长模式"转变。随着国内外环境的不断变化,中国装备制造企业在发展中面临的制约因素也越来越多,市场红利和国内投资的边际效益都在递减。2015 年,《国务院关于推进国际产能和装备制造合作的指导意见》提出要促进中国装备制造业转型升级。中国装备制造企业向下可以深挖与亚、非、拉、美等地区的合作潜力,向上迈进,可以与发达国家展开合作和竞争,在广阔的市场空间当中,更有利于中国进行灵活的产业调整。在以"一带一路"为区域的国际价值双环流当中,中国是连接发达国家和发展中国家的核心枢纽和中间位置(刘伟等,2015)。共建"一带一路"倡议的提出是中国从以往由发达国家跨国公司主导的"中心—外围"单环流体系向由中国企业作为枢纽点的双

---

　　① 本部分的核心内容由张月月、俞荣建、谢杰合作完成,并发表于《社会科学战线》2018 年第 9 期。

环流体系转变的契机。

共建"一带一路"国家的一边是参与国际分工最活跃的东亚生产网络,这些国家积极地参与 GVC,成为装备制造 GVC 的主要参与者;中间是经济深度凹陷区,虽然有着独特的资源,但是未能有效参与国际分工。发展中经济体的装备制造业呈现出了明显的梯度特征,技术水平间的相对差异使得生产的再分工具有很强的可行性,只要分工得当,各个国家都能获利。2013—2019 年,中国中西部地区的外贸进出口量占全国外贸进出口总量的比重从 13.1% 提升至 17.1%;中国对共建"一带一路"国家直接投资超过 1100 亿美元,为共建国家的发展提供了强大助力。

中国的装备制造业发展水平明显高于共建"一带一路"国家中的其他新兴经济体国家,能够起到对其他新兴经济体国家的引领和带动作用,有助于中国实现与其他新兴经济体国家装备制造业的分工对接,联动发展,并成为"一带一路"价值环流中的领导者。中国的装备制造企业通过在"一带一路"价值环流体系中积聚资源和能力,向国际价值环流中的高端位势跃迁,从而在装备制造业国际分工中建立自主权。中国的装备制造企业位于发达国家主导的价值链的低端,通过构筑自我主导的价值链,充分利用资源梯度差和产业梯度差进行产业链分工,通过资源的有效配置和能力的积累,不断向 GVC 的高端环节跃迁。因此可以将中国与共建"一带一路"国家组成的价值环流体系看成中国装备制造企业集聚价值链跃迁能量的平台。中国装备制造企业应该充分利用这一平台,挖掘"一带一路"区域价值链上的潜能,实现国际竞争力的提升。

第二节　"一带一路"国际区域价值链
构筑的可行性分析

一、构筑"一带一路"国际区域价值链的条件

　　欧洲区域价值链、北美区域价值链及亚太区域价值链呈现出明显的圆形特征,这种价值链内部的差异性并不是很明显,容易产生不容侵犯的核心经济体,并且封闭,不易开放,链外经济体很难加入其中。而"一带一路"的线性特征,使每个经济体都可以以自身为轴心建立圆形经济区,各个经济体间更容易建立平等关系,开放性也更强。"一带一路"的线性地理结构特征使得各个国家更容易打开边界,各个新兴经济体国家有着很强的活力及频繁的贸易往来,因这种联通而显著扩大的市场规模显示出强大的增长动力。

　　共建"一带一路"倡议倡导通过政策沟通、设施联通、贸易畅通、资金融通、民心相通的"五通"不断加强共建"一带一路"国家间的合作,将中国与共建国家紧密连接起来,塑造分工合理、优势互补的共生、共赢型区域价值链。2016 年,从出口产品的类型来看,中国出口至共建"一带一路"国家的产品中,出口额排名前 10 的产品(见图 5-1)中有 4 种都属于装备制造产品,具体为电机、电气设备及其零件等(排名第 1),锅炉、机器、机械器具及其零件(排名第 2),车辆及其零附件(排名第 6),光学、计量、检验、医疗用仪器及设备等(排名第 9)。从进口的产品类型来看,中国从共建"一带一路"国家进口的产品中,进口额排名前 10 的产品(见图 5-2)中有 3 种是装备制造产品,具体

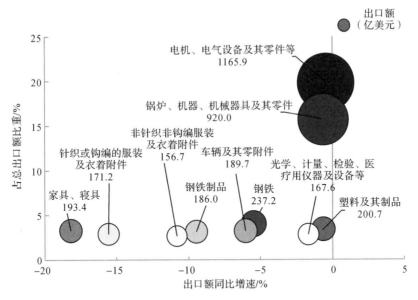

图 5-1　2016 年中国对共建"一带一路"国家出口的产品中出口额排前 10 的产品

资料来源:中国国际贸易促进委员会。

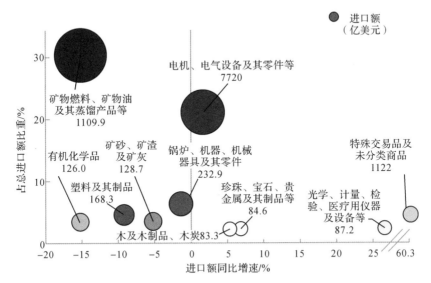

图 5-2　2016 年中国从共建"一带一路"国家进口产品中进口额排前 10 的产品

资料来源:中国国际贸易促进委员会。

为电机、电气设备及其零件等(排名第 2),锅炉、机器、机械器具及其
零件(排名第 3),光学、计量、检验、医疗用仪器及设备等(排名第 8)。
可以看出,在装备制造领域,中国与共建"一带一路"国家已经建立了
互利共赢的合作关系。

　　中国的"一带一路"倡议不仅与"菲律宾雄心 2040"等国别战略互
补,也能与《东盟互联互通总体规划 2025》的区域整体规划对接起来。
"一带一路"倡议在提出的 10 多年时间里,得到了众多发展中国家
的响应和支持,中国及相关国家都朝着"五通"的目标努力,不断朝
着互联互通的目标迈进,这使得以中国为核心的全球价值环流处
于良性运转过程当中。中国作为共建"一带一路"倡议的提出国,
在互联互通中推行了大量实质性的举措,成效显著。2020 年,对共
建"一带一路"国家的进出口额为 9.37 万亿元,占国家进出口总额
的 1/3 左右,处于持续增长的状态(见图 5-3)。2016—2019 年,中国
对共建"一带一路"国家进出口额的增长率均超过中国总进出口额增
长率(见图 5-4)。可以看出,中国与共建"一带一路"国家的贸易合作
已经初显成效,且趋势向好。

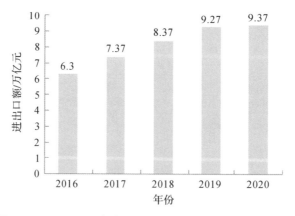

图 5-3　2016—2020 年中国对共建"一带一路"国家进出口额

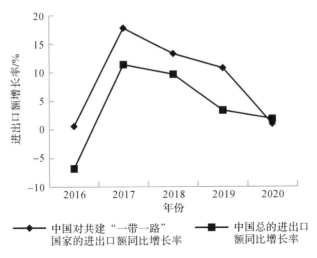

图 5-4 2016—2020 年进出口额同比增长率的比较分析

共建"一带一路"倡议的进一步推进,将有助于中国装备制造企业更好地嵌入"一带一路"区域价值链当中,也会进一步促进各国在装备制造领域的互动。

二、构筑"一带一路"国际区域价值链的思路

本部分在梳理价值链嵌入理论发展的脉络时发现,价值链理论在近几十年发展得十分迅速,其理论内涵不断拓展,尤其是中国情境下的价值链研究得到了很大的发展。GVC 分工是不能回避的客观事实,对中国来说,关键的问题是如何有效地参与这一分工并逐步提升自身的国际分工地位。由于产业链、技术链和创新链结构性失调的问题难以解决,行业的关键性技术难以突破,企业自主创新能力薄弱的现状难以改善,装备制造业面临着主机"空壳化"危险和价值链高端缺位的压力和挑战,装备制造业迫切需要寻找新的发展路径。刘志彪等(2007)指出,当企业在本土获得了一定能力之后,可以逐步进入周边国家或者具有相似需求特征的发展中国家,建立起以自己

为主导的区域价值链分工体系,然后再进入发达国家。金融危机后,国际产业投资环境相对宽松,中国企业可积极"走出去",兼并国外较为先进的技术和营销类企业,同时充分利用国内的巨大市场需求,发挥"虹吸效应",反向吸收国外的高级生产要素。项桂娥等(2011)指出中国的发达地区要想实现产业升级,不能仅仅依靠在原有的 GVC 上进行攀升,还要不断延伸价值链,通过产业转移的方式将"松脚"环节转移出去。制造业的转型升级是一个以 GVC 治理为视角,以创新链为基础,以产业链为轴心,通过技术研发实现技术进步与创新,将科技创新成果转化为现实生产力的过程,同时也是实现制造业从价值链低端环节向高端环节攀升的过程。要想使中国刚刚起步的战略性新兴产业避免沦为新的"加工制造业",就要跳出沿着 GVC 进行逐步升级的旧有思路,把在 GVC 上积累的运作经验运用到构建 RVC 和 NVC 当中,通过发挥 NVC/RVC 的杠杆作用实现品牌和产业升级。

经过多年的发展,中国装备制造业中的运输设备、电子和光学制品等中高技术行业,由于生产环节较多,生产模块化程度较高,是价值链分割程度较高的行业,这些行业参与 GVC 分工的"锁定"效应非常明显,可见现有的融入路径使中国制造业在价值链利益分配格局中处于不利地位,中高技术行业正面临着增值能力和嵌入位置同时下滑的边缘化风险。中国若能同周边新兴国家组成区域价值链,将有机会从 GVC 中的技术落后方转换为区域价值链中的相对技术先进方,接触甚至控制价值链的中高端环节,即通过主导区域价值链,实现中国经济向中高端水平迈进的目标。基于此,本部分提出了价值链"多重嵌入"的概念,即装备制造企业在参与国际产业分工的过程中,分步骤、分层次地动态嵌入 GVC、NVC 和RVC,充分发挥每种价值链在特定阶段的效能,从而实现自身能力的提升。

在以往价值链嵌入的研究中,主要进行的是 GVC、国家价值链或二者双重嵌入的研究。但是在共建"一带一路"倡议的引领下,区域价值链的重要作用得到越来越多的关注,如何利用区域价值链中的效能实现装备制造企业在 GVC 上的攀升是本部分着重探讨的问题。很早就有学者提出了"区域价值链"的概念,但以往的研究并未对"区域"所包含的范围进行清晰的界定,导致这一概念不明确。其实,可以根据跨边界情况,将 RVC 分为 2 类,跨越国内区域边界的价值链为国内区域价值链(National Regional Value Chain,NRVC),跨越国家边界的价值链则为国际区域价值链,本书中的 RVC 是国际区域价值链,尤其是"一带一路"区域价值链。

装备制造企业的价值链嵌入是一个不断调试的过程,在企业发展的初期可以通过单一嵌入 GVC 获得发展,当这种发展模式面临俘获式瓶颈时,又可以通过嵌入其他自主型价值链实现能力重构和资源重组。商品的分散化生产,使不同国家、不同规模的企业形成相互联系的网络,每嵌入一种价值链,就相当于该企业嵌入了该价值链所构成的价值网络,在嵌入不同价值链的过程中,企业通过虹吸所处网络中的关键资源,占据网络中的结构洞位置,实现在 GVC 上位势的不断攀升。本部分将装备制造企业的价值链嵌入划分为3 种模式,分别是 GVC 的单一嵌入,GVC/NVC 的双重嵌入和 GVC/NVC/IRVC 的多重嵌入,在每种模式下,装备制造企业所面临的机会与风险,所具有的竞争优势和产生的竞争力也有所不同,在多重嵌入模式下,装备制造企业更容易向价值链高端位势进行跃迁,具体见图 5-5。

虽然嵌入国家价值链可以降低装备制造企业在 GVC 上的被动性,但基于国内市场空间的多元性及规模的局限,难以培育出具有国

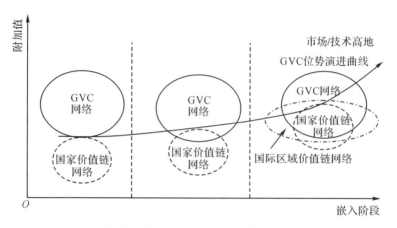

图 5-5　不同价值链嵌入模式下中国装备制造企业的位势演进

际影响力的品牌。后发国家在构建国家价值链的过程中首先要专注本土市场的开拓和竞争,在国内市场某个行业或产品价值链的高端环节取得竞争优势后,逐步进入周边国家市场或具有相似需求特征的发展中国家市场,最后打入发达国家市场,建立起自身主导的GVC 分工体系。通过与周边新兴国家组成 IRVC,中国将有机会从GVC 中的技术落后方转换为 IRVC 中的相对技术先进方,通过主导IRVC 获得充分的市场空间,从而逐渐控制价值链的中高端环节。在装备制造企业进行价值链跃迁的过程中,可以充分利用 IRVC 的平台/跳板效应,实现国家价值链与 GVC 的更快对接,从而在 GVC中占据有利位势。在共建"一带一路"倡议大力推进的现实背景下,利用现有的制度环境优势,进行区域价值链的有效嵌入,将"走出去"和"引进来"有机结合,则是装备制造企业进入发展快车道的有利契机。

"一带一路"区域价值链上有着十分丰富的资源,装备制造企业可以通过有效的价值链整合,进行资源的重组和配置。从联合国商品贸易数据库中的数据可以计算出共建"一带一路"国家在机械和运输设备方面的显性比较优势存在着一定的梯度性,中国在这一领域有着较为领先的优势,可以较好地弥补国内结构性失衡的问题。中国装备制造企业可充分利用区域价值链上的梯度效应,根据技术势差和市场势差进行价值链的重新整合。通过对不同地区比较优势的搜索,进行高效的跨区域产业分工。对于装备制造企业而言,不仅要控制价值链上的关键技术环节,还需要具备对产品终端需求市场的控制力,只有这样,二者才能相互促进,牢牢把握住 GVC 上利益分配的主导权。通过嵌入"一带一路"区域价值链的迂回升级,能够有效避免与发达国家跨国公司的治理冲突、技术冲突及市场冲突,这样不仅能加快向价值链高端跃迁的速度,也可以降低风险,是一种稳步升级的思路。

第三节 "一带一路"区域中跨界搜索的内容分析

一、"一带一路"区域中跨界搜索的必要性分析

以往"引进—消化吸收—再创新"的思路只能让中国的装备制造企业一直处于后发追随阶段,而要实现真正的跨越式发展,则必须构建自主型的 GVC。本土制造企业从价值链低端向高端跃迁的实质就是要素多元化、异质化和高级化的过程,而跨界搜索对企业能力的提升有着积极的促进作用。价值链的多重嵌入是快速提高在 GVC 上位势的有效途径,而要建立链主位势,则必须占据主动位置,进行有效的跨界搜索。与 GVC 单一嵌入及 GVC/NVC 双重嵌入不同的是,在进行多重嵌入的过程中,企业要跨越更多的边界,这对于装备制造企业的跨界搜索能力的要求更高。在 GVC 嵌入阶段,装备制造

企业主要靠跨国公司的知识溢出进行技术积累,此时企业的目标是更好地完成外包业务,跨界搜索主要是对低端制造技术的搜索。而在 GVC/NVC 嵌入阶段,装备制造企业为避免路径依赖和锁定效应,解决核心能力过于刚性的问题,需要形成自身的专有技术,建立自有品牌,在进行跨界搜索时,知识搜索的广度和深度都要增加,但由于此时搜索的地理空间有限,对企业跨界搜索的能力要求也并不是特别高。在 GVC/NVC/IRVC 多重嵌入阶段,对于装备制造企业而言,需要不断建立国际竞争优势,因此需要具备与多个国家/地区的组织进行合作与竞争的能力,此时装备制造企业搜索的广度和深度需要进一步增加,这一阶段对装备制造企业的跨界搜索能力要求非常高。跨越时空的全面跨界搜索,可以使装备制造企业牢牢地占据结构洞的位置。只有进行了充分的跨界搜索,掌握了不同价值链上要素分布的情况,中国装备制造企业才能够进行灵活、自如的价值链节点的空间切换和重组,才能够有效地进行价值链的多重嵌入。

二、在"一带一路"区域跨界搜索的内容和方式

对装备制造企业而言,必须明确跨界搜索的内容及如何有效地进行跨界搜索。不同的价值链有着不同的结构和特征,资源分布和利用的逻辑也不一样。对装备制造企业而言,究竟跨越哪种边界,搜索哪些内容,采取什么样的跨界模式,这些问题的解决,能够帮助其厘清发展思路。

在 GVC 嵌入过程中,装备制造企业为了提高生产质量从而获得更多的订单,不得不想办法改进自身的生产流程和生产工艺,因此可以将这一阶段的跨界搜索归纳为被动技术型的跨界搜索,这一阶段

的搜索难度大,但企业的跨界度不高。在 GVC/NVC 双重嵌入过程中,装备制造企业主要进行的是 NVC 的嵌入,通过 NVC 的嵌入塑造自主品牌。此时的装备制造企业会通过"引进—消化吸收—再创新"的方式提高自身的技术能力,但仍然是相似技术的创新,技术搜索的跨界度不高。此时装备制造企业最主要的是进行商业模式的转换,从代工关系中抽离出来,利用国内市场发展自有品牌。因此可以将这一阶段的跨界搜索归纳为主动商业型搜索,这一阶段的搜索难度较低。虽然自主品牌的建立帮助装备制造企业摆脱了低端锁定困境,但是与发达国家相比还存在国际竞争力不足的问题,因而在多重嵌入阶段,装备制造企业需要一定的突破式创新。在构筑刚性能力的同时,还要追求柔性和效率,此时装备制造企业跨界搜索的主动性和积极性达到最高,会借助一切网络节点和平台进行跨界搜索,因此将这一阶段的跨界搜索归纳为主动技术—商业型跨界搜索。这一阶段跨越的边界类型多,搜索难度较大。在价值链嵌入的 3 种模式下,装备制造企业跨界搜索存在较大差异。在多重嵌入模式中,装备制造企业需要跨越的组织边界更为广泛,跨越知识边界的程度更深,这些差异有助于装备制造企业更好地利用多重网络中的资源。

(一)多重嵌入模式下跨界搜索的边界

跨界搜索指的是组织跨越某种边界进行的搜索活动,对组织而言,需要思考的首要问题就是可以跨越哪些边界,应该跨越何种边界。一般来说,企业需要跨越的边界越多、边界越清晰,进行跨界搜索的难度就越大,相应的成本也越高。对于企业需跨越的边界,主要有 2 种类型,即组织边界和知识边界。

1. 组织边界

综合 Levinthal 等（2006）、Miller 等（2007）和 Katila（2002）等学者的观点，根据边界涉及的范围，可将组织边界分为狭义的组织边界（企业边界）和广义的组织边界（产业边界）。当组织进行企业内搜索时，就不需要考虑其产业边界的问题，而当企业需要在企业外进行搜索时，则需要明确是在本产业内进行搜索，还是需要突破产业边界进行产业外搜索。一般而言，跨越的边界越清晰、范围越广，企业能够获得的资源的多元化和异质性程度就越高。在多重嵌入模式下，装备制造企业在跨越企业自身边界后，还需要跨越产业边界，不仅要充分搜索边界内的知识，还要全面搜索边界外的知识，增加知识存量，从而为价值链多重嵌入过程中不同节点的转化提供源源不断的动能。

2. 知识边界

综合 Rosenkopf 等（2010）和 Phene（2006）的观点，可以将企业所跨越的知识边界分为认知边界、地理边界和时间边界。认知边界是指企业搜索的新知识与原有知识的相似程度。不同的国家有不同的研发模式和技术轨迹，这些对中国企业而言是能够优化其知识结构的异质性知识。装备制造企业在进行价值链多重嵌入的过程中，不仅需要获得一些能够提升以往获得的利用式能力的相似知识，还需要探索一些能帮助企业实现探索式能力大幅度提升的异质性知识。地理边界是指跨越省、市边界或国家边界，与组织边界不同的是，地理边界是一种有形边界，而组织边界则是一种无形边界，地理边界更具象化。中国装备制造企业在进行价值链多重嵌入时，既要跨越国内的省市边界构建国家价值链，又要跨越国家边界构建国际区域价值链，主要是与共建"一带一路"国家组成的价值链。由于不同的国家在风俗、文化、体制等方面存在着差异,沟通交流难度较大,容易产生认知偏差,难以达成一致,此时跨界搜索的难度较高。根据时间跨度,知识搜索可以分为旧知识搜索和新知识搜索。装备制造企业在多重价值链嵌入过程中的目标是成为世界领先型企业,此时企业的知识搜索要具有一定的前瞻性和预见性,因此主要搜索的是一些新知识,从而保证企业在动态环境下长期具有竞争力。

(二)多重嵌入模式下跨界搜索的内容和方式

无论是本地搜索还是跨界搜索,知识搜索都是企业搜索的核心内容。企业在进行跨界搜索时,究竟要搜索什么样的知识,能搜索到什么样的知识,都是需要明确的问题,这也是能反映企业跨界搜索程度的重要方面。Li 等(2008)指出,企业的搜索与利用行为会明显地影响企业跨越价值链各职能环节的行为,他们将企业跨界搜索的内容分为技术(产品开发设计)搜索、市场(制造和营销)搜索及科学(基础研究)搜索 3 个方面。由于在 GVC 当中制造和营销在链条中所处的位置有着根本性的差异,本部分在这一基础上,对市场搜索进行了进一步细分,将跨界搜索的内容分为技术跨界搜索、科学跨界搜索、市场跨界搜索和生产跨界搜索 4 个方面。

1.技术和科学跨界搜索

在多重嵌入阶段,企业进行的技术跨界搜索会更全面、多样,此时在进行技术跨界搜索时需要更加重视联盟、合作的作用。充分进行跨区域产学研互动,不仅能够提高装备制造企业的技术水平,还能为其在其他国家布局打好基础。中国的装备制造水平与发达国家存在很大差距的一个重要原因是,发达国家的跨国公司掌握了与装备生产有关的核心技术专利,而中国的企业想利用这些专利非常困难。通过跨界搜索,中国的装备制造企业可以了解拥有基础性装备技术的公司有哪些,哪些技术可以通过技术转移的方式获得,哪些技术可以通过收购兼并的方式获取,进而通过科研合作、技术引进或兼并收购的方式获得先进技术,从而占据技术高地。与技术跨界搜索紧密相关的是科学跨界搜索,技术跨界搜索搜的是应用型知识,科学跨界搜索搜的则是基础性知识,基础性知识是应用型知识的基石。

对装备制造企业而言,建立竞争优势最直接的方式是提高技术创新能力,而技术创新的实现需要大量的知识积累。只有当知识存量越来越多并达到一定程度时,企业才有可能获得更多突破原有技术轨道的创新机会,从而进行更高质量的创新(魏龙等,2016;钱书法等,2017)。与发达国家不同的是,中国企业自身的科技资源并不是很充足,因此有效地利用外部科技资源是其提升技术能力的必然选择(胡畔等,2017)。在以往的发展模式中,中国装备制造企业或者基于 GVC 进行技术跨界搜寻,或者通过本地搜索获得所需知识,技术的外部联系少,这限制了企业进行技术跨界搜索的范围。共建"一带一路"倡议为装备制造企业建立多种技术联系创造了条件,中国的装备制造企业要想充分获取"一带一路"区域的知识溢出,尤其是那些在装备制造领域已形成一定优势的国家和地区的知识溢出,就需要进行充分的跨界搜索。不同的技术间具有关联性和交融性,并非只有与本行业完全相关的技术才能发挥作用,其他领域的技术知识也可能会成为本行业技术创新的源泉。技术跨界搜索能够帮助企业从外部获得互补性技术知识(Levinthal et al.,2006),装备制造企业在进行技术搜索的过程中,不仅要跨区域,还要跨产业、跨组织,从更广阔的环境中汲取技术知识。

"一带一路"区域的东边是经济发达的欧洲经济圈,欧洲是工业文明发源地,许多国家在技术和专业知识方面有着深厚的积累,中国装备制造企业需要充分挖掘这一区域的知识要素,获取更多异质性和多元化的知识,巩固企业的知识基础,从而不断提高技术创新能力。华为就看到了欧洲蕴含的技术能量,至 2016 年度,在欧洲建立了 18 个研发机构,集聚先进的技术研发团队,研发出创新性产品,然后将产品销售到全球市场,这是华为成为世界领先企业的重要战略举措。德国最为先进的技术工艺、法国世界闻名的艺术设计,都是对改进装备制造产品十分有用的专业知识,则德国、法国等可作为中国装备制造企业重点搜索的区域。在具有一定研发基础的地区建立研发中心,可以大大缩短中国装备制造企业的技术研发时间,也能够提高产品的质量。除了直接建立研发机构之外,与外部研发机构建立合作关系也是进行技术跨界搜索的有效方法。装备制造企业在和外部研发机构的联系和合作过程中能够获得广泛而多样的技术知识,并且这些知识主要是一些高价值的、稀缺的隐性知识。每一个国家都有一些有实力的研发机构,中国的装备制造企业要积极地进行搜索,找到这样的研发机构,并与之建立合作关系。

2. 市场跨界搜索

以往研究认为,充分利用国内价值链中的本土市场网络存在市场空间被挤压、无法充分利用的问题,因此要寻找具有一定潜力的其他市场。"一带一路"沿线有一些国家在装备制造领域比较落后,需要引进一些较为先进的技术来改进国内生产水平,中国的装备制造企业可以充分利用中国与这些国家合作的契机,将产品打入这些地区。"一带一路"沿线的许多地区还未得到发达国家的重视,如果我国装备制造企业先开拓这些市场,将很容易成为这些市场中的领导型企业。中国装备制造企业与世界主流市场还未形成良好互动,与顾客间建立的关系通常是松散的,与顾客的直接互动很少,存在着明显的市场劣势。进行市场跨界搜索对中国装备制造企业而言,具有 2 种作用,一种是增加市场机会,扩大市场空间,提升运营能力,提高销售量,解决产能过剩的问题;另一种是通过提高市场需求水平,在与顾客进行价值互动的过程中带动企业技术能力的提升,实现技术升级。

中国的装备制造技术相对"一带一路"沿线的中亚、东南亚、东非等地区的国家,有着明显的优势,而这些国家对装备产品有着很大的需求,正好能与中国的产能进行对接。中国装备制造企业应该及时追踪这些潜在市场的需求特点和趋势,以更好的产品、更完善的服务赢得订单,获得收益。以高铁为例,中国的高铁生产能力世界领先,但是国内市场有限,国际市场开发不足制约了产业的发展。通过向共建"一带一路"国家输出高铁,能够有效拉动中国轨道交通装备制造、光电显示制造、集成电路制造及电子信息等行业的出口,同时在输出产品的过程中,将会带动中国技术标准的输出,这样不仅能够增强中国装备制造企业在世界经济体系中的话语权,也将会反向促进中国装备制造企业的创新和升级。因此,对共建"一带一路"国家进行市场跨界搜索十分必要。

许多共建"一带一路"国家的实体经济落后,有着强烈的发展需求,这能够与中国装备制造企业积极寻求外部市场的诉求形成互补。中国装备制造企业可以通过大数据分析、市场调查、情报搜集等方式了解不同国家的顾客需求及其他企业的营销动向,从而打开营销思路。以往企业的"走出去"主要采用的是工程总承包的方式,但是这种方式是否适用于共建"一带一路"国家,这些国家更喜欢什么样的合作模式,是合资、第三方合作还是其他方式,都是可以进行深度搜索的内容,搜索新的贸易合作方式,可以降低合作障碍。市场知识具有很强的黏性和很强的情境适用性,中国的装备制造企业要嵌入当地的社会网络,在进行市场跨界搜索的过程中,要充分了解当地与该企业相关的各类其他企业(供应商、中间商、竞争者等)在 GVC 中的位置,哪些企业是当地的龙头企业或先锋企业,这些企业的行为和能力具有怎样的特点,市场声誉如何等,从而确定自身在当地市场中应扮演的角色。

3. 生产跨界搜索

生产环节的优化是很多学者在研究制造型企业转型升级时容易忽视的内容。生产能力曾经是中国装备制造企业嵌入 GVC 的主要比较优势,但是由于生产环节存在附加值低、容易被锁定的问题,许多装备制造企业转型的重点是提高研发能力和市场能力。在装备制造业中,生产环节是一条完整的产业链中不可或缺的重要组成部分,装备制造企业要想成为这一行业的领先者,就需要保持在这一环节的优势。近几年,中国的劳动力成本和原材料成本在不断上升,许多制造企业面临着用工难、用工荒的问题,在国内进行生产的优势已越来越不明显,"走出去"进行生产环节的重构已成为许多企业转型的重要方式。

装备类产品属于工艺复杂、单价较高的产品,"一带一路"的线性特征表明这条区域价值链上的各个国家间距离较远,这使得各国相互投资的方式更为有效。中国的装备制造企业可以根据价值链不同环节对要素、能力需求的差异及职能等级的差异进行有效的跨国配置,将生产环节配置到生产成本低、原材料丰富、交通便利的区域。在共建"一带一路"国家中,有些低成本地区也有着适宜装备制造生产的基础资源条件,如拉脱维亚、哈萨克斯坦、马来西亚等国家的钢铁、有色金属或一些零部件产业比较发达,在这些地区投资设厂也有助于中国装备制造企业生产能力的提升。此外,也可以将生产业务外包给在装备制造领域已有一定生产水平的国家,如印度、罗马尼亚等,这种"轻资产"运营模式不仅能保证一定的生产质量,也能让装备制造企业专注于技术和市场能力的提升,实现资源的有效配置。园区出海已经成为很多地区与不同国家进行产业对接的模式,搜索可以建成上下游配套的集群式产业链的地区,在园区内部或周边进行生产布局,能够大大地降低配套成本。中国工程机械企业在东南亚进行了多样化的生产布局,其他装备制造企业可以借鉴已有经验,在"一带一路"沿线进行深度搜索,探寻合适区位进行生产布局。

第四节　本章小结

中国的装备制造业出现了明显的"大而不强"的特点,与发达国家相比还有着很大的差距。要想从困境中突围,提高国际竞争力,在GVC中占据高端位势,中国的装备制造企业就必须构建由自身主导的GVC体系。仅仅依靠嵌入GVC容易陷入低端锁定境地,依靠嵌入国家价值链培育自主品牌后再嵌入GVC的双重嵌入模式很难让自主品牌发展成国际品牌。在中国大力推动共建"一带一路"倡议的背景下,中国装备制造企业可以嵌入由共建"一带一路"国家构成的IRVC,并以此为平台/跳板,更快地成长为国际品牌。但是,要想在区域价值链网络中充分挖掘资源,就必须具有跨界搜索的能力,这是企业获得异质性资源的关键。

跨界搜索由于要跨越企业熟悉的领域而在一个相对陌生的领域进行搜索,难度较高。在GVC嵌入时,装备制造企业进行跨界搜索的动机不强,一般企业很少进行跨界搜索。在双重嵌入GVC/NVC时,企业升级的主要动力在于:在国家政策的扶持下,跨越国内省、市边界进行搜索的难度不是特别高。在"一带一路"区域价值链中进行资源搜索时,虽然中国政府与这些国家建立了一系列的合作关系,但是由于不同国家在政策机制、文化观念、科技水平等方面存在着差异,企业进行跨界搜索时会面临许多无形屏障,很难快速地搜索到对其发展非常有用的核心资源,因此企业需要花费更多的人力、物力和资金成本。在互联网时代,跨界搜索已并非难事,但是装备制造企业要想在多重价值链网络中进行有效的跨界搜索,不仅需要企业自身能力的积累,还需要政府、行业协会等多方的支持、配合及协作。

第六章　中国装备制造企业国际化进入后速度对创新绩效的影响研究

　　国际化扩张和发展是企业进行结构调整和培育新增长点的一种有效方式。国际化扩张已经成为经济全球化背景下装备制造企业的重要战略决策内容之一。现今,越来越多的中国装备制造企业倾向于双重嵌入国际和国内2个市场,整合2个市场上的2种资源,在2个市场的互动中实现企业的升级。将产品推向国际市场,在国际市场进行精耕细作,有助于中国装备制造企业利用国外市场的资源、技术打破国内市场的"天花板效应",从而反哺母公司的创新发展。目前中国装备类产品出口的国家非常广泛,但出口产品在国外市场上的品牌认知度还很低,因此企业需要努力塑造自身优势,实现品牌的国际化。品牌国际化是企业"走出去"发展的高级阶段,品牌国际化的实现,需要企业有效整合国内外各种有益的技术和市场资源,把握本行业相关的市场和技术发展趋势与动向,制定有效的国际经营战略。

　　中国装备制造企业要想在国际市场占据领先位置,就必须不断地进行新产品开发,有序地推出能满足消费者需求的新产品。此外,企业需要运用恰当的现代营销手段,推进自主品牌产品在国际市场的广泛销售,并获得良好口碑,在国际上形成良好的品牌效应,才能不断提升品牌的国际影响力。因此,企业的创新能力是企业提升国际竞争力的重要基础和前提。在共建"一带一路"倡议的推动下,中国"走出去"的装备制造企业数量在不断增加,"走出去"的进程也在加快,中国的这种国际化速度对于中国装备制造企业创新绩效的影响是怎样的? 是否有助于中国装备制造企业在"走出去"之后更好地"走上去"? 这些都是需要研究的紧迫命题。本章首先在理论分析的基础上提出具体的研究假设,其次通过 SPSS 25.0 软件对数据进行实证检验,然后对研究结果进行讨论,最后给出具体的策略和建议。

第一节　研究假设提出

目前,关于国际化速度与企业绩效关系的研究,存在很多不一致的结论,有研究得出正向、负向等线性关系,也有研究得出 U 形、倒 U 形、J 形或 S 形等非线性关系。这说明,国际化速度是一个高度情境敏感的变量,需要纳入具体的研究情境中进行具体分析。在国际化速度对企业绩效影响的研究中,关于财务绩效(长期、短期)等的研究较多,对非财务绩效的研究则很少,对创新绩效的研究则更少。然而,中国装备制造企业正处于转型升级的关键时期,选择怎样的国际化战略决策更有助于企业改变低端锁定的现实困境,实现向价值链高端攀升,是迫切需要解决的问题。创新是影响制造企业向价值链高端环节攀升的主要因素。通过"反向知识转移"(即从海外子公司到母公司的知识流动)提高企业的竞争优势成为一个日益重要的问题(Sambharya et al.,2014)。企业在海外扩张的时间因素是否会对其母公司的创新产生影响是需要研究的重要内容。因此,研究中国装备制造企业国际化速度对创新绩效的影响尤为紧要和迫切。本部分以机会基础观和资源基础理论为基础，基于动机—机会—能力（Motivation-Opportunity-Ability，MOA）理论视角，从动机、机会和能力的角度分别分析国际化速度与创新绩效之间的关系，并提出具体的假设。

在国际化发展过程中，一些企业的国际化速度相近，但是创新绩效差别很大，是什么造成了这种差异？本部分引入了管理者资源警觉性和技术复杂性这 2 个情境变量，以探寻国际化创新绩效差异产生的原因，从而深刻揭示国际化进入后速度与创新绩效之间的关系。

一、国际化进入后速度与创新绩效

国际化速度是企业国际化战略的重要内容，是企业在国际化运营中除了进入模式选择和区位选择之外的另一项重要决策（Zhou et al. ,2014）。企业管理者应该对企业自身资源和国际化机会进行综合评估，以确定恰当的国际化速度，这也是企业制定管理决策时面对的重要挑战（Chetty et al. ,2014）。对于中小型企业而言，确定合理的国际化速度尤其重要，因为它们的资源非常有限，必须对资源进行充分的利用（Chetty et al. ,2004）。由于国际化速度的变化会对企业绩效产生影响，管理者在做出决策时必须要深入考察国际化速度和企业绩效之间的关系（Vermeulen et al. ,2002；Wagner,2004）。

企业在国际化运营的过程中，可以获取海外市场的第一手技术和市场信息（Aw et al. ,2007；Wagner et al. ,2014），这有助于企业更好地进行产品设计（Serti et al. ,2008），生产能更好满足顾客需求、更加具有前沿性的产品，从而在动态环境中获取竞争优势。企业在国际化扩张和发展的过程中，成长性水平和顺势而为的能力是很重要的。而什么样的国际化速度有助于企业提升成长性水平和将顺势而为的能力最大化,则是需要探索的重要问题。

中国的制造企业在嵌入 GVC 的过程中,已经积累了一定的生产制造知识,但是技术水平和营销水平与发达国家跨国公司相比还有很大的差距,亟须提高自身的研发能力和市场能力。现阶段,企业进行国际化运营的主要目标不能只是简单地进行劳动密集型产品的输出,而是在"走出去"的过程中,获取海外企业的先进技术、知名品牌及市场渠道的运营经验等。

跨国企业的国际化扩张不仅是一种高风险的企业行为,也是获取信息、资源和提升能力的过程(Jiang et al.,2014)。与发达国家跨国企业有所不同的是,新兴经济体国家企业作为国际市场中的后发企业,其国际化扩张的目的更多的是在全球范围内识别并获取新兴的知识与技术,然后进行内化与吸收,从而提升自身的能力(李竞,2018)。中国的跨国企业,很多都是依靠海外子公司利用企业原有的知识基础,对分散于世界各处的知识进行重组和学习(Minin et al.,2010)。海外子公司作为同时嵌入国内外双重网络的组织,充当了跨国企业的知识接口,在输出的过程中不断吸收,然后输出再吸收,如此循环地进行知识的双向流动。在海外知识获取的过程最后,海外子公司可以与东道国的客户、供应商、政府、高校及研发机构等利益相关者建立紧密的联系,强化各方的互动动机(Ciabuschi et al.,2014),并且接触到各种新知识和新技术溢出,从而更好地跟踪市场和技术,把握市场与技术前沿。由于市场同质性和协调性的存在,如果企业国际化的时间越短,或者越早发展国际能力,企业的国际扩张效率就越高(Hilmersson et al.,2017)。

企业在进入国际市场之后扩张速度越快,就说明员工面临的时间压力越大,但是这种时间压力对员工创新行为的影响还不是很明确。宋锟泰等(2019)的研究结果显示,员工面临的时间压力会促进员工的利用式创新行为,但是会抑制员工的探索式创新行为。这一研究从微观层面进一步表明了"时间—创新"之间存在一定的关联性。本部分将从动机、机会和能力这 3 个方面,具体分析国际化战略的时间决策与企业创新绩效之间的关系,以进一步揭示创新的时间效应。

(一)国际化广度速度与创新绩效

国际化广度速度表征企业尽可能快地进入各个新的国家的市场。本研究基于 MOA 理论,分别从动机、机会和能力 3 个方面分析国际化广度速度与创新绩效间的关系。

从动机方面来看,一般在短时间内进入尽可能多的国际市场,主要是为了获得先入者优势,占据市场的有利位置。当企业率先进入一些国家的市场时,能够更早地在当地建立市场联系,抢占市场份额,快速实现规模经济(Chetty et al.,2003)。有学者认为,越早进入国外市场,不仅能使年轻的企业更早地成为内部人(Insider),也能让企业在国外市场上占据更有利的位置(Johanson et al.,2009)。越早进入海外市场的企业,由于能更早地熟悉当地的环境,学习当地的语言文化,在当地就可以更早地建立自身的关系网络。这种关系网络具有一定的排他性,后进入的企业再想构建同样的关系网络就会比较难。这种网络的建立有助于企业更好地融入东道国的"主流社会",能够优先获得东道国政府的扶持,获得一些特有资源或优待。东道国政府会积极组织政企合作,为外资企业更好地适应本地环境提供帮助。而进入时间晚的企业,由于东道国同行业的企业越来越多,市场竞争越来越激烈,东道国政府不会优待外来企业,还有可能为了扶持或保护本地企业而对外资企业进行限制。

从机会方面来看,基于广度的国际化速度与企业升级绩效间的关系,一方面可以用知识学习优势理论进行分析,另一方面可以用外来者劣势和吸收能力理论进行分析。在多个国家进行国际化运营能够实现利用投入—产出在差异性市场上套利(Hennart,1982)。在国际市场上的分散化运营,把"鸡蛋放在多个篮子里",可以降低企业的投资与运营风险(Kim et al.,1993),也可以降低失败率。由于较早进行国际化的企业缺乏资源和经验,会将国外市场知识的积累视为降低不确定性的一种方法(Johanson et al.,1990)。在发展的早期就开始国际化的企业,由于限制性因素很少,因而更能够在其海外活动中进行高效的学习(Carr et al.,2010)。而很早就进入新的海外市场的年轻企业可以从更多新的和不同的市场及基于广泛的文化角度获得新的和多样的资源和知识(Zahra et al.,2000)。

从能力方面来看,能够在更广阔的范围内进行扩张的装备制造企业一般都具有较强的关系联结能力和搜寻能力,能够整合多个市场网络中的多样化资源,从而丰富自身的知识基础。但是进入过多数量的国家的市场会造成企业资源的分散。由于资源和能力有限,企业很难对每个国家的市场关系网络进行深度维护,否则可能会出现力不从心的现象。此外,不同国家的文化不一样,而管理者的思维广度是有限的,管理者学习新知识也需要一定的时间。当很快进入新的国家的市场时,管理者倾向于采取相似的市场管理模式,则可能会出现"水土不服"的问题,国际化过程中的各种问题也会慢慢地浮现出来。过快的国际化扩张步伐会使企业管理层投入次优的时间和精力进行绿地建设或筛选、选择和实施收购,无法仔细挖掘其在跨国公司中的作用。如果企业未能花费充足的时间进行海外学习或及时应对被识别出来的问题,那么随着时间的推移,企业的国际化将付出越来越高的成本(Jiang et al.,2014),也会增加企业失败的风险。并且,当知识积累过多之后,企业内部会产生知识冗余的现象,会增加企业消化吸收知识的成本,降低企业的增长率。此外,时间压缩不经济还体现在企业没有充足的时间总结经验教训。这些问题可能会在某一时点暴露出来,这对企业在国外市场的有效扩张不利(Vermeulen et al.,2002)。

企业快速进入新的海外市场,当达到某个临界点后,自身的不适应性会慢慢体现出来(黄胜,2015)。对采取快速扩张的中国装备制造企业而言,海外市场的范围将很快超过其自身的适应能力。当超过这个适度临界点时,国际化广度速度就会不利于中国装备制造企业创新绩效的提升。

据此,我们得到假设:

H1:国际化广度速度与企业创新绩效间存在倒 U 形关系。即国际化广度速度越快,企业的创新绩效就越高,但当国际化广度速度达到某一临界点后,国际化广度速度越快,企业的创新绩效则越低。

(二)国际化深度速度与创新绩效

国际化深度速度是指企业在海外市场增加国际承诺的速度,即企业通过高资源承诺的方式进行国际化扩张,增加了海外销售的比重,同时国际化深度速度还非常依赖本土化运营,其是一种倾向于重资产型的国际化扩张的速度。这种国际化进入后速度与企业创新绩效间的关系同样可以用 MOA 理论进行分析。

从动机方面来看,国际化深度速度快的企业十分注重本土化运营,能更好地满足国际市场的需求或者能在国际化运营过程中实现能力反哺,从而实现国际品牌形象的提升。在本土化运营的过程中,兼并、收购当地公司是快速本土化的主要方式,也是实现深度嵌入国际化网络的重要方式。通过这种方式,企业能够很快利用被兼并或被收购公司的原有资源,减少在当地市场上搜寻和探索的时间,也可以很快地获取这一公司的知识和设备,从而进一步提升自身的研发和生产能力。设立海外子公司还可以促进创新和知识转移,从而提高公司的长期绩效和增加企业寿命(Bartlett et al.,1989;Barkema et al.,1998)。

从机会方面来看,国际化深度速度越快时,企业与海外市场越能够建立更加稳固的合作关系,与海外市场的用户、供应商、政府、行业协会的联系会更加紧密,企业能够获得更多的高质量、非冗余知识,这对于充分、高效利用海外专业知识和技术人才更加有益,进行新产品开发的成功率也会提高。具体分析,一个迅速向国外市场投入资源的中小企业能够迅速切入本地化平台,与当地市场的代理商、分销商和客户建立紧密的关系,同时快速地在这些市场建立生产子公司或销售组织。由于企业在海外快速设立了子公司,这些子公司能够切入和代理商、中间商与客户建立关系的平台。这些子公司将会成为连接海外网络和国内网络的重要节点,随着时间的推移,其所发挥的作用将会越来越大:不仅会为企业带来稳定的客户关系,也能通过深度地了解当地市场环境和技术环境,为企业的深度发展注入活力。基于企业内部化理论(Buckley et al.,1976)进行分析,这种方式能够在中间产品不完善时降低交易成本,也可以对工艺流程和技术秘密等企业关键资产进行保护,有助于企业在国际市场的长期发展。

从能力方面来看,企业在进行深度国际化扩张之前,管理者要做很多重要的决策,如果短时间内就要制定出决策,企业就无法全面、深入地评估投资项目,如何时建立一个新公司,在哪里建,以哪种方式进入更好等。一旦进入某个国家的市场后,管理者所面临的文化、顾客、竞争者和政府都发生了很大的变化,这对管理者的资源配置能力和组织经营能力提出了挑战。在国外市场建立子公司要比简单地出口复杂得多,因为各种职能,如采购、销售、分销、营销、人事、法务等方面，以及生产，都需要整合并协调一致。管理者要学习如何在不同的环境中进行企业运营和如何给新的股东增加价值。对海外子公司的管理也是一项非常复杂的工作，需要进行大量的协调，这会消耗管理者大量的时间，并且对海外市场的学习也需要几个周期。如果这项投资迅速进行，那么公司的成本也会迅速增加，而且不能确定销售额是否会增加，因为国际投资产生收益是需要时间的。反过来，这可能会迫使中小企业为新市场制定更为严格和正式的惯例，从而削弱小企业和新企业本身所具备的灵活性优势。由于时间压缩不经济的存在，企业试图加速深度国际化会减弱对自身创新的注意力。

有学者从成本的角度进行考虑，指出跨国公司快速建立海外子公司会对企业绩效产生负向影响（Jiang et al.，2014）。通过在国外市场建立子公司，企业提高了其国际参与度，并将资源投入与国内市场无关的运营中。外国投资本身并不产生收入，而是构成进入新市场的工具。这意味着其效果实现的前置时间比较长，风险也比较大。这些对国际业务的承诺，无论是有形的还是无形的，都会增加运营成本。这使得企业在初期阶段所能够获得的收益可能很少。在这种情况下，企业会缩减自身的研发投入，这对企业的产品创新十分不利。

此外，在国际化初期，企业的知识存量是有限的，这影响了企业的吸收能力和学习能力。在企业整合资源的过程中，新技术知识的吸收是非常困难和耗时的（Demsetz，1988）。当企业的国际化速度过快，超出了企业吸收能力的承受范围时，企业从外国企业正确获取和吸收新知识的可能性就越低（García-García et al.，2017），这也会导致企业绩效受损。

基于以上分析，国际化深度速度越快，越有可能激发企业进行创新的积极性，也会为企业提供更充分的资源条件。但是，当国际化深度速度过快时,由于时间压缩不经济及能力刚性的存在,企业成本—收益的良性循环可能会存在受阻的问题,这会影响企业的创新注意力和创新投入,从而不利于企业创新绩效的提高。

据此,我们得到假设:

$H2$:国际化深度速度与企业创新绩效间存在倒 U 形关系。即国际化深度速度越快,企业的创新绩效就越高,但当国际化深度速度达到某一临界点后,国际化深度速度越快,企业的创新绩效反而越低。

二、资源警觉性的调节作用

警觉性是注意力基础观、动态竞争、社会认知及组织变革等多个理论中的比较新颖的概念,在创业研究领域应用较多。近些年,也有学者将警觉性应用到其他领域(张奥等,2017)。奥地利经济学家 Kirzner 在 1978 年首次提出了警觉性的概念,认为具有警觉性可帮助企业快速搜寻、识别和评估信息,他指出只有具有高警觉性的企业家才能有效发现和利用外部机会。此后,Hisrich 等(2007)和苗青(2008)基于 Kirzner 的研究,进一步得出警觉性与机会识别的正向关系。Foss 等(2009)指出,Kirzner 仅仅将机会看成外生性的因素存在一定的不合理性,其忽视了创业者对资源整合、配置和利用的作用,创业者的能力是影响企业警觉性的重要因素。高管人员不仅是企业运营中的核心人物(Huang et al.,2005),也是识别特定资源的主要人员,还是制定企业投资决策、引领企业发展方向的关键人员(Teece et al.,1997)。Ray 等(1996)和 Li(2013)指出,具有高警觉性的高管能够感知到未被满足的需求、未被发现的兴趣及新颖的资源组合,非常注重资源与企业战略目标的匹配情况,他们对警觉性的外延进行了拓展,考虑到了资源层面。一般来说,警觉性强的管理者,其风险识别能力也较强,比较能关注到未来具有一定应用潜力的资源。

管理者资源警觉性是指管理者对与企业发展相关机会的及时关注、对市场需求的感知及对新兴资源配置的反应能力(张奥等,2017)。具备高资源警觉性的管理者由于其心智模式具有一定适应性和复杂性,更容易跳出固有的思维框架(Baron et al.,2006),识别要素间的动态关联,从而对资源进行有效的排列组合,推动企业创新。对企业外部资源获取及资源整合方面具有高度警觉性的管理者能够根据消费者需求及资源利用的有效性进行资源整合。企业进行国际化扩张的重要目的之一就是充分利用外部资源,以实现自身能力的提升。然而获取资源的机会转瞬即逝,中国装备制造企业需要及时抓住机会窗口,对外部有效资源进行识别和整合。

具有高警觉性的管理者能够在高度不确定性的国际市场环境中敏锐地捕捉到企业缺乏的或具有一定有效性和前沿性的资源(Acedo et al.,2006)。前沿性具有很强的时效性,如果不及时消化、吸收、利用,其对于企业的价值将会随着时间的推移而不断减少。具有高资源警觉性的管理者,一般会秉承即刻行动的理念,尽早地进行内外部资源的重组以形成解决方案,帮助企业快速构建新的、不易被替代的、可直接使用的资源,从而提高企业的资源利用速度。

企业在获取领先知识之后,进行有效的知识整合与利用,将会有利于企业进行先动式创新,这对后发装备制造企业的追赶和超越具有很大的裨益。当企业外部环境的不确定性和时间的紧迫性加剧时,具有高资源警觉性的管理者的优势将更加明显。在国际化快速扩张的过程中,当企业管理者具备高资源警觉性时,可以有效缓解时间压缩不经济带给企业的阵痛。当企业扩张到多个海外国家时,企业面对的外部资源有着很显著的多样化特征,这时候就需要企业具备很强的资源识别能力,能够挖掘出与企业自身知识基础相比有一定差异性和互补性的知识,从而增加有效资源的输入,避免内部资源的过度冗余,减少企业管理负担。同时,这种多样化的知识结构,也会为企业的创新提供基础。

具有高资源警觉性的管理者在平时工作中会非常注重对员工资源警觉性的培养。当国际化企业遇到一些与以往有着显著差异的非惯例型问题和复杂问题时,具有不同思维模式和经验知识的企业员工会用他们多元化的视角来扫描外部环境和处理外部信息,进而帮助团队更加全面、多样地分析和解决问题(Gilson et al.,2013)。当企业能充分调动位于不同国家和不同子公司员工的认知资源时,虽然可能会出现认知冲突,但是多样化的思维碰撞,有助于加深对顾客需求或技术问题的全面理解(Talke et al.,2011),从而提高企业决策的效率和准确性,有效缓解在有限理性和有限时间的情况下企业管理资源不足的问题,从而提高快速国际化的积极效应。

据此,本部分提出假设:

H3a:当企业管理者具备较高的资源警觉性时,企业国际化广度速度与企业创新绩效间的倒 U 形关系会更加陡峭。

H3b:当企业管理者具备较高的资源警觉性时,企业国际化深度速度与企业创新绩效间的倒 U 形关系会更加陡峭。

三、技术复杂性的调节作用

技术复杂性是指需定制零部件、子系统和设计方案的数量及技术所涉及的学科数目,以及项目开发过程中所涉及知识和技能的难易程度(Hobday,1998)。技术复杂性不仅体现在部件、系统的数量方面,还体现在这些部件、子系统中各种技术间的相互依赖程度方面(Simonin,1999)。一般来说,技术包含的知识和涉及的学科数目越多,即多样性越强,所需要的学习活动也会越多,而企业的学习速度则越慢,并且随着技术复杂度的提升,企业在"干中学"或被动式学习会变得更加不易(Pintea et al.,2007;Rycroft,2007)。另外,技术复杂性高的开发周期更长,成本更高,市场推广的过程更慢,需要经历从试点到推广这一循序渐进的过程,市场的认可和接受更需要经过一段时间的适应期。在进行这种产品的推广时不能一味求快,而是要选择合适的时机。

当企业的技术复杂性越高时,技术所包含的知识深度、专业程度也越高,企业员工更不容易掌握,这对企业人力、研发能力的要求也会更高,企业搜索成本和研发成本也会随之增加。在产品推广到海外市场时,企业需要对销售人员进行充分的培训,才能使其更好地传达产品信息,理解顾客需求,从而将相关信息反馈给企业进行产品的改进与创新。然而,快速地进行国际化扩张,会使得员工的学习时间受限,也不利于企业创新。

技术复杂性高的产品,在开发过程中,需要融合来自不同学科、不同领域专家/研发人员的知识和技能(Lee et al.,2010)。技术复杂性越高,涉及的技术领域和行业范围越广,就需要集合更多专家和技术人员的力量(王润良等,2001),因此需要企业具备很强的协同能力和整合能力,这对管理者的要求更高。如果企业的国际化广度速度越快,企业越有可能获得不同市场上的多样化知识和互补性知识,从而更好地满足对高技术复杂性产品的创新需求。

企业一直扩大投资/出口的范围,会加大管理者的管理难度,企业若开发复杂性很高的产品,对管理者的能力要求会变得更高。而在管理者能力刚性的限制下,可能不会产生很好的效果。产品的技术复杂性越高,企业需要的协调时间就越长,会进一步加大时间压缩不经济的压力。尤其是在海外市场,在有很大文化、认知差异的情况下,进行各种资源的联结,以及进行不同文化背景下信息的交流和转换都需要时间。

综上,在企业进行快速国际化扩张的过程中,当企业自身产品的复杂性很高时,将会减弱国际化广度速度对企业创新绩效的积极影响,增强国际化广度速度对企业创新绩效的消极影响。

基于此,本部分提出研究假设:

$H4a$:技术复杂性在国际化广度速度与企业创新绩效间的倒 U 形关系中发挥调节作用。并且,产品的技术复杂性越高,国际化广度速度影响中国装备制造企业创新绩效的倒 U 形走向越缓。

有学者在研究中发现,在一些技术复杂性比较高的行业,企业通常会采取技术合作、战略联盟或并购等正式的方式与其他组织进行合作(Phelps,2010)。国际化深度速度就是在海外市场增加国际承诺的速度,当这一速度越快时,意味着企业与海外市场建立了更加稳固的合作关系,与海外市场的用户、供应商、政府、行业协会的联系会更加紧密,企业越能够获得更多高质量、非冗余知识,这对于充分、高效地利用海外专业知识和技术人才更加有利,进行高技术复杂性新产品研发的成功率也会越高。

基于此,本部分提出假设:

$H4b$:技术复杂性在国际化深度速度和企业创新绩效间的倒 U 形关系中发挥调节作用。产品的技术复杂性越高,国际化深度速度影响中国装备制造企业创新绩效的倒 U 形关系走向越陡。

四、假设汇总与模型构建

本部分对各个变量间的关系进行了分析,提出了研究的假设命题(一共包括 6 个假设命题),并得到了这一部分的理论模型,见图 6-1。

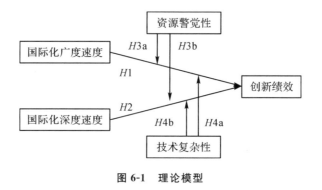

图 6-1　理论模型

第二节　研究设计与研究方法

一、变量测量

由于本部分所需要的研究数据无法通过公开渠道获得,本部分主要采用问卷调查的方式来收集数据。

在设计题项时,需根据测量变量的难易程度来设计,一般来说,构念复杂的变量需设计多个题项,而构念简单的变量需设计少量或单一的题项。但是当多个题项能满足一致性条件时,相较于单一题项,采用多个题项会使变量测量的信度大大提高(切尔钦,1979)。为了提高变量测量的信度,本部分在进行变量测量题项设计时,都采用多个题项来测量涉及的各个变量。

对于变量的测量,主要在相关研究成熟量表的基础上,结合本部分研究的具体情境和研究目的进行微调和改进。所有量表均采用李克特(Likert)7 分量表进行测度,被调查者根据题项的符合情况进行打分,1 表示"非常不符合",2 表示"不符合",3 表示"有点不符合",4表示"一般符合",5 表示"有点符合",6 表示"符合",7 表示"非常符合"。

（一）被解释变量：创新绩效

对于中国装备制造企业而言，要想转变在 GVC 上的低端锁定位势，最主要的就是提升自身的创新水平。创新绩效是衡量企业创新水平的主要变量。关于创新绩效的测量，本节参考并改编了 Laursen 等（2006）、陈钰芬等（2008）的测量量表，从新产品的开发和推出及技术专利的开发等几个方面对企业创新绩效进行测量（见表 6-1）。

表 6-1　创新绩效的测量题项

变量	测量题项	量表来源
创新绩效	相比同行其他企业，本公司开发的新产品数量较多	Laursen 等（2006）；陈钰芬等（2008）
	相比同行其他企业，本公司推出新产品的速度较快	
	相比同行其他企业，本公司新产品销售额占总销售额的比重较高	
	相比同行其他企业，本公司开发的新技术专利数量较多	

（二）解释变量：国际化进入后速度

本部分将国际化进入后速度作为自变量纳入理论模型，分别研究国际化广度速度和国际化深度速度对中国装备制造企业创新绩效的影响。

在国际化速度研究的早期阶段，学界一直没有对国际化速度进行维度划分，直到最近，比较公认的划分方式是从国际化进入阶段的角度，将国际化速度划分为初始国际化速度和国际化进入后速度。改革开放后，中国的装备制造企业切入全球产业分工的浪潮之中，逐渐进入国际市场。在共建"一带一路"倡议提出和实施后，中国企业"走出去"的步伐加快，中国装备制造企业的国际化进入后速度问题得到了越来越多学者的关注。就目前而言,国际学者对于发达国家企业的国际化进入后速度研究得较多,而对于新兴经济体国家企业的国际化进入后速度研究还很少。本部分主要研究的是中国装备制造企业的国际化进入后速度,也就是企业进入国际市场之后的扩张速度。就目前而言,学界对国际化进入后速度的测量存在很多不一致的地方,一些学者采用单一变量来测量国际化进入后速度,也有一些学者从多个角度进行测量。

Chang 等(2011)认为,国际化进入后速度可以通过企业首次进行 FDI 后每年在新的国家进行 FDI 的平均次数来测度。Casillas 等(2014)基于企业重要的国际化运营事件的间隔,如用国外企业的兼并或者在国外建立或合资建立子公司,建立战略联盟等的间隔来计算企业国际化进入后速度。在 Gao 等(2010)的文章中,企业连续进入国外市场的速度是用每次进入的时间间隔来测量的。Vermeulen 等(2002)及 Wagner(2004)超越了仅从时间角度对国际化速度进行测量,而用企业海外子公司的总数除以该企业首次进行海外扩张至今的年数,并将海外子公司的销售总额变更为销售比率。然而,这些测量方法虽然适用于大型跨国公司,但是对国际化发展程度较低和国际化承诺不多的企业来说,这种方法就不太适用了(Chetty et al.,2014)。一些学者考虑到这一问题,认为在进行国际化进入后速度的研究时要同时考虑国际化速度的广度和深度(Casillas et al.,2013;黄胜等,2017;方宏等,2018),避免对国际化速度研究片面化的问题。

国际化进入后速度是一个具有高情境敏感性的概念(Cesingner et al.,2012),学者们在选择测量指标时会结合具体的研究情境进行考虑。不过,通过总结可以发现,关于国际化扩张的广度方面,主要涉及企业在海外扩张的区域范围和国家数量;关于国际化扩张的深度方面,主要涉及企业在国际市场上的投资程度和承诺程度,以及海外销售额的增长程度。在进行变量测量时,对于国际化广度速度,主要参考 Hilmersson(2016)的方法,采用企业目前已进入的海外市场的数量除以进入海外市场的年限来测量,数值越大,说明企业国际化广度速度越快。对于国际化深度速度,主要参考黄胜等(2017)的方法,采用首先计算企业海外销售额占总销售额的比重,海外资产占总资产的比重及海外雇员占总雇员的比重,其次对这 3 个数值进行加总取平均,最后除以进入海外市场的年限,数值越大,说明企业国际化深度速度越快。

就目前而言,关于国际化速度,一部分学者选择使用二手数据进行分析,一些学者选择采用问卷调查的方式收集数据后进行分析。总体上来说,二手数据一般样本量较大,但是也存在研究对象有限的局限性。问卷调查的方法成本高、回收难度大,但是更为灵活,时效性也更强。现有数据库中还没有对装备制造业的明确分类,因此,本部分选择使用问卷调查的方式收集数据。

(三)调节变量:资源警觉性

管理者资源警觉性是指管理者对企业内外部资源的识别和整合的认知水平和能力水平。在国际市场上,企业面临的外部环境更为丰富多样,更加难以测量,因此对中国装备制造企业而言,管理者的资源警觉性将可能影响其在国际市场上的发展效果。对管理者资源警觉性的测量主要参考张奥等(2017)基于 Li(2013)的研究所改编的量表,共涉及 6 个题项(见表 6-2),从管理者对资源的识别与利用方面进行测量。

表 6-2　资源警觉性的测量题项

变量	测量题项	量表来源
资源警觉性	本公司高管经常能发现一些有用的资源	Li(2013)；张奥等(2017)
	本公司高管会用自身和组织的资源禀赋来撬动其他资源为本公司所用	
	本公司高管经常会发现工作中未被充分利用的资源，并根据资源特点进行配置	
	本公司高管经常会根据公司的战略目标在各个部门中配置和利用潜在的知识资源	
	本公司高管经常会根据既定的公司目标来绑定和利用各种资源	
	本公司高管经常会根据公司的战略目标对看似没有关联的资源进行重新组合	

（四）调节变量：技术复杂性

在对复杂性产品系统(Complex Product System,CoPS)的研究中,有许多学者对知识复杂性和技术复杂性进行了讨论和研究。Simon(1999)认为,复杂性产品系统是由多个相互作用、独特的组件/元件构成的。Hobday(1998)对于产品技术复杂性的刻画更为全面和具体。本部分对产品技术复杂性的测量主要参考并改编了李强(2013)基于 Hobday(1998)的量表改编后的量表,这一量表主要从产品的生产难度、涉及学科/技术知识的广度、新颖度等方面进行测量(见表 6-3)。

表 6-3　技术复杂性的测量题项

变量	测量题项	量表来源
技术复杂性	产品由多个零部件构成	李强(2013)；Hobday(1998)
	产品研发和制造涉及的技术及学科领域非常广	
	产品生产需要多种工艺和技能	
	产品对技术的新颖性要求高	

续表

变量	测量题项	量表来源
技术复杂性	在产品的整个生命周期中,客户要求的不确定性很高	李强(2013); Hobday(1998)
	产品创新过程需要用户、供应商等的高度参与和协同	

（五）控制变量的选取与测量

本部分主要研究企业国际化扩张速度对创新绩效的影响,为了提高模型的稳定性,会对其他可能影响企业创新绩效的因素进行控制。

(1)企业性质。企业的所有权结构会影响企业的创新情况(Tsai et al.,2008)。尤其是在新兴经济体国家,企业产权结构中的国家所有权比重会影响其创新行为和创新绩效。但是目前学界对这一影响的结果还没有形成一致的结论。有学者认为,国家所有权比重高的企业会从事较多的非经济性任务,这会分散和消耗企业的一部分资源,因而会对企业创新绩效产生消极影响。也有学者认为,国家所有权比重高的企业更容易获得一些关键性资源,企业在创新过程中会有更多的优势。不管结论如何,学者都认同国家所有权比重对企业创新会产生影响的观点。问卷中设计了多个关于企业性质的题项,在进行实证分析时,如果企业是国有企业或者国有控股企业就设为1,其他都设为0。

(2)企业规模。企业规模体现了企业的资源禀赋情况,往往会影响一个企业所拥有资源的水平。国际化企业规模越大,可以利用和投入的资源越多,企业就越有可能进行更积极的创新,企业的创新绩效就会越高。而规模很小的国际化企业,则面临很大的资源约束,在进行创新性决策时会更加犹豫,企业的创新绩效就会较低。企业规模用企业员工数来进行测量,参考 2011 年印发的《关于印发中小企业划型标准规定的通知》,对企业员工数在 500 人及以下、501—1000 人、1001—2000 人、2001—3000 人、3000 人以上的分别取值为 1—5。

(3)企业年龄。有学者从组织惯性的角度进行研究,认为企业年龄是企业组织惯性产生的重要影响因子之一。当国际化企业具有很强的组织惯性时,一般不愿意打破原有的思维架构,就可能会具有较强的路径依赖性,而不愿意进行创新和变革。当企业的经营时间很长时,这些成熟企业已经形成了一定的主导技术,它们往往只会基于这些技术进行渐进性的创新以维持其竞争优势。而一些年轻的新创企业则会更加灵活、更加积极地进行创新,企业的创新绩效往往提升很快。也有学者从资源积累的角度进行研究,认为企业年龄越大,企业积累的资源也会越多,这对企业创新更为有利。因此,为了模型的稳健性,本部分对企业年龄进行了控制。企业年龄以从企业成立时间到研究问卷发放时所经历的年数来测量。

(4)研发强度。企业对研发的投入会直接影响其创新绩效。一般来说,企业研发投入越多,创新产出也会越多。研发强度采用企业研发支出占当年总销售额的比重来衡量。

本部分对涉及的 4 类变量(解释变量、被解释变量、调节变量和控制变量)的说明具体见表 6-4。

表 6-4　变量汇总

变量类别	变量名称	变量描述
解释变量	国际化广度速度	指企业进入国际市场后扩张范围的增加速度
	国际化深度速度	指企业进入国际市场后扩张程度的加深速度
被解释变量	创新绩效	指企业创新产出达到的水平
调节变量	资源警觉性	指管理者对内外部资源的识别和利用的及时性和适时性程度
	技术复杂性	指企业生产的产品结构和复杂性程度

续　表

变量类别	变量名称	变量描述
控制变量	企业性质	指企业的所有权属性
	企业规模	指企业的体量大小
	企业年龄	指企业从成立到研究问卷发放时的时间长度
	研发强度	指企业对研发的重视和投入程度

二、问卷设计

（一）问卷的结构

调查问卷主要围绕装备制造企业的国际化进入后速度展开。问卷设计参照问卷的一般形式，对于各个变量的测量均使用主观评价指标。调查问卷主要分为 4 个部分：第一部分为前言，清晰地说明开展本次调查的目的和用途，消除被调查者的顾虑和疑惑；第二部分为填答指南，对如何填答问卷进行说明，引导被调查者正确作答；第三部分为个人/企业特征资料，让被调查者填写一些关于企业及其自身的基本信息，这些数据一方面用于提取与企业国际化进入后速度相关的数据，另一方面用于本书的其他部分；第四部分为态度性问题，让被调查者根据其企业实际，对每个变量的测量题项进行评估和选择，以获得测定研究变量的基本数据。

（二）问卷设计的原则

调查问卷的设计按照能获得具有很强分析价值的数据这一原则进行。一般来说，需具体考虑以下 5 个方面（孙国强，2010）。

（1）语言。问卷中使用的语言要通俗易懂，不要使用太多过于专业/生僻/具有暗示性的词汇，应接近被调查者的理解水平，在遣词造句上要考虑被调查者的态度和感受。

（2）满足研究需要。在进行问卷设计时要紧紧围绕研究目标,将调查指标转换成问卷中的恰当问题,尽可能地收集所有需要的材料。

（3）考虑被调查者。在进行问卷设计时要考虑被调查者的教育背景、文化背景、思维习惯和语言习惯。避免设计复杂冗长、需长时间回忆的问题,保证问卷简洁明快、排版整齐。

（4）与资料分析方法相结合。在设计问卷之初就要明确调查资料的处理方式和所采用的分析方法,从而确定问卷的编码和需收集的数据格式。

（5）考虑具体调查方式。不同的发放方式对问卷卷面设计、表述、题项排列的要求有所不同,需明确问卷是当面发放、网络发放还是电话访问,从而保证问卷回收效果。

（三）问卷设计的步骤

关于问卷设计的步骤和流程,本部分主要参考了 Aaker 等(1999)提出的五大步骤及后来一些学者(马庆国,2006;陈晓萍等,2008)的操作思路和优化建议,以保证调查问卷设计的规范性。本部分研究的问卷设计步骤如下。

第一步,在本部分研究设计的基础上,明确需要获取哪些变量的数据。在充分的理论研究的基础上,界定本部分研究中每个变量的具体内涵。之后,查阅、分析和总结已有文献中测量这一变量时所使用的量表,建立相关变量的测量题项库,从中选择信效度较高的量表题项,然后结合本部分研究的具体情境,进行适当的调整和改编,形成问卷初稿。

第二步,邀请相关领域专家审阅全部测量题项,了解题项措辞和归类方面是否存在问题,根据他们的意见进行问卷的第一次修订,形成调查问卷的第二稿。

第三步,邀请 4 位具有良好管理知识背景的企业管理人员进行深入交流,就问卷中每个变量的内涵、题项表述、题项逻辑及题项与企业实际经营状况的匹配情况进行沟通,对问卷题项进行进一步修订,提高问卷的可理解性,完成问卷的第二次修订,形成问卷的第三稿。

第四步,选择 20 家企业的管理人员,进行小范围的问卷预调查,了解被调查者在进行问卷填写时存在的困惑,对问卷的排版、字号、字体、填写说明进行进一步完善,完成对问卷的第三次修订,形成问卷的第四稿。

最后,在 3 次修订完成后,确保调查问卷无误的情况下,再对问卷进行正式的大范围发放。

(四)问卷的防偏措施

本部分的调查问卷是基于李克特 7 分量表进行设计的。被调查者按照题项与其实际情况的符合程度进行打分,这主要依赖被调查者对题项的理解程度和对实际情况了解程度,是一种主观性的评价,因而可能会存在测量的客观性和准确性不足的问题。为了减少问卷测量结果的偏差,本部分采用学者们(许冠男,2008;周浩军,2011)普遍采用的几种措施进行防偏。

首先,问卷题项所涉及的问题都是关于企业最近 3 年内的情况,因而能够减少因记忆偏差而产生的问题。

其次,本部分研究所选择的被调查者都是在企业工作 2 年以上的管理者,他们对企业的运营情况比较了解。若一些管理者对于某些题项涉及的内容不熟悉,他们可以咨询企业中对该问题熟悉的相关人员后再作答。

再次,由于许多变量的测量量表借鉴了国外的研究,在反向翻译中可能存在不够准确的问题。因此,在进行题项表述时会在研究团队内征求大家的意见,并会通过咨询专家和预测试的方式来进一步发现问卷措辞和表述的问题,以降低因题意理解不清晰而导致回答不准确的可能性。

最后,在问卷的开头就表明问卷调查的学术性质,不会将调查结果公开或用于商业目的,让被调查者放心填写。并且,为了进一步提高被调查者的积极性,承诺可与被调查者共享本研究的成果。

三、数据收集

本部分研究的内容是中国装备制造企业国际化进入后速度对创新绩效的影响问题,所以要选择我国具有国际化业务的装备制造企业进行问卷发放。本部分的研究对象是出口导向型的装备制造企业,所发放的调查问卷皆由企业中参与制定国际化战略的中高层管理人员(CEO、总经理、副总经理、营销总监、投资总监等)填写。长三角地区的装备制造企业相较于中国其他地区,"走出去"的时间较早,程度较深,故将问卷发放范围确定为长三角地区。在问卷发放之前,先根据以往研究的积累和在各类信息门户网站的搜索结果,基本明确所要收集的样本企业。明确大致的范围后,主要通过线上和线下2种途径进行问卷的发放,以尽可能方便被调查者填写的方式进行灵活选择。本研究在 2019 年 4 月至 2019 年 7 月期间进行问卷的发放和数据的收集。

其中,通过老师、同学、亲属及朋友(主要是在政府部门工作和在私募基金工作的一些人脉资源较丰富的朋友)代发放问卷 169 份;实地走访企业和走访本土装备制造相关的大型博览会发放问卷 45 份;通过学校 MBA 校友联系人(项目组成员之一)向 MBA 校友发放问卷 78 份;先在康帕斯网站上收集出口型装备制造企业名录,然后收集这些企业经理人的信息,通过 E-mail 发放电子问卷 65 份。具体的发放与回收情况见表 6-5。对于现场发放的问卷会当面进行答疑,调研期间,要保持各种联系方式(电话、邮箱)畅通,以便于及时回复被调查者填写线上问卷时可能存在的问题。在各方努力下,最终共发放问卷 357 份,收回 256 份,其中有效问卷 229 份,则问卷回收率为 71.7%,问卷有效率为 89.5%。总体来说,问卷的回收率比较理想,能够满足研究的需要。

本次调研中无效问卷主要按照 4 个标准进行判定:第一,问卷没有填写完整,答题率低于 95%;第二,能够明显看出被调查者对题项并不熟悉,对某一变量测度的所有题项的答案完全一样,如全选 4 或全选 7;第三,问卷填写人员来自同一家企业;第四,问卷填写人员不符合取样要求。

表 6-5　调查问卷的发放和回收的具体情况

问卷发放途径	发放数/份	回收数/份	有效数/份	回收率/%	有效率/%
通过老师、同学、亲属及朋友的关系网络进行发放	169	143	131	84.6	91.6
走访企业和去博览会进行现场发放	45	32	32	71.1	100
通过 MBA 校友进行发放	78	57	51	73.1	89.5
通过 E-mail 发放	65	24	15	36.9	62.5

四、问卷回收情况数据分析

本次问卷的填写人员中(具体见表 6-6),中高层管理者占比为 94.8%,工作 5 年以上的人员占比为 90.4%,受过高等教育的人员占比为 92.1%,可以看出,本次问卷的填写质量较高,具有一定的代表性。

表 6-6　问卷填写人员的基本信息表($N=229$)

特征	类别	人数	占比/%	累积比/%
职务等级	高层管理者	136	59.4	59.4
	中层管理者	81	35.4	94.8
	基层管理者及以下	12	5.2	100
工作年限	10 年及以上	126	55.0	55.0
	5—10 年(包含 5 年)	81	35.4	90.4
	5 年以下	22	9.6	100
受教育程度	研究生	41	17.9	17.9
	本科及专科	170	74.2	92.1
	高中及以下	18	7.9	100

在本次填写问卷的样本企业中(具体见表 6-7),从行业分布来看,经营电气机械和器材制造业的企业占 17.9%,经营通用设备制造业的企业占 17.5%,经营专用设备制造业的企业占 15.3%,经营铁路、船舶、航空航天和其他运输设备制造业的企业占 14.0%,经营计算机、通信和其他电子设备制造业的企业占 12.7%,经营金属制品业的企业占 11.8%,经营仪器仪表制造业的企业占 8.7%,以及属于装备制造但被调查者不确定属于哪个类别的有 5 个样本,占了 2.2%。总体上来看,行业分布比较分散,装备制造的各个行业领域都有所涉及,能够体现中国装备制造企业的整体情况。

表 6-7　样本企业基本信息表($N=229$)

特征	类别	频数	占比/%	累积比/%
行业分布	金属制品业	27	11.8	11.8
	通用设备制造业	40	17.5	29.3
	专用设备制造业	35	15.3	44.6
	铁路、船舶、航空航天及其他运输设备制造业	32	14.0	58.6

续　表

特征	类别	频数	占比/%	累积比/%
	电气机械和器材制造业	41	17.9	76.5
	计算机、通信和其他电子设备制造业	29	12.7	89.2
	仪器仪表制造业	20	8.7	97.9
	金属制品、机械和设备修理业	0	0.0	97.9
	其他	5	2.2	100①
企业性质	国有企业(含国有控股)	36	15.7	15.7
	私营企业	160	69.9	85.6
	中外合资企业	15	6.6	92.2
	外商独资企业	16	7.0	99.2
	其他	2	0.9	100
企业员工数(2018 年度)	100 人及以下	4	1.7	1.7
	101—500 人	41	17.9	19.6
	501—1000 人	17	7.4	27.0
	1001—2000 人	51	22.3	49.3
	2001—5000 人	48	21.0	70.3
	5000 人以上	68	29.7	100
企业营业收入(2018 年度)	5000 万元及以下	7	3.1	3.1
	5000 万—1 亿(包含 1 亿元)	21	9.2	12.3
	1 亿—10 亿(包含 10 亿元)	72	31.4	43.7
	10 亿—100 亿(包含 100 亿元)	76	33.2	76.9
	100 亿元以上	53	23.1	100
企业年龄(至 2018 年底)	10 年以内	19	8.3	8.3
	11—20 年	100	43.7	52.0
	21—30 年	62	27.1	79.1
	30 年以上	48	21.0	100

---

① 因为计算的占比多为约数,所以相关部分加总后约等于 100%,下同。

特征	类别	频数	占比/%	累积比/%
企业国际化年限（至2018年底）	10年以内	105	45.9	45.9
	11—20年	110	48.0	93.9
	21—30年	12	5.2	99.1
	30年以上	2	0.9	100

从企业性质来看,国有企业(含国有控股企业)占15.7%,私营企业占69.9%,中外合资企业占6.6%,外商独资企业占7.0%,其他企业(港资、台资)占0.9%。可以看出,在本次样本中,企业性质较为多样,其中私营企业占比最高。

从企业员工数来看,员工数在100人及以下的企业占1.7%,101—500人的企业占17.9%,501—1000人的企业占7.4%,1001—2000人的企业占22.3%,2001—5000人的企业占21.0%,5000人以上的企业占29.7%。

从企业营业收入来看,营业收入在5000万元及以下的企业占3.1%,5000万—1亿元(包含1亿元)的企业占9.2%,1亿—10亿元(包含10亿元)的企业占31.4%,10亿—100亿元(包含100亿元)的企业占33.2%,100亿元以上的企业占23.1%。从综合员工数和营业收入可以看出,样本企业大多为大中型装备制造企业。

从企业年龄来看,至2018年底成立时间在10年以内的企业占8.3%,11—20年的企业占43.7%,21—30年的企业占27.1%,30年以上的企业占21.0%。可以看出,样本企业整体较为年轻。

从企业开始国际化至2018年底的国际化年限来看,国际化时间在10年以内的企业占45.9%,国际化时间在11—20年的企业占比48.0%,国际化时间在21—30年的企业占5.2%,国际化时间在30

年以上的企业占 0.9%。可以看出,样本企业的国际化时间普遍较短。

五、实证研究数据分析方法

合理的问卷设计和有效的数据收集是检验本研究理论假设的基础条件,科学地选择恰当的研究方法和统计分析工具也是获得可靠研究结果的重要方面。在本部分研究模型中,不仅涉及了直接效应,还涉及了调节效应。因此,本部分研究采用逐步进入的多层回归分析(Hierarchical Regression)方法进行理论模型和研究假设的检验。本部分在多层回归分析之前,还进行了描述性统计分析、信效度分析及相关性分析等实证结果分析前的基础性分析。这些分析都通过SPSS 25.0 软件来实现。

(一)描述性统计分析

描述性统计分析主要是对研究的各个变量,包括核心变量(国际化广度速度、国际化深度速度、资源警觉性、技术复杂性、创新绩效)、控制变量(企业性质、企业规模、企业年龄、研发强度)等进行统计分析,即对这些变量的均值、标准差等进行描述和分析,以了解样本的特征、类别等基本情况。

(二)信效度检验

评判一个量表好坏的方法就是对信度(reliability)和效度(validity)进行检验(罗胜强等,2014)。信度是指测量的一致性水平,反映的是用所选择的测量工具进行测量后所得到结果的稳定性和一致性程度。信度的值是实际样本数据方差和真实数据方差之比。一般来说,每份样本获得的结果越接近,则说明误差越小,所获得数据的可靠性也越高。信度只是检验样本数据的稳定性和一致性水平,不是测量样本本身。Cronbach's α系数法是目前最常用的检验样本可靠性的方法,本部分主要采用Cronbach's α系数法来描述样本的信度(李怀祖,2004;吴明隆,2010)。一般来说,当样本的α值介于0.8和0.9之间,就说明样本信度较高;介于0.7和0.8之间,说明样本信度较高,可接受;如果介于0.5和0.7之间,说明样本的信度勉强可接受,但需要修改题项语句,增加或删除题项;如果低于0.5,则说明样本不理想,应该舍弃(吴明隆,2009)。

效度检验是一个对量表题项进行论证的过程,用来证明量表题项确实能有效测量目标构念(Kane,2006)。效度检验中最为重要的2个方面为内容效度(Content Validity)和内部结构效度(Internal Structure Validity)。内容效度包含了:①测量题项对目标构念的充分覆盖情况;②测量指标的代表性,这些题项的分配是否与目标构念各成分重要性的比例一致;③问卷的形式和措辞是否恰当,是否符合被调查者的背景和语言习惯。内部结构效度是指所采用测量工具测得的数据的结构与预期结构相一致的程度,通常采用因子分析(Factor Analysis,FA)对数据的内部结构效度进行检验(吴明隆,2003)。因子分析通常包括2种类型:探索性因子分析和验证性因子分析。探索性因子分析的步骤是先查看KMO值是否大于0.7,以及Bartlett球形检验结果是否显著。如果KMO值在0.7以上,Bartlett球形检验的显著性小于0.05,说明适合进行因子分析,可以进行接下来的效度分析。接下来,就对因子载荷和累积解释方差进行分析,如果各因子载荷的分布符合预期,因子载荷大于0.5(马庆国,2002),且累积解释方差的解释率大于70%,就说明通过了探索性因子的效度检验。本部分主要使用探索性因子分析,故验证性因子分析不做叙述。

（三）相关性分析

在进行多层回归分析之前,先进行相关性分析,以考察各变量之间的相关性水平,以初步分析各变量之间的关系。目前,最常采用的判定各变量之间相关性的指标是相关系数。相关系数法相较于协方差法,能避免在测量变量时单位不统一的问题。相关系数越高,说明变量间的相关性也越高。一般来说,当2个变量的相关系数大于0.7时,说明这2个变量极为相似;相关系数在0.5—0.6之间,说明2个变量有较大的相关性;相关系数在0.3—0.4之间,说明2个变量的相关性一般;相关系数在0.2及以下,说明2个变量的相关性很小。

（四）多层回归分析

多层回归分析是检验交互效应和调节效应的常用研究方法(Cohen et al.,2013)。本部分在检验自变量和因变量的关系时,将采用这一方法来检验在多加入一个或多个自变量时,对因变量的方差解释率是否有显著影响。本部分将借助多个递进式回归模型来对研究假设进行分析和验证。

第三节　实证结果分析

一、信度和效度分析

在进行信度和效度分析之前,本部分先对问卷调查获得的样本数据进行共同方法偏差(Common Method Biases)检验。共同方法偏差检验是指检验调查问卷的发放、回收、填写者、策略语境、环境等方面是否存在人为的共变,如果存在人为的共变,将会对研究结论产生潜在的不利影响,会产生较大的系统误差(周浩等,2004)。本部分在进行问卷设计时,对测量题项进行了反复的校对和调整,寻找了专家进行评估,并在正式发放问卷之前进行了预调研,对测量题项的顺序和用语进行了进一步修正,在问卷发放时,与被调查者保持交流的畅通,当他们在填写遇到问题时及时地给予解答,减少他们不理解或误解题项的情况,由此在程序上尽可能对共同方法偏差进行了控制。

(一)信度检验

本部分研究采用 Cronbach's α 系数法来检验量表的信度,如果构念的量表信度大于 0.7,就说明该量表信度较高,是可以被接受的。在本部分研究中,资源警觉性、技术复杂性和创新绩效的 α 系数均大于 0.7,说明本部分研究所采用的量表皆具有较高的信度,即变量测量结果的一致性和稳定性均较高。各变量的信度分析结果具体见表 6-8。

表 6-8　变量测量的信度和效度分析结果

变量名称	测量题项	因子载荷	KMO值	累积解释方差/%	Bartlett 球形检验		α 系数
					卡方值	显著性	
资源警觉性	发现有用的资源	0.873	0.886	87.625	1981.697	0.000	0.972
	用已有资源来撬动其他资源	0.888					
	发现和匹配未被利用的资源	0.877					
	配置和利用潜在的知识资源	0.869					
	根据公司目标来利用资源	0.883					
	重新组合资源	0.867					
技术复杂性	产品由多个零部件构成	0.920	0.866	92.188	2702.808	0.000	0.983
	涉及的技术和学科领域广	0.935					
	产品生产需要多种技能	0.925					
	产品对技术的新颖性要求高	0.902					
	客户要求的不确定性很高	0.929					
	需要用户等的高度参与	0.920					

续表

变量名称	测量题项	因子载荷	KMO 值	累积解释方差/%	Bartlett 球形检验 卡方值	Bartlett 球形检验 显著性	α 系数
创新绩效	开发的新产品数量较多	0.834	0.784	84.507	842.554	0.000	0.939
	推出新产品的速度较快	0.865					
	新产品销售占比较高	0.831					
	新技术专利数量较多	0.850					

（二）效度检验

在进行效度检验时，先对样本的充分性进行检验，资源警觉性、技术复杂性和创新绩效 3 个变量的充分性指标 KMO 值分别为 0.886、0.866 和 0.784，均大于 0.7。根据各变量因子载荷的分布来看，资源警觉性、技术复杂性和创新绩效的各题项均属于统一因子，累积解释方差分别为 87.625%、92.188% 和 84.507%，均大于 70%，说明这 3 个变量的测量题项均通过了探索性因子分析的效度检验。各变量的效度分析结果具体见表 6-8。

二、相关性和描述性统计分析

为了对变量间的关系进行初步分析，本部分对本章涉及的 9 个变量进行了皮尔逊相关性分析。表 6-9 呈现了各变量间相关关系的结果。总体上来看，各变量之间呈现出了显著的相关关系。

具体来看，国际化广度速度与创新绩效间存在显著的正相关关系（$\gamma=0.690$，$p<0.01$）；国际化深度速度与创新绩效间存在显著的正相关关系（$\gamma=0.599$，$p<0.01$）。

资源警觉性与国际化广度速度和国际化深度间速度存在显著的正相关关系（$\gamma=0.714$，$p<0.01$；$\gamma=0.616$，$p<0.01$），与创新绩效也有显著的正相关关系（$\gamma=0.374$，$p<0.01$）。技术复杂性与国际化

表 6-9 各变量的描述性统计分析及变量间的皮尔逊相关系数

变量	均值	标准误	1	2	3	4	5	6	7	8	9
1. 企业性质	N/A	N/A	1								
2. 企业规模	4.300	1.513	0.360**	1							
3. 企业年龄	23.600	15.124	0.346**	0.374**	1						
4. 研发强度	0.046	0.047	−0.051	0.008	0.023	1					
5. 国际化广度速度	6.440	4.664	−0.053	−0.057	−0.166*	−0.028	1				
6. 国际化深度速度	0.024	0.019	−0.208**	−0.258**	−0.373**	−0.083	0.489**	1			
7. 资源警觉性	5.371	0.963	−0.171**	−0.113	−0.263**	0.134*	0.714**	0.616**	1		
8. 技术复杂度	4.798	1.164	0.104	0.006	−0.006	−0.211**	0.384**	0.186**	0.309**	1	
9. 创新绩效	5.333	0.839	−0.172*	−0.102	−0.237**	−0.150*	0.690**	0.599**	0.374**	0.317**	1

注：** 表示 $p<0.01$，* 表示 $p<0.05$；企业性质采用虚拟变量 $(0,1)$ 进行分析，故不适合此分析，采用 N/A 表示。

广度速度和国际化深度速度均存在显著的正相关关系($\gamma=0.384$,$p<0.01$;$\gamma=0.186$,$p<0.01$),与创新绩效间也有显著的正相关关系($\gamma=0.317$,$p<0.01$),表明这 2 个变量可能存在调节效应。

基于以上分析可以看出,本部分研究提出的初步假设具有一定合理性,后续可进行进一步的检验。

控制变量方面,企业性质与国际化广度速度的关系不显著,与国际化深度速度的关系显著,与创新绩效的关系较为显著;企业规模与国际化深度速度具有显著的相关性;企业年龄与国际化广度速度、国际化深度速度、资源警觉性、创新绩效具有显著的相关性;研发强度与资源警觉性、技术复杂性和创新绩效具有显著的相关性。总体上来说,控制变量与各自变量和因变量具有一定的关联性,说明本部分研究选择的控制变量具有一定的合理性。

三、多重共线性分析

在回归分析当中,经常会出现多重共线性问题,这会导致回归分析不准确(马庆国,2008)。在相关性分析的表 6-9 中,各个变量之间存在较明显的相关关系,尤其是资源警觉性与国际化广度速度的相关系数较大,且显著,因此有必要进一步进行多重共线性检验。

从表 6-10 可以看出,各自变量的容差均大于 0.1,方差膨胀因子皆小于临界值 3,说明本部分研究中的各个变量不存在明显的多重共线性问题。

表 6-10 各自变量的多重共线性分析结果

变量	容差	方差膨胀因子
企业性质	0.788	1.272
企业规模	0.781	1.280

变量	容差	方差膨胀因子
企业年龄	0.734	1.361
研发强度	0.956	1.046
国际化广度速度	0.450	2.275
国际化深度速度	0.552	1.811
资源警觉性	0.385	2.597
技术复杂性	0.830	1.205

四、多层线性回归与假设检验

本部分研究的解释变量是国际化广度速度与国际化深度速度，被解释变量是企业的创新绩效，调节变量是资源警觉性与技术复杂性，控制变量是企业性质、企业规模、企业年龄和研发强度。在进行调节效应分析时，本部分对解释变量和调节变量进行了中心化处理。具体参照温忠麟（2005）的做法，将各样本的变量值减去样本均值。然后，将解释变量和调节变量分别两两相乘，以交互项的形式进入分层回归模型中再进行分析。

（一）国际化广度速度与创新绩效的主效应和调节效应回归分析

本部分采用 SPSS 中的分层回归方法，进行逐个检验，以明确各变量之间的关系。表 6-11 中显示了国际化广度速度与中国装备制造企业创新绩效间主效应和调节效应的关系。

模型 1 考察的是控制变量对中国装备制造企业创新绩效的影响。模型 2 在模型 1 的基础上增加了国际化广度速度。模型 3 在模型 2 的基础上增加了国际化广度速度的平方项，考察国际化广度速

表6-11 国际化广度速度与创新绩效的主效应和调节效应回归分析表

变量	主效应			资源警觉性调节效应			技术复杂性调节效应		
	模型1	模型2	模型3	模型4	模型5	模型6	模型7	模型8	模型9
企业性质	-0.094	-0.105*	-0.068	-0.011	-0.014	-0.018	-0.077	-0.078	-0.078
企业规模	0.009	0.008	-0.030	-0.001	0.003	0.018	-0.028	-0.024	-0.018
企业年龄	-0.212**	-0.095	-0.106*	0.018	0.021	0.016	-0.108*	-0.106*	-0.109*
研发强度	0.159*	0.037	0.034	-0.003	-0.008	-0.005	0.032	0.036	0.035
国际化广度速度		0.663***	1.421***	0.130**	-0.775***	-1.966***	1.391***	1.970***	1.416
国际化广度速度²			-0.850***	-0.130***	-0.335***	3.930***	-0.844***	-0.699***	0.386
资源警觉性				0.952***	0.820***	0.810**			
国际化广度速度×资源警觉性					1.192***	2.251***			
国际化广度速度²×资源警觉性						-4.159***			
技术复杂性							0.062	0.230**	0.167
国际化广度速度×技术复杂性								-0.798*	-0.199
国际化广度速度²×技术复杂性									-1.113

续　表

变量	主效应			资源警觉性调节效应			技术复杂性调节效应		
	模型 1	模型 2	模型 3	模型 4	模型 5	模型 6	模型 7	模型 8	模型 9
R^2	0.091	0.503	0.647	0.959	0.969	0.972	0.650	0.660	0.661
调整后的 R^2	0.074	0.492	0.637	0.958	0.968	0.971	0.639	0.648	0.647
ΔR^2	0.091	0.412	0.144	0.312	0.010	0.003	0.003	0.010	0.001
F 值	5.587***	45.173***	67.735***	740.489***	853.407***	844.593***	58.624***	53.389***	47.457***

注：*** 表示 $p < 0.001$，** 表示 $p < 0.01$，* 表示 $p < 0.05$。

度与中国装备制造企业创新绩效间是否存在倒 U 形关系。

如表 6-11 的回归结果所示,仅纳入控制变量的模型 1 中的 R^2 为 0.091,调整 R^2 为 0.074,F 值为 5.587,说明模型的解释力有限。模型 2 中国际化广度速度与创新绩效的相关系数为正且显著相关 ($\beta = 0.663, p < 0.001$),说明国际化广度速度与创新绩效之间存在一定的正相关关系;进一步检验,可以看出并且相较于模型 2,模型 3 的 R^2 值增加了 0.144,说明模型 3 比模型 2 对创新绩效的整体解释力更高,说明进行倒 U 形关系的检验是有价值的。模型 3 中国际化广度速度的平方项与创新绩效的相关系数为负且显著相关($\beta = -0.850$, $p < 0.001$),说明存在倒 U 形关系,因此假设 1 得到了验证,即国际化广度速度与中国装备制造企业的创新绩效间存在倒 U 形关系。

进一步,本部分参考 Cohen 等(2013)提出的公式来计算倒 U 形曲线斜率为 0 的点,即 $x = 21.33, y = 6.99$,据此,绘制出国际化广度速度与创新绩效间的倒 U 形曲线图(见图 6-2)。从图 6-2 中可以看出,当国际化广度速度小于 21.33 时,国际化广度速度越快,创新绩效越高。但是当国际化广度速度超过这一临界值后,国际化广度速度越快,企业的创新绩效反而会越低。

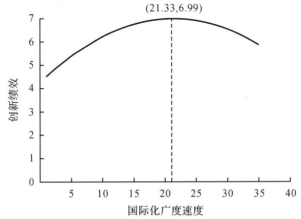

图 6-2　国际化广度速度与创新绩效的倒 U 形曲线图

在倒 U 形关系公式($y=\beta_0+\beta_1 x+\beta_2 x^2+\beta_3 xz+\beta_4 x^2 z+\beta_5 z$)中，如果调节效应存在，则 β_3 必须为正，若 β_4 为正且显著，说明存在扁平型调节效应，若 β_4 为负且显著，则说明存在陡峭型调节效应（黄胜，2015）。模型 4、模型 5 和模型 6 检验资源警觉性的调节作用。模型6 中增加了国际化广度速度的平方项与资源警觉性的交互项，以判断资源警觉性对国际化广度速度和创新绩效间的倒 U 形关系是否存在调节效应。结果显示，模型 6 比模型 4 和模型 5 的 R^2 值更高，即模型 6 的整体解释力更高，说明进行倒 U 形关系的调节效应检验是有价值的。国际化广度速度的平方项与资源警觉性的交互项的相关系数为负且显著相关（$\beta=-4.159,p<0.001$）。因此，可以说明资源警觉性对国际化广度速度与创新绩效间的倒 U 形关系的调节效应存在，并且是陡峭型调节效应，假设 3a 通过检验。

模型 7、模型 8 和模型 9 检验技术复杂性的调节作用。与前面的做法一致，模型 9 中增加了国际化广度速度的平方项与技术复杂性的交互项，以判断技术复杂性对国际化广度速度和创新绩效间的倒 U 形关系是否存在调节效应。结果显示，模型 9、模型 8 和模型 7 相对于模型 3 而言，R^2 只有很小的增幅，说明增加了技术复杂性的模型的解释力并未明显提升。并且，模型 9 中国际化广度速度的平方项与技术复杂性的交互项的相关系数不显著（$p=0.417$），说明技术复杂性对国际化广度速度与创新绩效间的倒 U 形关系的调节效应不存在，假设 4a 未通过检验。

（二）国际化深度速度与创新绩效的主效应和调节效应回归分析

在本部分，采用和上文一致的方式进行假设检验。表 6-12 中显示了国际化深度速度与中国装备制造企业创新绩效间主效应和调节

表 6-12 国际化深度速度与创新绩效关系的主效应和调节效应回归分析表

变量	主效应			资源警觉性调节效应			技术复杂性调节效应	
	模型 10	模型 11	模型 12	模型 13	模型 14	模型 15	模型 16	模型 17
企业性质	-0.064	-0.043	-0.011	-0.01	-0.009	-0.074	-0.094	-0.094
企业规模	0.082	0.101	0.010	0.009	0.010	0.101	0.096	0.096
企业年龄	-0.029	0.006	0.030	0.028	0.025	0.001	0.01	0.009
研发强度	0.107*	0.095	-0.006	-0.011	-0.011	0.077	0.082	0.082
国际化深度速度	0.587***	1.150***	0.110**	-0.299**	-0.972***	1.099***	1.582***	1.420**
国际化深度速度²		-0.607***	-0.104**	-0.211***	1.476**	-0.606***	-0.492***	-0.327
资源警觉性			0.963***	0.888***	0.864***			
国际化深度速度×资源警觉性				0.557***	1.240***			
国际化深度速度²×资源警觉性					-1.700**			
技术复杂性						0.215***	0.364***	0.351***
国际化深度速度×技术复杂性							0.590*	-0.474
国际化深度速度²×技术复杂性								-0.171

续 表

变量	主效应			资源警觉性调节效应			技术复杂性调节效应	
	模型 10	模型 11	模型 12	模型 13	模型 14	模型 15	模型 16	模型 17
R^2	0.378	0.453	0.958	0.961	0.963	0.496	0.507	0.508
调整后的 R^2	0.364	0.438	0.957	0.960	0.962	0.480	0.490	0.487
ΔR^2	0.287	0.075	0.505	0.003	0.002	0.043	0.011	0.000
F 值	27.087***	30.650***	728.751***	685.663***	634.810***	31.098***	28.330***	25.081***

注：*** 表示 $p < 0.001$，** 表示 $p < 0.01$，* 表示 $p < 0.05$。

效应的关系。

模型 10 在模型 1 的基础上增加了国际化深度速度。模型 11 在模型 10 的基础上增加了国际化深度速度的平方项,考察国际化深度速度与中国装备制造企业创新绩效间是否存在倒 U 形关系。

表 6-12 的回归结果所示,模型 10 中国际化深度速度与创新绩效的相关系数为正且显著相关($\beta = 0.587$, $p < 0.001$),说明国际化深度速度与创新绩效之间存在一定的正相关关系;进一步检验,可以看出相较于模型 10,模型 11 的 R^2 值增加了 0.075,说明模型 11 比模型 10 对创新绩效的整体解释力更高,说明进行倒 U 形关系的检验是有价值的。模型 11 中国际化深度速度的平方项与创新绩效的相关系数为负且显著相关($\beta = -0.607$, $p < 0.001$),说明存在倒 U 形关系,因此假设 2 得到了验证,即国际化深度速度与中国装备制造企业的创新绩效间存在倒 U 形关系。

进一步,同样参考 Cohen 等(2013)的公式来计算倒 U 形曲线斜率为 0 的点,即 $x = 0.091$, $y = 6.37$,据此,绘制出国际化深度速度与创新绩效间的倒 U 形曲线图(见图 6-3)。从图 6-3 中可以看出,当国际化深度速度小于 0.091 时,国际化深度速度越快,创新绩效越高。但是当国际化深度速度超过这一临界值后,国际化深度速度越快,企业的创新绩效反而会越低。

模型 12、模型 13 和模型 14 检验资源警觉性的调节作用。模型 14 中增加了国际化深度速度的平方项与资源警觉性的交互项,以判断资源警觉性对国际化深度速度和创新绩效间的倒 U 形关系是否存在调节效应。结果显示,模型 14 比模型 13 和模型 12 的 R^2 值更高,即模型 14 的整体解释力更高,说明进行倒 U 形关系的调节效应检验是有价值的。国际化深度速度的平方项与资源警觉性的交互项的相关系数为负且显著相关($\beta = -1.7$, $p < 0.01$)。因

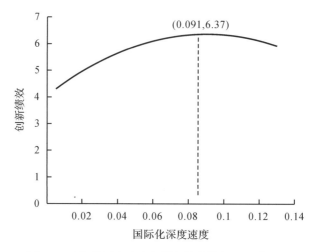

图 6-3　国际化深度速度与创新绩效的倒 U 形曲线图

此,可以说明资源警觉性对国际化深度速度与创新绩效间的倒 U
形关系的调节效应存在,并且是陡峭型调节效应,假设 3b 通过
检验。

　　模型 15、模型 16 和模型 17 检验技术复杂性的调节作用。与前
面做法一致,模型 17 中增加了国际化深度速度的平方项与技术复杂
性的交互项,以判断技术复杂性对国际化深度速度和创新绩效间的
倒 U 形关系是否存在调节效应。结果显示,模型 17、模型 16 和模型
15 相对于模型 10 而言,R^2 只有很小的增幅,说明增加技术复杂性的
模型的解释力并未明显提升。并且,模型 17 中国际化深度速度的平
方项与技术复杂性的交互项的相关系数不显著($p=0.812$),说明,技
术复杂性对国际化深度速度与创新绩效间的倒 U 形关系的调节效
应不存在,假设 4b 未通过检验。

第四节 实证结果讨论

一、假设检验结果汇总

本部分提出了关于国际化进入后速度、资源警觉性、技术复杂性和创新绩效的研究假设,通过上面的实证检验,一部分研究假设通过检验,也有一部分假设未通过检验,具体情况见表 6-13。

表 6-13 研究假设实证检验结果汇总

假设序号	假设内容	检验结果
H1	国际化广度速度与企业创新绩效间存在倒 U 形关系	通过
H2	国际化深度速度与企业创新绩效间存在倒 U 形关系	通过
H3a	资源警觉性在国际化广度速度与企业创新绩效间的倒 U 形关系中发挥调节作用	通过
H3b	资源警觉性在国际化深度速度与企业创新绩效间的倒 U 形关系中发挥调节作用	通过
H4a	技术复杂性在国际化广度速度与企业创新绩效间的倒 U 形关系中发挥调节作用	未通过
H4b	技术复杂性在国际化深度速度与企业创新绩效间的倒 U 形关系中发挥调节作用	未通过

二、实证结果讨论

(一)对通过检验的假设的讨论

本部分研究的主要问题是国际化进入后速度的广度和深度 2 个维度对中国装备制造企业创新绩效的影响,研究结果表明,国际化进入后速度与中国装备制造企业创新绩效之间呈倒 U 形曲线关系。
目前,学界关于国际化进入后速度的维度划分还没有统一,本部分将
国际化进入后速度划分为国际化广度速度和国际化深度速度,涉及
国际化扩张的 2 类决策,国际化广度速度涉及的是国际化范围选择
的问题,国际化深度速度涉及的是国际化程度选择的问题,这是 2 个
相互联系但又有所区别的问题。通常来说,国际化广度速度越快的
企业,快速成长的动机越明显,它们想尽可能扩大自身的市场空间,
获得先入者优势。通过这种战略选择,企业往往能够获得先入者学
习优势和丰富多样的知识等资源。这将有助于反哺企业进行更多样
化的创新。然而,在时间压缩不经济的影响下,企业的知识吸收能力
和资源管理能力受限,随着扩张范围的增加,当超过自身的能力临界
点时,就会产生负向影响。而注重提高国际化深度速度的企业,则十
分重视对国际市场的本地化运营,注重提升自身在国际市场的品牌
形象,以不断增强对国际市场的黏性。采取这种战略的中国装备制
造企业,由于在国际市场的投入更多,更可能获得东道国政府和消费
者的信任,更容易获取一些独特的隐性知识和机会,从而有助于企业
进行更高质量的创新。然而,同样在时间压缩不经济的影响下,当企
业越快地进行国际投资,企业的管理压力也会越大,付出的机会成本
也会越多,当达到某个临界点时,就会对企业的创新绩效产生负向影
响。本部分的研究结果与李竞(2018)的研究结果存在一定的差异,
一方面可能是由于样本数据的不同,另一方面可能是由于测量方式
的差异。但是研究结论都说明了企业在进行国际化扩张时要警惕
"欲速则不达"。

本部分研究了资源警觉性在 2 种国际化进入后速度与中国装备
制造企业创新绩效间的倒 U 形关系中的调节效应,检验结果显示,
资源警觉性的调节作用显著,且发挥的是陡峭型调节作用。这说明,

企业进行国际化扩张时,尤其是进行快速扩张时,管理者的资源警觉性是影响国际化扩张效果的重要因素。管理者的资源警觉性主要体现在国际资源识别、国际资源整合及资源配置的能力上。国际市场与国内市场相比,资源多而杂,差异性大。国际市场的这一特征,有助于企业增加知识存量,为企业创新提供更多的知识条件;但如果不能有效识别有用的资源,且不能进行有效利用,将会产生资源冗余,增加企业的管理成本和吸收负担,从而降低企业的创新效率,这不利于企业创新绩效的提高。若企业的管理者具有较高的资源警觉性,就可以在快速扩张时快速捕捉到与企业自身知识基础有一定异质性和互补性的资源,并对这些资源进行有序的编排和整合,尽可能大地发挥其效用。管理者的资源警觉性越高,企业就会在搜寻知识时进行有效的筛选,这将减少企业资源冗余的现象,缓解企业自身能力刚性的问题。

(二)对未通过检验的假设的讨论

在本部分研究中,技术复杂性对国际化进入后速度与企业创新绩效间关系具有调节效应的假设没有通过检验。一方面可能是样本原因,从本次收集的样本来看,相关企业国际化程度还很低,国际化投资普遍较少,很多是在国内生产,在海外建立销售网络。在这种情况下,在海外设立子公司,进行海外生产及进行海外研发的样本企业就很少。当企业主要在国内生产产品,然后销往国际市场,国际化扩张时就很少涉及产品的前端生产环节,因此技术复杂性对国际化进入后速度与创新绩效间关系发挥的作用就会被大大削弱。另一方面,可能由于不同类型的技术复杂性产品所需要的创新时间不同,从而造成了检验结果不显著。此外,在企业进行国际化扩张时,自身产品的新颖性、实用性是影响其能否进入更多市场的重要原因,而技术复杂性涉及的是客户不易感知的产品的特性,可能只有那些需要客户高度参与的专用型高技术复杂性产品才会对企业的国际化扩张时间压力产生影响,而通用型高技术复杂性产品,由于客户参与度低,且客户参与需要花费的时间少,对国际化扩张时间压力产生的影响小。

第五节　本章小结

目前,已有研究中比较一致的观点是国际化速度会影响企业的绩效表现,但是许多研究讨论了初始国际化速度或包含了初始国际化速度和国际化进入后速度的综合国际化速度对企业绩效的影响,关于国际化进入后速度与企业绩效尤其是创新绩效关系的研究较少。对当前的中国装备制造企业而言,向 GVC 高端环节攀升刻不容缓,创新是中国装备制造企业实现升级的方向。而怎样的国际化速度更有助于企业的创新则是需要研究的重要问题。

本部分从二元分析的视角,将国际化进入后速度划分为国际化广度速度和国际化深度速度 2 个维度,分别探讨了这 2 个维度对中国装备制造企业创新绩效的影响。其一,基于 MOA 的视角提出了 2 种国际化进入后速度与中国装备制造企业创新绩效关系的假设性命题,以及资源警觉性和技术复杂性在两者关系中发挥调节作用的假设性命题。其二,采用了 SPSS 25.0 软件对通过问卷调查收集到的 229 份样本数据进行了信效度分析、相关性分析和多层回归分析。结果显示,2 种国际化进入后速度与企业创新绩效皆存在倒 U 形关系,并且这种倒 U 形关系的曲线会随着资源警觉性的提高而变得更为陡峭。本部分研究结果丰富了国际化速度,尤其是国际化进入后速度与制造企业创新绩效间关系形态及其边界条件的研究。作为新兴经济体国家的后发装备制造企业,中国装备制造企业在进行国际化扩张时,需要审慎选择海外市场的进入后速度,不能一味求快,在企业前期积累不充分、国际市场运营经验匮乏的情形下就试图完成全球化市场的布局会导致"欲速则不达"。在企业进行国际化扩张的过程中,应采取适度的国际化扩张速度,与此同时,企业管理者还应保持较高的资源警觉性,这会大大地增强国际化扩张的积极效应,从而有助于中国装备制造企业更有效地提升其国际竞争力。

第七章　中国装备制造企业 国际化进入后速度的 驱动因素研究

当中国装备制造企业走出国门之后,企业间的国际化表现存在很大的差异,一些企业在国际市场中发展迅速,但也有一些企业在国际市场上举步维艰,而且不同国际化速度的企业创新表现也不一样。是什么导致了这种结果? 中国装备制造企业的国际化进入后速度受哪些因素影响? 这些因素是如何产生影响的? 这些是需要研究的现实问题。

在进行国际化速度相关文献的整理和分析时发现,关于国际化速度驱动因素的研究有着明显碎片化的特点,学者们从不同层面,包括个体、团队/组织、组织间及组织外部环境等层面分析了国际化速度的影响因素。这些多是从单一层面研究某种因素影响国际化速度的净效应,从多层面或跨层面进行的整合性研究还很少,目前的研究忽略了企业快速国际化进程中可能会受到多重因素协同影响的情况。基于 MOA 的整合性框架,研究多个影响因素及其复杂交互项的组态范式,有助于更加深入地分析和解释中国后发装备制造企业选择不同的国际化速度的驱动因素及其内在的过程机制,这是对现有研究的补充和拓展。本部分采用定性比较分析法研究国际化速度的驱动因素,从系统的角度探究组织内外部的多个要素对企业 2 种类型国际化进入后速度的影响,这样不仅能深化关于国际化速度驱动因素的研究,也有助于挖掘不同影响因素间的关联机制,对管理者的决策制定会有很高的参考价值。

在采用定性比较分析法进行组态研究时,通常可以不提出具体的研究假设,而是通过理论分析来提炼具体的前因条件(杜运周等,2017)。本部分通过对具有代表性的中国装备制造企业的探索性案例研究,讨论了 MOA 框架选择的合理性。然后基于 MOA 框架分析中国装备制造企业在进行国际化扩张时的主要驱动因素,提炼出影响中国装备制造企业选择国际化速度的各类前因要素。

第一节 分析框架

一、分析框架选择

以往关于国际化进入后速度影响因素的研究多是从单一的视角出发,但企业的国际化决策是一个十分复杂的过程,受到了多种因素的影响。目前关于国际化速度研究的视角多且杂,采用整合性视角进行研究的文章还很少。为了更全面和深入地揭示国际化速度的驱动因素,本部分研究将采用一个整合性分析框架进行分析,即 MOA 框架。

MOA 框架首次被用于消费者对于广告中信息的处理和分析(MacInnis et al.,1989)。其中,M(动机)是指某一主体在开展某种行为时的动力、诱因或意愿;O(机会)是指主体在开展某种行为时外部的积极情境,包括所需要的资源及其他条件是否具备;A(能力)是主体能够开展某一行为的潜力,包括知识、技能、经验(Chang et al.,2012)。这 3 种因素是紧密联系(Blumberg et al.,1982)和相互补充的(Cummings et al.,1973)。目前,MOA 视角已经在个体层面、组织层面和组织间层面均有所研究和运用,例如,在营销(MacInnis et al.,1989)、知识共享(甘春梅等,2014)、投资者决策行为(Campbell et al.,2016)等个体层面的应用较多,有学者运用这一理论研究组织层面的问题,包括创业企业成长(Davidson,1991)、组织间知识转移(王永贵等,2015)和海外子公司的角色分类(郝瑾等,2017),也有一些学者利用这一理论研究跨边界的组织行为和活动(Norman,2004;Chang et al.,2012;Wang et al.,2013)。可以看出,基于 MOA 视角的研究正在不断突破研究边界,由微观研究逐渐向宏观研究延伸。

国际化速度作为一种跨越区域边界的决策也是一种复杂的信息处理过程,企业是否在同时具备"动机""机会""能力"后才开始国际化扩张,还是只要具备了某一方面的条件就进行国际化扩张?对于中国情境下装备制造企业的国际化速度,这 3 种因素发挥了怎样的作用? 这些都是可以深入研究的内容。目前,将 MOA 理论与国际化相结合的研究尚不多见,本部分采用 MOA 视角来探讨国际化速度在个体层面、组织层面和组织间层面等内外部多重影响因素间的联动效应,从而能够全面深入地解释中国装备制造企业国际化速度的驱动因素,是对国际化速度驱动因素研究的丰富与拓展。

二、分析框架适用性分析

对于本研究选择的 MOA 研究框架,本部分通过对 2 个案例进行具体分析来讨论它的适用性。在经济全球化背景下,走出国门,在海外市场寻找发展机会的装备制造企业有很多,其中"走得快、走得好"的企业却并不多,本部分研究选择的 A、B 2 家企业是其中的佼佼者。

(一)案例 A——某安防企业

A 公司成立于 2001 年,注册资本为 500 万元,创业团队共 28 人,在成立之初主要经营普通视频压缩板卡的业务。该公司自 2003 年开始走向海外市场,是同行业走向海外市场的先行者。其国际化过程经历了早期摸索、初期开拓、逐步成长、规模化扩张和设立海外子公司等几个阶段。在进入海外市场的初期,和许多最初开始国际化的本土制造企业一样,A 公司也从定点生产起步,起先除贴牌生产外,也创立了自主品牌。然而,自主品牌只能从低端市场切入,难以触及中高端的用户。2007 年起,A 公司开始构建自主海外营销体系,积极完成在全球各个国家的商标注册,并通过聘用东道国本土员工,在东道国建设国际营销网络、海外物流、装配基地等,积极拓展海外渠道,以自主品牌正式进军海外市场,海外市场营收约 80% 都源自自主品牌,营销网络遍布世界 150 多个国家和地区,在全球各大洲的主要国家都建立了子公司。

该公司的创始人在提及公司快速发展的原因时,指出"人""业务""平台"是企业成功的"铁三角"。A 公司的成立契机,一方面源于人的安全需求的增加,尤其是经济越发达的地区,人们对安全的需求更高;另一方面源于外部安全环境的恶化。并且,行业内市场空间的逐步扩大驱动 A 公司不断发展。此外,A 公司是一家国有控股企业,在发展过程中较容易获得资金和人才支持,近几年还和多个城市的政府签订了战略合作协议。公司从成立的第一天起就十分注重学习国内外一流企业的成长规律、经营管理经验和创新机制。之后,A

公司收购了众多能在技术方面与公司互补的国外企业。该公司内部对自身的国际化进程有着清晰的规划，将国际化进程分成 3 个阶段：国际化 1.0，走出去；国际化 2.0，本地化；国际化 3.0，全球性的资源配置。简单来说，就是"走出去—走进去—走上去"。

A 公司在成立初期就十分注重与国内高校合作，已与国内 20 余所高校建立了产学研平台，掌握了数字安防的最新技术。A 公司积极参加北京、深圳、台北、伯明翰、拉斯维加斯等国内外城市的知名安防展会，并与 TI、Seagate 等国际厂商建立了良好的合作关系，使公司获得了稳定可靠的国际销售渠道，公司产品的海外影响力不断提升，海外销售额快速增长，品牌也一直在升级，企业现已成为提供中高端视频监控产品的国际龙头企业。

该公司十分注重研发，年研发费用占年销售额的比例达到了 8%，研发人员总数在同行业中名列前茅。该公司会提前 3 年进行新产品和新技术的规划，在 2020 年已经掌握了视频监控领域 7 项核心技术（包括视频图像处理、视音频解码、视音频数据存储、视频分析与模式识别、专用集成电路应用、流媒体网络传输和控制、嵌入式系统开发），这些技术已经达到国际领先水平。

（二）案例 B——某电器制造企业

B 公司的前身为"某某开关厂"，于 1984 年成立，创立资金为 5 万元，创业团队共 25 人。后于 1991 年成立"中美合资某某有限公司"，自此开始引进国外的先进技术和设备，并利用政府对合资企业出台的优惠政策，开始加速发展，正式确定了电器专业化的发展方向，已经成为低压电器行业的领先企业。1993 年，B 公司在第一次参加中国进出口商品交易会时，获得了第一笔出口订单，自此开启了其国际化之路。早在 2001 年该公司创始人就指出，各国企业进行全球化是大势所趋,如果中国的民营企业没有进入国际市场的意识,没有立足国际市场空间来考虑投入和产出,企业将不会有出路,企业要从全球化竞争的角度来规划自身的经营战略。B公司积极响应共建"一带一路"倡议,加速了向海外市场扩张的步伐,并且持续深化在海外市场中的"本土化"策略,由"本土国际化"向"国际本土化"迈进。

在B公司内部,一直践行着一句话:"听中央的,看欧美的,干自己的。"这生动地体现了B公司敢为人先和艰苦奋斗的精神。至2019年底,B公司在140多个国家和地区建立了自己的销售机构和物流配套体系,在德国、新加坡、马来西亚、越南等地建立了海外制造基地,在亚太、欧洲和北美设立了研发机构。

B公司在初入国际市场之时,就与一家国际巨头企业打起了专利拉锯战,并持续了10年。这件事情让B公司意识到了技术创新对成功"走出去"的重要性。自此,B公司就十分注重技术创新和新产品的研发。1995年,B公司研发的CJX2交流接触器就获得了国际性的大奖。1998年,B公司在北京展示了自主研发的N系列新产品,这标志着B公司开始由ODM向OBM转变。B公司十分注重研发投入,2018年的研发投入达到了3.5亿元,是公司所在地区研发投入最高的企业。除了自主研发之外,B公司还关注国际上的相关前沿技术。至2019年底,该公司已经形成了国内外交错的多层次开放式的技术研发体系,致力于将产品由"跟随型"升级为"领先型"。

B公司经常参加有关电力和创新工业方面的国际展会,充分地展示自有产品,以提升品牌在国际市场的知名度和影响力。此外,B公司十分注重对海外市场的维护,自2005年开始,每年都会举办国际营销大会,邀请有关国家和地区的海外经销商参加。

案例小结:本部分研究所选的2家案例企业的所有权性质不一样,一家是国有控股企业,一家是中外合资企业,但都是在企业成立之初就开始国际化,在进入国际市场之后,发展速度也非常快。这2家企业的领先或快速发展之路,无外乎都与其国际化紧密相关。基于本部分的探索性案例分析,可以看出对中国装备制造企业而言,其国际化进程在很大程度上都会受到管理者动机、企业面临的外部机会和企业能力的影响。在管理者动机方面,一般来说,企业进行国际化的动机都是为了寻求更大的市场空间和学习国外前沿的知识。在机会方面,企业对机会感知的强弱会影响其国际化决策。环境动态性是很多企业进行国际决策时会考虑到的因素,而政府对中国企业的发展起着十分重要的作用,因此,本部分不仅分析环境动态性的影响,还会研究环境包容性对中国装备制造企业的影响。在能力方面,关系能力是企业能够进入市场并在海外市场顺利发展的重要能力,技术能力是影响企业获得市场认可的重要能力,在上述2个案例中,可以看出2家企业都十分注重这2方面。基于上述2个案例的分析可以得出,本部分基于 MOA 视角来探讨中国装备制造企业国际化速度的驱动因素是合适的。

第二节　因素提取

一、个体层面因素——动机(M)

国际化运营是一个复杂的战略行为,其间企业存在多种或混合型的动机。在不同的国际化动机下,进入模式不一样,对企业发展的影响也不一样。企业的国际化动机通常可分为市场拓展型(Hernandez et al.,2018)和资源获取型(Tan et al.,2015;Meyer,

2015)2 种类型：第一种类型是通过拓展市场以增加产品销售并提升自身品牌的国际影响力；第二种类型是通过进入海外市场，获得海外市场上的一致性资源。前者是一种能力输出的动机，是一种外向国际化；后者是一种资源导入动机，是一种内向国际化动机。快速国际化与企业管理的思维模式和思维倾向性相关（Harveston et al.，2000）。前者主要追求短期利润，后者更加注重长期利润，更加关注核心资源的获取。沈鲸（2013）结合中国企业实际，认为契约方式、出口方式和针对欠发达国家的 FDI 都属于市场拓展型进入模式，这几种方式更多的是对已有资源和能力的转移和利用，并认为针对发达国家的 FDI 属于资源获取型进入模式，也有企业同时采取了市场拓展型和资源获取型进入模式（沈鲸，2012）。

Acedo 等（2007）认为，高管的国际化动机越强，企业对风险的感知性越低，就越有可能进行较快的国际化扩张。Weerawardena 等（2007）指出，企业的国际化创业导向和学习导向对企业国际化速度具有一定的影响。企业行为理论认为，高管在企业战略决策过程中起着基础性的作用，高管的认知倾向会影响其对问题的识别和方案的抉择。个体层面的认知系统会影响管理者的决策规则、决策范围和风险偏好（Zahra et al.，2004）。具有不同认知倾向的企业的行为会有一定的差异性，具有何种认知倾向的企业会采取快速国际化扩张策略？不同的认知倾向是否会同时发挥作用？这些问题有待进一步研究。

（一）国际学习导向（International Learning Orientation）

国际化运营和扩张是企业获取外部关键知识的重要方式（李竞，2018）。很多企业通过出口来学习海外的先进知识或异质性知识，并且将这些知识运用到下一步的生产运营中（Salomon et al.，2010）。

Vermeulen 等(2002)及 Wagner(2004)指出,企业进行国际化扩张的过程,其实就是企业组织学习和不断积累知识经验的过程。后发企业由于起步晚、年限短、核心能力欠缺,有着向领先企业学习的强烈动力(Rogers,2004)。一些企业试图通过全球化布局来挖掘不同地区的市场潜力和技术优势,并通过关键知识的获取来加速自身创新发展。持续创新是处于 GVC 低端位势的中国装备制造企业破除发展瓶颈的必由之路。中国装备制造企业要想在 GVC 中培育升级能力,构筑竞争优势,就必须学得更快更多。企业国际化扩张过程,其实也是一种国际化学习过程,是企业实现高质量经济活动的关键,其明确了如何在这一过程中进行有效的知识搜索,进而获取高质量的知识。而管理者的学习导向则是影响企业进行外部知识搜索积极性的重要方面。

学习导向是指个体想要获得新知识和新技能的意愿和倾向(Dweck,1986),包括了解顾客需求、市场变化及竞争者行为(Sinkula,1994)。其本质在于更新原有的知识基础,创造新的知识(Johnson et al.,2009)。资源非常有限的企业会更倾向于在具有高度不确定性和高度风险性的复杂市场中寻找新的发展机会(Mort et al.,2006)。中国的许多装备制造企业在通过代工获得成长的过程中,由于路径依赖和能力锁定,往往只能从事价值链低端环节的业务,这些企业有着强烈的转型升级需求。要想改变这种现状,它们就需要获得具有一定异质性和新颖性的知识来提升自身的能力。另外,当一些企业已经具备一定的市场竞争力时,仍然希望获取前沿知识来进一步提升自身的能力。学习导向和企业自身的成长诉求与管理者的追求有关。

管理者的学习导向与企业国际化扩张速度的关系主要体现在 3 个方面。首先,一般而言,学习导向强的管理者会有很强的学习欲望(VandeWalle,1997),他们往往会更努力地向国际合作伙伴学习新知识和新技能,来获取海外市场的信息和资源。其次,学习导向强的管理者具有很强的开放性(VandeWalle et al.,2001),会尝试打破员工的思维边界,鼓励员工跳出盒子进行思考,并创造出各种机会和条件鼓励企业员工学习、消化和吸收国外的新知识。最后,学习导向强的管理者会特别重视外部环境中蕴含的成长和发展机会(VandeWalle et al.,1997),对国际化过程中风险的承担意愿更强(Zahra et al.,2000),他们通常不愿意放弃任何学习机会,深知国际化活动对企业发展的重要性,因此会积极地参与国际化活动。当企业对国际环境的了解和认识不断加深,企业学习新知识和把握新机会的能力也会不断提高,战略决策速度也将逐渐加快。因此,学习导向强的企业越有可能进行快速的国际化扩张。

(二)国际市场导向(International Market Orientation)

国际市场导向是指企业管理者向国际市场进行销售的倾向性(Dichtl et al.,1990)。一般而言,其与管理者受教育水平(Dichtl et al.,1990)和海外经验(Caughey et al.,1994)等方面有关。国际市场导向是企业国际化进程中的重要影响因素。一般而言,具有国际市场导向的管理者有着清晰的全球化视野,他们会将全球市场而不只是母国市场或区域市场看成是自己的市场,他们有着进军国际市场的强烈意愿(Autio et al.,2000)。管理者的国际市场导向影响着企业整体的创新性和对国际市场前瞻性的追求(Knight et al.,2004)。当企业的管理者有着强烈的国际市场导向时,就会产生推动企业快速国际化成长的意愿(Nummela et al.,2004),并对企业的国际化进展非常敏感,会快速发现市场机会。具有国际市场导向的企业,会体现出更多的前瞻性(Acedo et al.,2007)。国际市场导向性强的企业的管理者会积极主动地搜索和感知各种外部机会,并且不断地塑造其独特的国际商务能力,以获得进入国际市场的主动性(Knight et al.,2009)。

国际化决策是一个具有很强不确定性的过程,对风险敏感高的管理者,会谨慎进行国际化扩张,反之则不然。国际市场导向性强的企业,具有一定的模糊容忍性(Acedo et al.,2007)。这些企业一开始就以企业国际化成长的速度和范围为出发点。它们往往在没有对外部环境进行细致分析时就将大量的资源投入国际市场(黄胜等,2017),以获得尽可能多的市场份额,并尽可能快地在国际市场取得成功,此时,企业的风险感知性较低。综合上述分析可以看出,企业的国际市场导向对企业国际化进入后速度有着一定的影响。

二、外部环境因素——机会(O)

企业不是孤立存在的,而是处于各种内外部环境当中,企业的行为会受到外部环境影响(Zahra,1996),组织与环境之间的关系,一直是学界的重要研究主题(Porter,1980)。企业在制定国际化发展决策时会不可避免地受到外部环境的影响,组织外部环境中蕴藏的机会会让企业做出不一样的选择。企业在发展过程中主要会受到 2 种力量的影响,即"看不见的手"和"看得见的手",政府这一"看得见的手"和市场这一"看不见的手"对企业国际化进程有着怎样的影响?哪个是主要的推动力? 这些都需要深入地研究。

(一)环境包容性(Environmental Munificence)

通常来说,环境包容性是指外部环境对企业发展的支持力度(Dess et al.,1984)。Castrogiovanni(1991)从政府发挥作用的角度对环境包容性进行了明确的定义,认为环境包容性就是指政府对企业开展各种经营活动的支持程度,包括所提供资源的丰富程度及企业获得各种资源的难易程度,主要是指政府为企业塑造的环境,涉及基础设施、金融、投资等各个方面(李玲等,2018)。国际商务领域研究的基本前提之一,就是将企业纳入某一具体国家的制度体系中(Busenitz et al.,2000),制度环境影响着企业的战略活动及国际伙伴关系的演变(Steensma et al.,2005)。根据制度基础理论,企业的国际化速度会受到母国制度环境和东道国制度环境的影响(黄胜等,2014)。制度环境是企业国际化速度的重要驱动因素。一方面,当企业面临的外部环境包容性很强时,企业更容易获得需要的资源,企业经营中所需要的各种条件也更容易满足,因而企业在制定战略决策时的顾虑也会更少,企业家对风险较大的战略决策会保持一种积极的态度,这有助于企业快速做出决策。另一方面,在包容性强的环境下,企业安全感也会比较强。当企业在海外市场进行扩张的时候,母公司所处环境的包容性越强,说明母公司的稳定性越高,则企业的顾虑也会越少。这时,企业会敢于做出风险较大的海外扩张决策,并且更有可能进行快速国际化扩张。

在有利的政府政策的鼓励和推动下,新兴经济体国家企业向国际市场进行拓展的积极性更高(Luo et al.,2010)。共建"一带一路"倡议实施后,中国的装备制造企业面临前所未有的国际化发展机遇。中国政府与多个国家签订了合作条约,在许多地方进行基础设施建设方面的投资,为中国企业的国际化发展创造了良好的条件。同时,许多国家也给中国企业提供了很多优惠条件,积极吸引中国企业去投资设厂。

(二)环境动态性(Environmental Dynamism)

环境动态性是指企业所处外部环境变化的频率和不确定性的程度,高动态的环境往往不可预知性也越高(Bradley et al.,2011),企业面临的扰动因素也越多(Meyer,1982)。在经济全球化的背景下,企业面临的外部环境越来越复杂,也越来越难以预测,企业只有充分了解和准确把握外部环境当中的不确定性因素及这些因素对企业产生的影响,才能有效保持自己的竞争优势(Khanna et al.,1998)。对企业而言,其所面临的环境不确定性主要来自 2 个方面,即市场的动态性和技术的动态性(Jaworski et al.,2003;Tan et al.,2005;Wang et al.,2008)。

市场的动态性包括消费者需求的变化和竞争者行为的变化,动态性越强,消费者需求/偏好及竞争者的行为变化速度会越快(Tsai et al.,2008)。当某一地区的市场竞争非常激烈的时候,企业会想方设法寻找新的利基市场来维持其增长,此时,占有市场空间广阔的国际市场成为企业重要的战略选择之一。当消费者需求存在很大不确定性和竞争者市场行为压迫性很强时,企业原有产品的生命周期,以及企业新产品研发时间都会大幅度缩短,企业希望能更快地向市场投入新产品以获得在市场中的主动权,这时候,企业会加快其在国际市场上扩张的步伐,尽快地将产品推广出去。

技术的动态性是指企业所使用的技术更新换代的情况。在技术变化速度很快时,如果企业不进行学习和创新,很容易落后,以致被市场淘汰。在这一情形下,企业会想方设法扩大自己的知识来源渠道,通过建立各种联结来获取异质性和互补性知识。海外市场的知识存量相对国内市场而言,更为丰富,并且有着很强的异质性。那些追求创新战略并进入潜在全球市场以应对复杂环境带来的挑战的企业通常会实施快速国际化战略(Acedo et al.,2007)。对于动态变化的高技术市场,国际化的速度影响了一些小企业的业绩表现(Crick et al.,2005)。这些企业若想更好地生存和发展,就需要建立快速反应机制,即在一个很短的时间内快速地利用各种机会(Freeman et al.,2006)。

三、组织层面因素——能力（A）

企业的外部增长和扩张与企业的内部发展有着很紧密的联系（Koury,1984），企业能力的强弱会影响其外部发展的水平。在企业的时间和资源一定的情况下，是用较多的时间在国内外进行尽可能多的网络联结，还是集中时间和资源努力提升自己的创新水平，或者是二者兼顾，理论界尚未进行有效的分析。在国际化进入后的不同阶段，二者的重要性也有所差异，需要进行深入的分析。

（一）关系联结能力（Relational Connectivity Capability）

企业所拥有的网络关系是难以替代的，也是其他企业难以模仿的重要资源。邢小强等（2006）指出，网络能力是企业基于自身内部知识和其他补充资源，通过识别网络价值和机会，构建、利用和维持各层次网络关系，重塑网络结构以获取稀缺资源和引导网络演化的动态能力。陈学光（2007）、马鸿佳等（2010）认为，企业通过发挥网络能力，能够在构建、维护和利用网络关系的过程中获得各类稀有资源，并有助于构建长期的竞争优势，实现企业在网络中的升级。

企业的社会关系网络是企业克服新进入者劣势和规模局限性的重要机制（Stuart et al.,2003）。企业外部社会资本的获取和外部网络的联结是企业快速国际化的重要前提之一（Vahlne et al.,2017），企业不断国际化的过程，其实也是企业与外部不断建立关系联结的过程。Mathews（2006）提出了LLL模型，认为新兴经济体企业能通过互联获取外部资源，并能在互联与杠杆的不断重复中提升学习能力，这有助于加快其国际化速度。构建新的关系网络，维护现有关系网络，通过早期的快速扩张，渗透到全球市场中，不仅能保护和利用企业原有知识,还可以不断获取新知识。企业嵌入国内和国际双重网络(Li et al.,2017;李杰义等,2018),与国内外供应商、中间商、客户、政府、中介机构、科研机构和金融机构所构成的绵密网络,不仅有助于企业更快地获取信息资源,还降低了企业进入国际市场的风险(Gulati,1999)。

企业的关系联结能力一方面体现为企业外部联结的范围和数量情况,另一方面体现为企业与外部联结对象在情感上的亲密度和信任度。企业的关系联结范围越广,说明企业的外部联系通路越宽敞,企业能够获得的资源、信息和知识也会越多,信息获取的及时性也会有所提高。企业与外部的关系联结越紧密,企业就越有可能获得高质量资源、信息和知识。企业与外部网络建立的联结无论是范围广还是程度深,都有助于企业获取关于国际市场的信息,对于降低国际化风险和国际化成本十分有利(Eriksson et al.,1997),因为这为企业获得国际市场潜在的初始进入优势及提高后续的国际化扩张速度都提供了机会(Kiss et al.,2008)。

(二)技术创新能力(Technological Innovation Capability)

企业被认为是一组有形和无形资源的集合,这些资源有着独特性、稀有性和不可模仿性的特点(Barney,1991)。按照这种观点,企业可以被视为在核心技术和营销理念方面拥有各种专业优势,这些往往难以模仿和替代。因此,可以将企业的国际化理解为在国外市场上利用其创新和营销能力来获得竞争优势的战略选择(Zahra et al.,2000),创新和营销能力是企业竞争优势的主要来源,因为这有助于企业提供差异性产品和服务,在竞争激烈的市场中降低不确定性,并且建立企业声望(Iyer et al.,2002)。

驱使企业快速进入国际市场的一个关键因素是充分利用其创新

能力（Luo et al.，2005）。当企业具备一定的创新能力时，企业所生产的产品就具有一定的竞争力，这时候企业会寻求在更广阔的全球市场中输出自己的产品，并不断提升自身品牌在国际上的知名度，将其打造成知名国际品牌。企业通过利用自身独特的知识资源所开发的创新性产品会驱动企业的国际化进程（Oviatt et al.，2005）。代工企业的升级过程是 OEM→ODM→OBM→IBM（International Brand Manufacture，国际品牌制造商），当企业不断提升自己的竞争力时，企业会逐渐将自身打造成国际知名企业。装备制造业是一个国家的重要基础性产业。通常，在一个成熟的出口行业中，一般会存在着一定的创新性（Acedo et al.，2007）。对装备制造企业而言，产品的创新性是影响企业顺利"走出去"的重要因素，只有拥有了高质量产品，才能吸引国外的客户，也才能与国外的竞争对手相抗衡。这种创新性是企业尤其是技术导向型企业进行快速国际化扩张的重要基础和前提。但是，企业的技术创新能力到底对企业的国际化速度产生了怎样的影响，技术创新能力是国际化的充分条件还是必要条件，则需要进一步探究。

基于"动机—机会—能力"（MOA）框架和对各因素的提取，本部分构建了国际化进入后速度驱动因素的整合性分析框架（见图7-1）。

第三节　调查问卷设计与变量测定

一、调查问卷设计

关于问卷的设计，第六章已经详细说明，此处不再赘述。

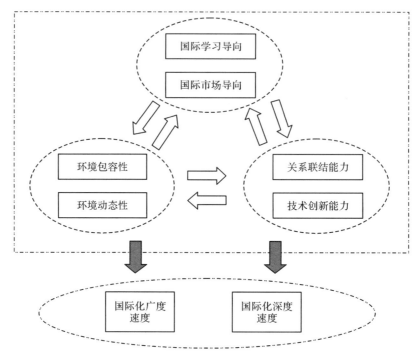

图 7-1　国际化进入后速度驱动因素的整合性分析框架

二、变量测定

（一）国际化进入后速度

关于国际化进入后速度的测量,在第六章已进行了说明,此处不再赘述。

（二）国际学习导向

由于本部分的研究情境涉及管理者在企业国际化过程中的学习意愿和倾向性,和组织层面的学习导向有很大差异,只能选择从个体层面进行测量的量表。本部分所使用的学习导向的量表改编自黄胜等（2017）和李杰义等（2019）的量表（见表 7-1）。黄胜等（2017）的量表源于 VandeWalle(1997)对国际化情境中管理者学习导向的具体描述,具有一定的情境适用性,而李杰义等(2019)的量表是根据中国企业实际而开发的量表,这2个量表都具有较高的信效度。

表 7-1　国际学习导向的量表

变量	测量题项	题项来源
国际学习导向	本公司高管认为持续学习是企业竞争力的重要源泉	黄胜等(2017); 李杰义等(2019)
	本公司高管经常会在国外寻找能够获得新知识的机会	
	本公司高管经常会在国外寻找能够开发新技能的机会	
	本公司高管会积极主动地去了解国外市场动态	

(三)国际市场导向

Knight 等(2004)首先对国际市场导向进行了具体的描述,认为国际市场导向包括国际创业导向和国际营销导向2个方面。之后,Knight 等(2009)通过案例研究对管理者的国际市场导向进行了深入分析,并根据案例资料提炼出若干题项,在对这些题项进行检验的过程中发现4个题项的因子载荷较高。本部分研究中国际市场导向的量表主要依据 Knight 等(2009)提出的4个题项进行改编,如表 7-2所示。

表 7-2　国际市场导向的量表

变量	测量题项	题项来源
国际市场导向	本公司高管倾向于将整个世界而不只是本国看成是企业的市场	Knight 等(2009)
	本公司高管会很积极地去探索国际市场上的新商机	
	本公司高管会不断地向公司员工传达公司在国际市场取得成功的重要性	
	本公司高管会去开发人力资源及其他一些资源,以帮助公司实现在国际市场上的目标	

（四）环境包容性

Castrogiovanni(1991)对环境包容性的内涵进行了详细的描述。Luo 等(2010)对中国政府在中国企业海外投资中的推动作用进行了具体的分析。之后,有学者(郭海等,2009)根据 Castrogiovanni(1991)的研究和中国的实际情况,开发了环境包容性的测量量表。本部分研究中环境包容性的量表(见表 7-3)是在综合以上学者研究的基础上改编的量表。

表 7-3　环境包容性的量表

变量	测量题项	题项来源
环境包容性	政府的有效管控为本公司创造了稳定的市场环境	Castrogiovanni(1991);Luo 等(2010);郭海等(2009)
	政府的政策规划为本公司"走出去"创造了良好的外部条件	
	本公司容易获得市场运营和扩张中所需要的资源	
	本公司容易获得外部资金的支持	

（五）环境动态性

本部分参考 Song 等(2005)的研究,从消费者市场和技术市场 2个方面来测量企业所处市场的动态性。消费者市场主要由客户和竞争者构成,这一市场的动态性主要是指客户需求的变化,以及同行间竞争的激烈程度。技术市场是指企业所处行业的技术情况,其动态性是指技术更新换代的速度。本部分在 Song 等(2005)研究的基础上,再结合 Chen 等(2014)的量表,形成了环境动态性的量表(见表 7-4)。

表 7-4　环境动态性的量表

变量	测量题项	题项来源
环境动态性	本公司所处行业中产品的更新换代速度很快	Song 等(2005)；Chen 等(2014)
	本公司所处行业中竞争对手的策略变动很快	
	本公司所处行业中消费者的需求变化很快	
	本公司所处行业中技术的变革速度很快	

（六）关系联结能力

本部分主要从关系联结的广度(Laursen et al.,2006)和深度(Garriga et al.,2013)2 个方面来测量企业的关系联结能力。关系联结的广度包含了联结的数量和范围,关系联结的深度包含了联结的程度和质量。在量表编制过程中参考了 Li 等(2017)关于网络关系的量表,其量表就是从关系联结的广度和深度 2 个方面进行测量的,本部分研究在这一量表的基础上进行了改编(见表 7-5)。

表 7-5　关系联结能力的量表

变量	测量题项	题项来源
关系联结能力	本公司国内外合作伙伴的数量很多	Laursen 等(2006)；Garriga 等(2013)；Li 等(2017)
	本公司国内外合作伙伴的类型很多	
	本公司与国内外合作伙伴交流的频率很高	
	本公司与国内外合作伙伴相互认可和信任	

（七）技术创新能力

技术创新能力主要是指企业自身的技术创新实力和企业在研发方面的投入强度。技术创新能力的测量主要参考 Luo 等(2005)关于企业创新能力的描述及梅亮(2011)和杜丹丽等(2014)所开发的量表。本部分主要从企业所具备的技术能力和研发投入强度2个方面对企业的技术创新能力进行测量(见表7-6)。

表 7-6　技术创新能力的量表

变量	测量题项	题项来源
技术创新能力	本公司的产品在技术上处于行业领先地位	Luo等(2005);梅亮(2011);杜丹丽等(2014)
	本公司在研发方面投入很多	
	本公司能够快速推出新产品来应对市场的动态变化	
	本公司能够根据内外部环境的变化不断改进生产工艺和流程	
	本公司能快速运用从外部引进的设备和工艺	
	本公司对前沿技术有着较强的跟踪和监测能力	

第四节　数据收集与统计分析

一、数据收集情况

关于数据的收集情况,第六章已经详细说明,此处不再赘述。

二、信度和效度检验

(一)信度检验

本部分采用Cronbach's α系数法来检验量表的信度,如果α系数均大于0.7,就说明该量表信度较高,是可以被接受的。在本次研究中,国际学习导向、国际市场导向、环境包容性、环境动态性、关系联结能力、技术创新能力的α系数均大于0.7,说明本次研究所采用的量表皆具有较高的信度,即变量测量结果的一致性和稳定性较高。各变量的信度分析结果具体见表7-7。

表 7-7　变量测量的信度和效度结果

变量	题项	因子载荷	KMO值	解释方差/%	Bartlett 球形检验		α系数
					卡方值	显著性	
国际学习导向	持续学习	0.805	0.733	77.287	609.022	0.000	0.902
	寻找新知识	0.763					
	寻找开发新技能的机会	0.783					
	了解海外市场动态	0.740					
国际市场导向	将整个世界看成是市场	0.660	0.701	72.196	429.533	0.000	0.850
	积极探索国际市场新商机	0.714					
	表达在国际市场上成功的重要性	0.706					
	主动开发各种资源	0.687					
环境包容性	政府创造了稳定的环境	0.689	0.731	74.145	507.78	0.000	0.791
	政府创造了良好的外部条件	0.674					
	容易获得所需要的资源	0.802					
	容易获得外部资金的支持	0.795					
环境动态性	产品的更新换代速度很快	0.813	0.810	80.602	677.160	0.000	0.919
	竞争对手的策略变动很快	0.812					
	消费者的需求变化很快	0.806					
	技术的变革速度很快	0.793					
关系联结能力	合作伙伴的数量很多	0.802	0.770	77.270	592.541	0.000	0.902
	合作伙伴的类型很多	0.761					
	与合作伙伴交流的频率很高	0.765					
	与合作伙伴相互信任	0.763					
技术创新能力	技术上处于行业领先地位	0.706	0.841	73.524	1173.804	0.000	0.928
	在研发方面投入很多	0.691					
	快速推出新产品	0.781					
	不断改进生产工艺和流程	0.736					
	快速运用引进的设备	0.719					
	较强的跟踪和监测新技术的能力	0.779					

（二）效度检验

Foddy(1994)指出,有效和可靠的问卷至少涉及 4 个方面:①研究者清楚所需数据和设计的问题;②反馈者按照研究者设定的方式解读问题;③反馈者回答问题;④研究者按照反馈者的思考方式解读回答。这意味着研究者在问卷设计阶段就可能需要重新撰写和修改内容,以确保反馈者以研究者设计的方式回答问题。

为了保证问卷的效度,笔者对问卷进行了反复的斟酌和调整。在进行效度检验时,先对样本的充分性进行检验。表 7-7 显示,国际学习导向、国际市场导向、环境包容性、环境动态性、关系联结能力和技术创新能力 6 个变量的充分性指标的 KMO 值分别为 0.733、0.701、0.731、0.810、0.770、0.841,均大于 0.7,且 Bartlett 球形检验结果均具有显著性。根据各变量因子载荷的分布,国际学习导向、国际市场导向、环境包容性、环境动态性、关系联结能力和技术创新能力的各题项均属于统一因子,累积解释方差分别为 77.287%、72.196%、74.145%、80.602%、77.270%、73.524%,均大于 70% 这个阈值,说明这 6 个变量的测量题项均通过了探索性因子分析的效度检验。

三、相关性分析

为了对变量间的关系进行初步分析,笔者对本章涉及的 8 个变量进行了皮尔逊相关性分析,表 7-8 呈现了各变量间相关关系的结果。总体上来看,各变量之间呈现出了显著的相关关系。这说明,本部分提出的初步假设具有一定合理性,后续可进行进一步的检验。

表 7-8 各变量的描述性统计分析及变量间的皮尔逊相关系数

变量	均值	标准误	1	2	3	4	5	6	7	8
国际学习导向	5.3661	0.65772	1							
国际市场导向	5.7555	0.57851	0.295**	1						
环境包容性	5.6594	0.45430	0.323**	0.548**	1					
环境动态性	5.2522	0.73895	0.311**	0.416**	0.597**	1				
关系联结能力	5.2172	0.68467	0.279**	0.626**	0.663**	0.470**	1			
技术创新能力	5.3537	0.60914	0.299**	0.689**	0.590**	0.576**	0.816**	1		
国际化广度速度	6.4453	4.66401	0.312**	0.621**	0.582**	0.432**	0.718**	0.627**	1	
国际化深度速度	0.0239	0.01869	0.563**	0.511**	0.449**	0.274**	0.422**	0.385**	0.490**	1

注：** 表示 $p < 0.01$，* 表示 $p < 0.05$。

第五节　定性比较分析法的适用性分析

Ragin(2000)指出,某一社会现象产生的原因不是单一的,而是多样的,因此在解释前因条件与结果的集合关系时需要采取"组合的""整体的"方式。组态分析的整体性、多维度特征使得其在战略问题分析方面具有很大的优势(Miles et al.,1978)。组态是指任何同时存在的、概念上可进行区分的因素构成的多维度特征群(Meyer et al.,1993)。组态分析就是将组织看成相互关联的结构和实践的集群,而不是将其看成松散结合的实体,其是一种整体性和系统性的分析方法(Fiss,2007)。这种分析方法有助于找到某一结果多重并发的前因条件,能够更深刻地解释某一现象的形成机制。基于定性比较分析法,程聪等(2016)探讨了跨国并购的驱动机制,刘宇青等(2018)探讨了旅游产品创新对顾客体验感知价值的影响,梁乙凯等(2019)对政府开放数据使用的影响因素进行了研究。

组态分析不仅可以用于检验战略、环境、组织活动类型间的匹配情况对组织绩效的影响(Delery et al.,1996),还可用于分析多个层次的重要因素及其组态对结果产生的影响(Crilly et al.,2012)。组态分析是分析资源、战略、结构、过程等多个要素间的相互、共存关系及如何互补来产生有效的综合性战略(Miller,1996)。组态分析比权变分析在解释环境和战略是否匹配上具有更强的解释力(Dess et al.,1997),权变分析仅认为外部环境与组织属性之间为线性和单向因果关系,而组态分析则认为组织属性和外部环境之间为非线性和双向因果关系。

基于自变量相互独立、因果对称性和单项线性关系的传统统计技术,一般都是以控制其他因素为前提,来分析自变量对因变量的影响,但无法解释多个相互依赖的自变量与因变量间的复杂因果关系(杜运周等,2017)。一般的统计分析方法仅适用于处理 3 个以下变量的交互作用(王凤彬等,2014),在处理更多变量的交互作用时存在一定的缺陷。而基于集合理论的定性比较分析法,基于布尔代数的原理发掘多个案例展现出来的普遍性特征,为解决存在组态问题的复杂因果关系提供了一种新的方法(Ragin,2000,2014)。QCA 既是一种分析技术,也是一套分析工具,它兼顾了"集合论"和"组态比较",可以识别和归纳出组间、人际间和组织间互动的模式。QCA不仅可以用来分析小范围的案例(包括微观层面的案例、中观层面的案例、宏观层面的案例),由于 QCA 是基于计算机的布尔代数算法开发的研究工具,利用 QCA 的集合杠杆理论分析较多数量的数据(例如,宏观经济数据、调查数据等)也是可行的(伯努瓦·里豪克斯,2017)。

一般的统计分析方法都是以对称关系作为假设前提的(即 A→B 或~A→~B),但是当现实中存在一些非对称现象时,传统的分析方法就难以解决了。在中国,许多处于相似情境的后发装备制造企业所选择的国际化速度并非一致,有的企业选择了早期国际化,并进行快速扩张;而有些企业虽然选择了早期国际化,但是扩张却很缓慢;有些企业进入国际市场很晚,但是扩张很快;有些企业进入国际市场晚,扩张也很慢。这些现象很难用传统的方法进行解释。而定性比较法则通过集合隶属关系来研究问题,处理这种非对称关系则更为恰当。

准确地理解因果关系对于战略管理和组织理论都是必不可少的(Durand et al.,2009)。Fiss(2007)对 QCA 与战略研究结合的可能性进行了分析与说明,使这一方法在组织管理研究领域被广泛地应用。国际化速度是一种复杂的组织战略行为,采用定性比较分析能够更好地解释这一战略行为的形成因素。本部分以中国装备制造企业为研究对象,对装备制造企业国际化进入后速度的前因条件组态做出类型化的解释。

定性比较分析目前包括 3 种,即清晰集定性比较分析(csQCA)、多值集定性比较分析(mvQCA)和模糊集定性比较分析(fsQCA)。csQCA 是最先使用传统布尔集发展起来的,因此在定性比较分析法运用之初,很多文章中称采用定性比较分析法,实际就是采用csQCA。当明确指向初始的布尔版本定性比较分析法时,应使用csQCA;当明确指向多范畴条件版本的定性比较分析法时,应使用mvQCA;当明确指向连接模糊集和真值表分析的模糊集版本定性比较分析法时,应使用 fsQCA(伯努瓦·里豪克斯,2017)。

本部分选择使用 fsQCA,通过 fsQCA3.0 软件进行数据分析,识别出影响中国装备制造企业国际化速度选择的前因条件组态。基于模糊集合理论的 fsQCA 可以处理集合的部分隶属问题。模糊集合具有传统定距尺度和定比尺度的许多优点,可以进行定性评估。相较于 csQCA 和 mvQCA,fsQCA 的功能更为强大,解决现实问题的能力越来越强,越来越多的学者开始采用 fsQCA。

本部分在进行定性比较分析时,首先分析 6 个前因条件对中国装备制造企业国际化进入后速度快慢的充分性与必要性。其次,从多因素交互的"组态"视角做进一步分析,最后得出与中国装备制造企业国际化速度快慢具有决定性联系(即具有较高充分性和较高必要性)的多个前因条件组态。

第六节　定性比较分析法的运行结果及相关分析

一、变量校准

在模糊集研究中,不能只开发测量案例相对位置的量表,必须使用定性锚点来构建连续变量得分与模糊集隶属间的关系(Ragin,2008)。在进行组态分析之前,首要工作就是进行变量校准,将案例转换成集合概念,把案例中的各个条件和结果转换成集合中的隶属值(杜运周等,2017)。变量的校准主要有 2 种方法:直接法和间接法。目前学界普遍采用的方法是直接法,即用 fsQCA 软件中的 Calibrate$(x, n1, n2, n3)$程序进行赋值。$n1$ 是完全隶属阈值(模糊隶属分数$=0.95$),$n2$ 是交叉点(模糊隶属分数$=0.50$),$n3$ 是完全不隶属阈值(模糊隶属分数$=0.05$)。

在校准之前,为了了解各条件和结果的分布情况,先进行描述性统计分析。具体见表 7-9。

表 7-9　描述性统计分析表($N=229$)

前因条件	均值	最大值	最小值	标准误差
国际学习导向	5.36611	7.00	4.00	0.65629
国际市场导向	5.75546	7.00	4.50	0.57725
环境包容性	5.65939	6.75	4.75	0.45331
环境动态性	5.25218	7.00	3.50	0.73733
关系联结能力	5.21725	6.75	3.50	0.68317
技术创新能力	5.35371	6.75	4.00	0.60781

续　表

前因条件	均值	最大值	最小值	标准误差
结果	—	—	—	—
国际化广度速度	6.44532	37.5000	0.23077	4.65381
国际化深度速度	0.02386	0.13661	0.00004	0.01865

注:由于国际化广度速度和国际化深度速度的最大值、最小值非常小,则保留到小数点后5位。

　　本部分研究采用李克特7分量表对各个条件进行测量,通常的校准方式是将7设为完全隶属的阈值,4设为交叉点,1设为完全不隶属的阈值。然而本部分研究中各个条件的值并不是按照1—7有序分布,而是最小值分布在4左右,因此本部分参考各个条件变量的描述性统计的具体情况确定校准的3个阈值。

　　关于国际化进入后速度快慢的校准,学界的研究还很少,并未形成较为统一的标准。Morgan-Thomas等(2009)利用几个阈值来确定企业国际化速度。例如,企业从国际化开始的10年内在海外市场的销售额占总销售收入的50%,此时该企业就被认为是"快速增长者",其他的企业就可以根据预先设定的阈值被归类为"常规的国际化者"或"迟缓的国际化者"。仅仅从海外销售额的角度来判断企业国际化速度的快慢还不够全面,因此并未得到学界的普遍认同。本部分根据实际收集的样本数据情况进行校准。关于前因条件和结果的校准阈值见表7-10。

表7-10　校准赋值表

前因条件	阈值		
	完全隶属(0.95)	交叉点(0.50)	完全不隶属(0.05)
国际学习导向	6.7	5.4	4.0
国际市场导向	6.8	5.8	4.5
环境包容性	6.6	5.7	4.8

续 表

前因条件	阈值		
	完全隶属(0.95)	交叉点(0.50)	完全不隶属(0.05)
环境动态性	6.8	5.5	4.5
关系联结能力	6.8	5.3	3.5
技术创新能力	6.8	5.4	4.0
结果			
国际化广度速度	20.0	6.0	0
国际化深度速度	0.07	0.02	0

二、必要条件分析

与现有的 fsQCA 的研究步骤一致,笔者在进行组态分析之前先对单项条件(包括其非状态)是否构成结果的必要条件进行检验。如果结果显示一致性水平超过 0.9,则可以认为该条件是结果的必要条件。虽然 Rihoux 等(2009)指出,任何通过必要条件检验的,都可以在真值表程序中剔除。但是,Schneider 等(2012)指出,必要条件作为影响结果的重要条件,若直接剔除,不仅会影响组态分析的完整性,也存在研究结果脱离实际的问题,因而不应把必要条件剔除。但是在求简约解的运算过程中,必要条件经常被剔除,需要在进行组态分析时,将这一条件视为核心条件纳入组态分析(杜运周等,2017)。

(一)国际化广度速度前因条件的必要性分析

表 7-11 显示了国际化广度速度各前因条件的必要性分析结果,其中,关系联结能力的一致性高于 0.9,因此是国际化广度速度的必要条件。

表 7-11　国际化广度速度各前因条件的必要性分析

前因条件	国际化广度速度	
	一致性	覆盖率
国际学习导向	0.778243	0.702645
～国际学习导向	0.679219	0.578679
国际市场导向	0.874876	0.778201
～国际市场导向	0.616457	0.532759
环境包容性	0.841403	0.767888
～环境包容性	0.640267	0.540039
环境动态性	0.779339	0.754024
～环境动态性	0.701634	0.562315
关系联结能力	0.911337	0.823106
～关系联结能力	0.616656	0.525198
技术创新能力	0.880156	0.799331
～技术创新能力	0.617454	0.523170

注:在 fsQCA 法中,"～"是逻辑"非"的符号,在本部分中是指该变量处于较低水平。

(二)国际化深度速度前因条件的必要性分析

表 7-12 显示了国际化深度速度各前因条件的必要性分析结果,其中各个条件的一致性均未达到 0.9,因此,条件中不存在国际化深度速度的必要条件。

表 7-12　国际化深度速度的必要条件分析

前因条件	国际化深度速度	
	一致性	覆盖率
国际学习导向	0.810078	0.788002
～国际学习导向	0.604716	0.555084
国际市场导向	0.782987	0.750376

续　表

前因条件	国际化深度速度	
	一致性	覆盖率
～国际市场导向	0.619510	0.576841
环境包容性	0.766713	0.753886
～环境包容性	0.631807	0.574154
环境动态性	0.705132	0.735036
～环境动态性	0.724457	0.625549
关系联结能力	0.777069	0.756164
～关系联结能力	0.650024	0.596470
技术创新能力	0.757282	0.740975
～技术创新能力	0.651872	0.595088

注:在 fsQCA 法中,"～"是逻辑"非"的符号,在本部分中是指该变量处于较低水平。

三、组态分析

在组态分析之前,先要确定一致性阈值和频数阈值。目前,普遍采用的一致性阈值的最低值是 0.8(Rihoux et al.,2009),这是一个相对宽松的一致性阈值,而更加严格的一致性阈值是 0.9。本部分研究的真值表中的一致性数值都较高,故将一致性阈值设为 0.9。

频数过低,得出的组态覆盖率将会提高,频数过高,组态的一致性会增强,因此,确定一个合适的频数阈值十分重要。频数阈值的确定需结合试图提供的解的经验相关性情况及研究者对案例的熟悉情况。Schneider 等(2012)指出,频数阈值的确定应该根据样本量而定,当样本规模较大时,频数阈值也应相应的增加。本部分研究的样本量是 229,大大超过了基础的样本量要求(2^6),因此可以选择较高的频数阈值。由于频数阈值的选择不能低于样本量 75% 的覆盖度,本部分研究将频数阈值设为 3。

　　在确定一致性阈值和频数阈值之后,通过标准分析法(Standard Analysis)可以得到3种类型的解:"复杂解"(没有使用"逻辑余项")、"简约解"(使用了所有的"逻辑余项")和"中间解"(只使用了有意义的"逻辑余项")。根据"简约解"的结果,得出结果变量产生的"核心条件"。本部分研究遵循 Ragin 等(2008)的组态结果呈现方法,使用大圈●表示"核心条件",小圈•表示"辅助条件",大圈⊗表示"核心条件"缺失,小圈⊗表示"辅助条件"缺失。通常来说,"中间解"要优于"复杂解"和"简约解",是与现实更为接近的解,因此,为与现有研究一致(Fiss,2011),本部分呈现"中间解"的结果,辅之以"简约解"。

(一)国际化广度速度的驱动因素分析

　　国际化广度速度的前因分析共得到3种不同类型的组态(见表7-13),这说明较快国际化广度速度的驱动因素是多重并发性的。

表 7-13　较快国际化广度速度的前因组态

前因条件	国际化广度速度的前因组态			
	组态 1a	组态 1b	组态 2	组态 3
国际学习导向	•			
国际市场导向		•	•	•
环境包容性			●	•
环境动态性				●
关系联结能力				●
技术创新能力	●	●		
一致性	0.871703	0.863756	0.893027	0.913309
原始覆盖度	0.727635	0.812214	0.616258	0.670652
唯一覆盖度	0.024905	0.055987	0.022415	0.0064755
总一致性	0.809119			
总覆盖度	0.891014			

注:表格空白处表示在组态中该条件可存在,也可以不存在。

从表 7-13 可以看出,3 种组态的总一致性约为 0.81,高于 0.75 的可接受阈值水平;总覆盖度约为 0.89,说明 3 种解具有很强的经验相关性。基于这 2 个数据,可知这 3 种组态是中国装备制造企业达到较快国际化广度速度的充分条件组合,具有很强的解释性。

接下来,对较快国际化广度速度的 3 种前因组态进行具体的分析。

组态 1 中包含 2 种类型,即组态 1a(国际学习导向×技术创新能力)和组态 1b(国际市场导向×技术创新能力),这 2 种类型有着相同的核心条件(技术创新能力),但边缘条件有所不同。这说明,中国装备制造企业在进行国际化的广度扩张时,自身的技术创新能力发挥了核心作用,企业管理者具备的强国际化动机(国际学习导向和国际市场导向)发挥了辅助作用。国内的很多企业就是如此,虽然技术水平较高,但是由于管理者思想比较封闭,依然没有"走出去"。

组态 2(国际市场导向×环境包容性)中,环境包容性是核心条件,国际市场导向是辅助条件。这说明,一些中国装备制造企业的国际化进入后速度在很大程度上受到了环境包容性的影响,即当企业所处的环境越稳定,政府对国际化的支持度越高,企业越容易获得各种资源,越有可能进入更多的国家。但是这会受到管理者自身的国际市场导向的影响。也就是说,如果管理者自身没有开拓国际市场的想法,外部环境的包容性再强,企业也不太会"走出去"。

组态 3(国际市场导向×环境包容性×环境动态性×关系联结能力)中,环境动态性和关系联结能力是核心条件,国际市场导向和环境包容性是辅助条件。这表明,当一些具有较强外部关系联结能力的中国装备制造企业,处于不确定性环境当中时,会为了分散经营风险而加速向更广阔的国际市场进行扩张,这与"不将鸡蛋置于同一个篮子"是同样的道理。但是,这在一定程度上会受到管理者自身的国际市场导向及环境包容性的影响。

在 3 种组态当中,组态 3 的一致性最高,达到了 0.913309,说明这一组态解释条件子集的程度很高。组态 1b 的原始覆盖度最高,为 0.812214,说明这一组态能够解释的案例最多。比较组态 1b 和组态 2 可以看出,企业的技术创新能力和环境包容性存在明显的替代性关系,说明这 2 个条件无须同时存在(1+1<2)就可以和同一条件(国际市场导向)导致结果产生。这也在一定程度上说明了环境包容性和技术创新能力是降低企业更快进行国际化广度扩张风险的重要因素。

(二)国际化深度速度的驱动因素分析

对较快国际化深度速度的前因分析共得到 3 种不同类型的组态,这说明较快国际化深度速度的驱动因素是多重并发性的。从表 7-14 可以看出,3 种组态的总一致性约为 0.87,高于 0.75 的可接受阈值水平;总覆盖度约为 0.76,说明 3 种组态具有较强的经验相关性。基于这 2 个数据可以说明,这 3 种组态是中国装备制造企业较快国际化深度速度的充分条件组合,具有很强的解释性。

表 7-14　较快国际化深度速度的前因组态

前因条件	国际化深度速度的前因组态			
	组态 4	组态 5a	组态 5b	组态 6
国际学习导向	●	●	●	
国际市场导向	●			●
环境包容性		•		●
环境动态性		●	●	⊗
关系联结能力			•	•
技术创新能力			•	•

续　表

前因条件	国际化深度速度的前因组态			
	组态 4	组态 5a	组态 5b	组态 6
一致性	0.890356	0.899235	0.903518	0.921901
原始覆盖度	0.673509	0.575959	0.553306	0.457328
唯一覆盖度	0.071937	0.027092	0.010449	0.031438
总一致性	0.868551			
总覆盖度	0.761258			

注：表格空白处表示在组态中该条件可存在，也可以不存在。

接下来，对较快国际化深度速度的 3 种前因组态进行具体的分析。

组态 4（国际学习导向×国际市场导向）中 2 个条件都是核心条件，说明样本中国装备制造企业中部分企业的国际化深度速度完全受管理者动机影响，当管理者同时具备很强的国际学习和国际市场动机时，企业会更加快速地进行国际市场的深度开拓和耕耘。同时国际化的深度扩张，更有助于企业挖掘外部市场中的资源和机会。同时具备这 2 种动机的管理者，具有很强的成长动机，会在国际市场中充分寻求成长机会和有效资源，因而相关企业更有可能进行深度扩张。

组态 5 包含 2 种类型，即组态 5a（国际学习导向×环境包容性×环境动态性）和组态 5b（国际学习导向×环境动态性×关系联结能力×技术创新能力），在 2 个组态中，国际学习导向和环境动态性是共有的核心条件，其余为辅助条件。在组态 5a 中，除了 2 个核心条件之外，企业所处的外部环境发挥了更大的作用，更趋向外部驱动。在组态 5b 中，企业的能力发挥了更大的作用，更趋向内部驱动。

组态 6（国际市场导向×环境包容性×～环境动态性×关系联结能力×技术创新能力）中国际市场导向、环境包容性及～环境动态性是核心条件。这一组态存在的情境与其他组态有很大的差异,是在环境稳定状态下的组态,这一组态中的条件组合最为复杂。这表明,当环境很稳定时,企业可能会产生路径依赖或风险意识降低。这与浦贵阳(2014)的观点较为一致。他指出,在外部环境处于高度动态性的情况下,组织对外部的防范动机会增强,企业会有很高的风险意识,此时企业会有强烈的求变和发展意识。而当企业处于稳定的外部环境中时,企业则需要更多的因素驱使其进行国际化深度扩张,这通常与企业的惰性有关。

在 3 种组态中,组态 6 的一致性最高,达到了 0.921901,说明这一组态解释变量子集的程度很高。组态 4 的原始覆盖度最高,为 0.673509,说明这一组态所能解释的案例数最多。比较组态 5b 和组态 6 可以看出,在企业具备一定的关系联结能力和技术创新能力,且处于动态环境下时,具有一定国际学习导向的管理者会带领企业进行较快的深度国际化扩张。而处于稳定环境下的企业,则需要同时具备管理者具有国际市场导向和环境包容性这 2 个条件,才会进行较快的国际化深度扩张。这说明,相较于稳定的外部环境,处于动态环境下的企业更有可能进行国际化深度扩张。

(三)比较分析

国际化广度速度和国际化深度速度是国际化进入后速度的 2 个方面。通过样本描述性分析可以看出,当前中国装备制造企业的国际化广度速度较快(均速达到了 6.445),而国际化深度速度较慢(仅为 0.023),虽然这 2 种速度的测量方式有所差异,但是也能看出 2 种速度呈现很明显的不均衡状态。因此,有必要对国际化广度速度和国际化深度速度进行比较分析,以找出二者驱动条件的差异。

首先,从组态结构来看,国际化深度速度的组态结构更为复杂和

多样。一方面,从核心条件的数量来看,国际化广度速度的前因构型
中组态1和组态2的路径都只有一个核心条件,而国际化深度速度
的前因组态中的核心条件都是2个或2个以上;另一方面,从前因组
态的条件总数来看,国际化广度速度的组态1和组态2都只有2个
条件,而国际化深度速度中除了组态4只有2个条件之外,其余都有
3个以上的条件。这说明企业进行较快国际化深度扩张所需要的前
提条件更多,也说明了国际化深度扩张对企业的要求更多。在国际
化深度速度的前因组态6中,出现了"~环境动态性"这一核心条件,
说明国际化深度速度产生的环境条件更为丰富、多样。

其次,从条件的类型来看,不同类型的前因条件在2种速度中所
起的作用有所差异。在国际化广度速度中,管理者的国际化动机都
发挥辅助条件的作用。而在国际化深度速度当中,管理者的国际化
动机在每个组态中都发挥了核心条件的作用。在国际化广度速度
中,企业的能力发挥了核心条件的作用,而在国际化深度速度中,企
业的能力仅发挥了辅助条件的作用。这说明,国际化广度速度更多
的是一种能力驱动的结果,而国际化深度速度则是管理者认知驱动
的结果,企业在进行国际化深度扩张时,管理者的认知和倾向性是起
决定性作用的因素。无论是国际化广度速度还是国际化深度速度,
企业内部因素都是重要的影响因素,本部分研究的定性比较结果与
徐雨森等(2014)的案例研究结果具有一致性。

最后,在国际化广度速度的前因组态中,环境包容性所发挥的作
用比环境动态性更强。这说明,在影响企业国际化广度速度的外部
环境中,营造包容性外部环境更重要,此时,政府这一"看得见的手"
比市场这一"看不见的手"发挥着更大的作用。在国际化深度速度的
前因组态中,环境动态性所发挥的作用比环境包容性更强。这说明,
当涉及更多投入决策时,企业会更加注重对市场环境的分析。

四、稳健性分析

Schneider 等(2012)指出,定性比较分析法中的稳健性检验主要有 2 种方法,一种是调整一致性阈值,另一种是改变校准阈值。当采用这 2 种方法进行检验时,若得到的组态结构变化不显著,或不同组态的拟合指标(一致性水平和覆盖度)变化较小,则说明研究结果的稳健度较高。反之,稳健度则较低,不具有普适性。这与黄嫚丽等(2019)的研究一致,本部分主要采用第二种方法,即用改变校准阈值的方法进行稳健性检验。

其一,对国际化广度速度进行稳健性检验。本部分将国际化广度速度的校准阈值由$(20,6,0)$变为$(18,6,0)$,得到的组态(见表 7-15)与原来的组态一样,未发生变化。而组态的 2 个拟合指标仅产生了细微的变化,总一致性由 0.809119 上升到 0.818527,总覆盖度由 0.891014 降为 0.883249。这表明,虽然校准阈值有所改变,但是研究结果并未产生显著变化,说明研究结果的稳健性较高。

表 7-15 较快国际化广度速度的前因组态的稳健性检验

前因条件	国际化广度速度的前因组态			
	组态 1a	组态 1b	组态 2	组态 3
国际学习导向	●	●		
国际市场导向			●	●
环境包容性			●	●
环境动态性				●
关系联结能力				●
技术创新能力	●	●		
一致性	0.877193	0.871914	0.894615	0.917107
原始覆盖度	0.717493	0.803397	0.604939	0.659898

续　表

前因条件	国际化广度速度的前因组态			
	组态 1a	组态 1b	组态 2	组态 3
唯一覆盖度	0.026552	0.058473	0.022159	0.0066381
总一致性	0.818527			
总覆盖度	0.883249			

注：表格空白处表示在组态中该条件可存在，也可以不存在。

其二，对国际化深度速度进行稳健性检验。本部分将国际化深度速度的校准阈值由(0.07,0.02,0)变为(0.06,0.02,0)，得到的组态(见表 7-16)与原来的组态一样，未发生变化。而组态的 2 个拟合指标仅产生了细微的变化，总一致性由 0.868551 上升到 0.871188，总覆盖度由 0.761258 降为 0.749093。这表明，虽然校准阈值有所改变，但是研究结果并未产生显著变化，说明研究结果的稳健性较高。

表 7-16　较快国际化深度速度的前因组态的稳健性检验

前因条件	国际化深度速度的前因组态			
	组态 1	组态 2a	组态 2b	组态 3
国际学习导向	●	●	●	
国际市场导向	●			●
环境包容性		●		●
环境动态性		●	●	⊗
关系联结能力			●	●
技术创新能力			●	●
一致性	0.892677	0.90039	0.904122	0.922647
原始覆盖度	0.662464	0.565766	0.543179	0.449021
唯一覆盖度	0.071753	0.02694	0.010250	0.031023
总一致性	0.871188			
总覆盖度	0.749093			

注：表格空白处表示在组态中该条件可存在，也可以不存在。

第七节 本章小结

现有研究中关于国际化速度前因条件的实证检验较多,但是采用整合性的视角进行研究的文章还很少。本部分基于 MOA 视角进行研究,是对国际化速度前因研究的丰富与拓展。在选择 MOA 视角时,对这一视角运用于本部分的恰当性进行了充分的分析。在此基础上,首先分别从动机、机会和能力 3 个方面提取了 6 个前因条件,其次采用问卷调查的方式获取各个条件(包括前因条件和结果条件)的一手数据,再次采用 SPSS 25.0 软件进行描述性分析、信效度分析,最后采用 fsQCA 3.0 软件进行数据的校准分析、必要性分析及组态分析。结果显示,较快国际化广度速度的前因组态主要有 3 种,较快国际化深度速度的前因组态也有 3 种。国际化广度速度的前因组态有:组态 1a(国际学习导向×技术创新能力)和组态 1b(国际市场导向×技术创新能力),组态 2(国际市场导向×环境包容性),组态 3(国际市场导向×环境包容性×环境动态性×关系联结能力)。国际化深度速度的前因组态有:组态 4(国际学习导向×国际市场导向),组态 5a(国际学习导向×环境包容性×环境动态性)和组态 5b(国际学习导向×环境动态性×关系联结能力×技术创新能力),组态 6(国际市场导向×环境包容性×～环境动态性×关系联结能力×技术创新能力)。在对 2 种速度的前因组态进行比较分析时发现:国际化深度速度的组态结构更为复杂和多样;不同类型的前因条件在 2 种速度中所起的作用有所差异,在国际化广度速度中,企业的能力是主要的前因条件,而在深度国际化速度中,管理者的国际化动机是主要的前因条件;在国际化广度速度中,环境包容性所发挥的作用比环境动态性更强;在国际化深度速度中,环境动态性所发挥的作用比环境包容性更强。最后,本章进行了稳健性检验,发现2种国际化进入后速度的前因组态未发生较大变化,仅一致性和总覆盖度发生了细微的变化,因此可以说明,研究结果的稳定性较高,具有一定代表性。本部分采用的定性比较分析法,在国际化速度领域使用较少,丰富了这一领域的研究成果。本部分得出的具体结论,能够为企业制定具体的国际化进入后速度决策提供参考。

第八章 结论与启示

第一节 研究结论

随着全球化程度的不断加深,越来越多的中国装备制造企业走出国门进入国际市场,参与全球化竞争。但是,与发达国家的跨国公司相比,中国装备制造企业的国际化起步晚、起点低、基础差,在国际市场中的发展并不总是十分顺利,亟须在制定恰当的国际化战略决策方面寻求指导和建议。国际化路径、国际化速度是国际化战略决策的重要内容,然而我国学界对装备制造企业的国际化路径尤其是国际化速度的研究还很少,因而对这些方面进行研究尤显迫切。本书从全球化重构的背景出发,围绕"本土装备制造企业的国际化发展"主题进行了研究,主要得出了以下几个方面的结论。

(1)关于国际化发展路径的研究结论。在整合前人研究成果的基础上,本书划分了国内装备制造企业参与 GVC 的主要类型,总结了中国后发装备制造企业参与 GVC 的阶段特征,构建了后发装备制造企业参与 GVC 的跃迁路径。具体结论有:①依据缔约方之间议价、协商权力平衡度,将 GVC 划分为市场型、模块型、关系型、俘获型和层级型 5 种类型;②从知识编码指数、发展潜力指数、生产复杂指数判断中国装备制造企业参与 GVC 的主要类型为俘获型,后发装备制造企业参与 GVC 过程中"被俘获"的高危期为升级阶段;③中国装备制造企业"逃离"俘获型价值链,构建自主型价值链,可以从价值链转型与链外升级 2 条路径中进行选择。

(2)关于国际化进入后速度与创新绩效关系的研究结论。①国际化进入后速度与创新绩效存在倒 U 形关系。笔者基于 MOA 理论,分别从动机、机会和能力 3 个方面分析了国际化广度速度和国际化深度速度与中国装备制造企业创新绩效间的关系,从动机和机会的角度来看,2 种进入后速度都对企业创新绩效产生积极的影响,但是从能力的角度分析,在时间压缩不经济的情况下,学习能力、收益一成本协调能力存在一定刚性,当 2 种国际化进入后速度超出某一临界点时,速度越快,企业的创新绩效反而越低,据此,本书提出了倒 U 形关系的假设,并且这一假设通过了实证检验,结果显著。本书得出的这一结论,与 Chang(2007)针对新兴经济体国家企业特点提出的新三阶段模型的第二阶段至第三阶段的状态较为一致。在这一模型中,处于第二阶段的新兴经济体国家的国际化企业的绩效收益最大,因此,要尽可能维持在第二阶段的状态,减缓迈向第三阶段的步伐。②管理者的资源警觉性在国际化进入后速度与创新绩效的倒 U 形关系中起着调节作用。国际化进入后速度和创新绩效之间关系的重要内容包含了资源的识别、整合、利用,因此本书引入了资源警觉性这一情境变量,以检验管理层的资源警觉性是否发挥作用。实证结果显示,资源警觉性的调节作用显著,起着重要的调节作用。这说明,管理者的资源警觉性能强化国际化进入后速度对创新绩效的积极影响。中国装备制造企业在进行国际化扩张时,尤其是当企业处于能力刚性,且外部资源十分丰富时,要注重管理者的资源警觉性所发挥的作用。③技术复杂性在国际化进入后速度与创新绩效倒 U

形关系中的调节作用不显著。笔者试图从产品结构特性的角度引入情境变量,就制造企业而言,不同类型产品的技术复杂性存在一定的差异,这种差异是否会对企业的国际化进入后速度产生影响,还未有学者进行研究,本书进行了探索性检验。实证结果显示,这一因素的调节效应不显著。这说明现阶段,装备制造类产品的技术复杂性还没有对企业的国际化进入后速度和创新效应产生显著的影响。

(3)关于国际化进入后速度的前因组态的研究结论。较快国际化进入后速度是多个因素共同作用的结果,且较快国际化广度速度和较快国际化深度速度形成的前因组态有所差异。笔者首先基于MOA理论,从动机、机会和能力3个角度提取了6个前因条件,分别为国际学习导向、国际市场导向、环境包容性、环境动态性、关系联结能力和技术创新能力;其次,采用基于模糊集合理论的 fsQCA 法,分别对这6个条件与国际化广度速度和国际化深度速度的关系进行定性比较分析。①在进行必要性分析时,发现关系联结能力是国际化广度速度的必要条件,而在国际化深度速度的必要条件中没有发现这一必要条件。②在进行组态分析时,发现国际化广度速度和国际化深度速度的前因组态都是3种,但是有所区别。国际化广度速度的前因组态有:组态 1a(国际学习导向×技术创新能力)和组态 1b(国际市场导向×技术创新能力),组态 2(国际市场导向×环境包容性),组态 3(国际市场导向×环境包容性×环境动态性×关系联结能力)。国际化深度速度的前因组态有:组态 4(国际学习导向×国际市场导向),组态 5a(国际学习导向×环境包容性×环境动态性)和组态 5b(国际学习导向×环境动态性×关系联结能力×技术创新能力),组态 6(国际市场导向×环境包容性×~环境动态性×关系联结能力×技术创新能力)。通过比较分析,可以发现,在国际化广度速度中,企业自身的能力是关键的前因条件,而在国际化深度速度中,管理者的国际化动机则是主要的前因条件。从前因组态的整体来看,国际化深度速度的前因组态更为复杂。据此可以看出,国际化深度速度所需要的前因条件更多,对企业的要求更高。

以上这些研究结论,对中国装备制造企业的国际化决策都具有一定的参考价值。企业在进行国际化扩张时,要对自身所处的内外部环境进行评估,判断是否具备国际化发展的良好条件。在国际化扩张过程中,要注意寻找最适合自己的发展路径和扩张速度。在路径上,企业要综合评估外部环境、自身业务特点及能力,选择一条最适合的发展路径;在速度上,企业要警惕发展速度超过速度阈值,避免陷入"欲速则不达"的困境。此外,本土装备制造企业在进行国际化扩张时要时刻保持高度的资源警觉性,注重挖掘具有一定增长潜力和前沿性的知识资源。企业要善于用本土化发展的理念与海外市场进行深度联结,在国际市场充分挖掘可获得、可购买和可利用的各种资源。

第二节　研究贡献

过去关于企业国际化的研究主要将重点放在国际市场进入方式、进入模式等静态特征上(Goerzen et al.,2003),而对国际化扩张的动态特征则研究较少。目前学界虽然对企业的国际化速度问题进行了一定的研究,但是关于国际化速度的内涵、国际化速度的驱动因素及国际化速度对绩效影响的研究却非常零散和杂乱,缺少一个整合性的框架。目前以国际化速度为主题的研究中,关于发达国家跨国企业的研究较为丰富,但是新兴经济体国家跨国企业的国际化速度,尤其是国际化进入后速度仍未被深入探索。本书将国际化进入后速度划分为国际化深度速度和国际化广度速度，并分别研究了这 2 种速度的前因变量及对企业创新绩效的影响，这是对国际化速度研究的延伸和拓展。具体而言，本书的理论意义体现在以下几个方面。

（1）对新国际形势下 GVC 治理模式的类型进行了总结。本书依据当前 GVC 嵌入的最新情境，对已有的价值链综合评定指标进行了归纳和调整，重新总结了新国际形势下的 GVC 类型。并且将价值链评定指标与王直等（2015）提出的贸易增加值核算方法融合在一起，首次从数理角度判定了国内装备制造企业参与 GVC 的主要类型，具有一定的突破性。

（2）将"一带一路"区域价值链构筑纳入 GVC 升级的框架，丰富了 GVC 升级研究。本书在 GVC/NVC 双重嵌入的基础上，提出了GVC/NVC/IRVC 多重嵌入的观点，并分析了这一思路的可行性和实现机制，具有一定的启发性。

（3）对国际化进入后速度进行了解构式研究。关于国际化速度的现有研究中，对初始国际化速度的研究较多，专门研究国际化进入后速度的文献还很少。本书在界定国际化进入后速度内涵的基础上，基于二元化的视角，将国际化进入后速度划分为国际化广度速度和国际化深度速度，并研究了这 2 种速度的前因和绩效影响，这是对国际化速度研究的进一步深化，有助于国际化速度领域研究的纵深发展。

（4）对国际化进入后速度与创新绩效间关系的研究是对国际化速度效应研究的丰富。现有研究中关于国际化速度和企业绩效关系的研究结论存在着诸多不一致，原因之一是研究情境的差异。本书通过充分的理论分析和对中国装备制造企业的实证检验，为国际化速度与绩效的矛盾关系提供有力的解释。本书研究的绩效是创新绩效,在国际化速度领域对这一绩效的研究还很少。本书通过解构核心概念,探索国际化进入后速度的不同维度与企业创新绩效间关系的形态。国际化是中国装备制造企业嵌入全球价值网络的路径,创新是中国装备制造企业向 GVC 高端环节攀升的着力点,这一部分的研究拓宽了对装备制造企业转型升级方面研究的思路。

(5)研究证实了管理者的资源警觉性在国际化进入后速度对创新绩效影响中的重要作用。目前,管理者的资源警觉性在创业领域研究得较多,但是在国际商务领域研究得较少,本书将管理者的资源警觉性作为情境变量纳入研究,拓宽了管理者资源警觉性的研究边界,丰富了国际化速度的研究内容。

(6)对国际化进入后速度的影响因素进行整合性研究是对现有研究的拓展。就目前而言,学界采用整合性分析框架来研究国际化速度影响因素的文章还很少。运用组态视角探究国际化速度的驱动因素具有一定的新颖性。现实中的管理者通常需要做复杂的综合性决策,因此要进行整体性考虑,而不是仅仅考虑某一个方面。国际化速度虽然只是企业国际化战略决策的一部分内容,但是管理者在制定这一战略时需要结合内外部环境/因素进行通盘分析,才能选择恰当的时机,以恰当的速度进行国际化扩张。近些年,定性比较分析法在战略管理领域已有一些应用,但是在国际化速度领域还未涉及。国际化速度的前因研究还普遍是单一层次的,多层次的整合性、联动性研究还十分少见。本书基于定性比较分析法研究多重并发因果关系,有助于丰富国际化速度驱动因素的研究,为管理者制定相关战略决策提供一个整合性框架。采用这一方法研究国际化速度问题,不仅能丰富这一领域的研究成果,也拓展了定性比较分析法的适用情境。

第三节　研究展望

共建"一带一路"倡议的稳步推进,为中国装备制造企业的国际化发展创造了良好的条件,中国的装备制造业掀起了"走出去"热潮。但是在国际环境日益复杂的情境下,越来越多的企业对于如何进行有效的国际化发展存在着困惑。应该采取何种路径进行国际化发展?中国装备制造企业在国际市场当中是否走得越快就越好?国际化扩张速度受到哪些因素的影响?这些都是值得研究的重要问题。本书在研究过程中,遵循科学的研究逻辑,对"本土装备制造企业的国际化发展路径、速度及其与创新之间的关系"进行了研究,得出了具有较强现实意义和理论意义的结论。囿于本书研究对象涉及因素的复杂性,笔者自身能力的有限性及时间、成本等资源的局限性,虽然尽可能地进行了深入细致的研究,但是还存在一些不足,未来可进一步进行拓展和完善。

(1)本书关于中国装备制造企业国际化发展路径的研究还比较粗浅,未来可以进行更加深入的案例研究,以深度揭示中国装备制造企业进行国际化发展的内在机理。装备制造企业的类型很多,有技术导向型的,也有资金导向型的和成本导向型的,不同类型的装备制造企业的国际化扩张动机、需求、路径也不一样,未来可更深入地收集案例资料,对某一种类型的装备制造企业进行深度研究,或者对不同类型的装备制造企业进行比较研究,所得到的研究结果的实践性将会更强。

(2)因为本书选择的研究对象较为具体,获得二手数据的难度较大,所以选择以问卷调查的方式收集一手数据。但是受限于数据获取难度大,本书虽然获得了较为充分的一手数据,但是这些数据的完全随机性还不够,未能均匀分布于装备制造业的不同领域,数据的代表性不足。此外,国际化进入后速度是一个动态的概念,但是本书收集的是横截面数据,使用平均速度进行研究,未能显示出国际化进入后速度在时间序列上的差异性。未来可对企业进行追踪式研究,收集不同年份的企业国际化进入后速度的相关数据,将能更好地刻画出国际化速度的变化形态。

(3)在企业国际化进入后速度与创新绩效的关系中存在很多其他的情境影响因素,未来可进一步挖掘。国际化进入后速度与企业绩效间的关系一直存在着很多自相矛盾的结论。本书探索了资源警觉性和技术复杂性在上述二者关系中所发挥的调节作用,验证可知,资源警觉性的调节作用显著,而技术复杂性的调节作用不显著。未来可以深入研究高管或高管团队层面的其他因素,引入其他情境变量,以进一步丰富国际化速度的相关研究。

(4)国际化进程时间维度的研究包含国际化速度和国际化节奏,本书对国际化速度进行了深入的研究,但是还未涉及国际化节奏的研究。国际化节奏指的是企业在进入国际市场后在不同时点上的速度变化情况,其具有更强的时间敏感性,因而对数据的要求也更高。在条件允许的情况下,未来可进一步开展对中国装备制造企业国际化节奏的研究,探讨中国装备制造企业进入国际市场后扩张速度的变化形态,总结不同形态的规律及产生的影响,这将会为企业制定国际化扩张决策提供更加有效的参考。

第四节　实践启示

创新是中国装备制造企业升级的根本,是其攀升至 GVC 高端环节的关键。国际市场环境相较于国内市场环境动态性和复杂性更强,尤其是在全球化重构的情境下,找到"走好国际化之路"的方案显得更加重要。中国装备制造企业在进行国际化发展时,先要充分"修炼内力",做好准备,打好基础,才能充分挖掘外部的有效资源,在"内外兼修"的过程中抓住机会,稳步升级。行业协会作为第三方组织机构,则需要提升自身的服务能力,为中国装备制造企业的资源整合和国际合作创造更好的条件和机会。政府作为"看得见的手",应该为中国装备制造企业的国际化发展提供充足的保障,为其创造良好的外部联结条件。

一、企业层面

(一)强化自主创新意识,加大技术研发投入

相对于一般消费品,装备类产品的技术创新周期更长、投入更多、难度更大。在创新的过程中,既需要精神层面的驱动,也需要物质层面的支撑。在精神层面,企业内部的管理者和员工都需要增强创新意识。而这种创新意识的形成,主要是靠自身的内驱力,这就需要企业塑造一种坚持不懈、与时俱进、勇于超越的企业文化。在物质层面,技术创新是不断试错的过程,需要人、财、物的持续投入。国际知名的装备制造企业的研发投入比普遍很高,而中国装备制造企业的研发投入比还比较低,需要有所提升。

（二）及时进行数字化转型，提升资源整合能力

装备制造的模块化特征决定了产业发展的高外部链接性。要想持续发展，就需要有效识别和利用外部有益的资源和要素，尤其是"一带一路"区域价值环流中的有益资源和要素，构建完善的产、供、销体系，与其他配套企业及顾客进行充分的联结与互动。信息技术的发展，为装备制造企业进行国内外资源搜寻、获取、整理、整合和利用创造了便利的条件。企业应该及时进行数字化转型，提升与外部链接的效率，提升资源整合能力。在进行数字化转型的过程中，需要提高数字化决策能力、数字化管控能力和数字化整合能力，才能充分利用科学技术发展带来的便利。

（三）提升机会识别能力，找准市场接入节奏

在国际环境高度动态性的背景下，国际市场的进入风险在增加，进入难度在增大。而全球市场具有更为广阔的市场空间和更为丰富的资源。装备制造企业在何时、以何种方式安全地进入全球市场是一个难点，这就需要装备制造企业的管理者具有丰富的经验和很强的资源警觉性及前瞻性，企业在组建管理团队，尤其是组建海外管理团队的过程中，要进行有效的选择。相对于在国内市场的扩张，国际化扩张的风险更大，面临的文化差异更大，当企业的管理者具有很强的资源警觉性时，就能在广阔的国际市场上寻找互补性和替代性资源，而不是盲目地增加资源的投入，增加企业运营的难度。这对于当前的本土装备制造企业十分重要，当有发达国家实施贸易制裁或发布出口管制实体清单时，我们就能够从容应对，而不是陷入被动挨打的局面。此外，当企业的管理者具有很强的资源警觉性时，就会对企业的现有资源进行有效的重组和利用，从而缓解时间压力下企业能力刚性的问题。管理者的资源警觉性一方面与管理者自身的经验及

知识储备有关,另一方面与管理者的注意力相关,因此企业需要从多个方面对管理者进行选拔、评估,定期开展各种相关培训活动,或鼓励管理者多出去学习,帮助管理者增强资源警觉性。

(四)制定国际化战略规划,恰当选择进入速度

本书的实证研究结果显示,国际化速度与企业的创新绩效呈现倒 U 形关系。并不总是国际化速度越快,企业的创新绩效越高,要警惕"欲速则不达"的问题。因此,企业需要规划合理的国际化扩张路径,根据企业自身的市场定位选择适当的国际化速度。许多中国装备制造企业盲目进行国际化,没有将国际化上升到战略高度,缺乏长远规划,没有把握好正确的国际化速度,致使国际化的效果不好。本土装备制造企业需要结合自身的能力,在效益—风险的平衡中选择最适合自己的扩张路径和扩张速度。

整个国际市场可以划分为两种类型,一是以印度、越南、巴西为代表的亚非拉美发展中国家,二是以美日欧为代表的发达国家和地区。本土装备制造企业在国际化扩张过程中进行目标市场选择时有 4 种路径:①先向发展中国家再向发达国家扩张,这是一种逐步推进式的路径,选择这种路径,国际化速度会比较慢;②先向发达国家再向发展中国家扩张,这是一种反向扩张路径,选择这种路径,国际化速度往往会有先慢后快的特点;③一直向发展中国家扩张,这是一种平稳推进式的扩张路径,这种路径下的国际化速度有着逐步加快的特点;④先进入中等发展水平的国家再向低发展水平的国家和发达国家市场扩张,这是一种双向延伸式的扩张路径,选择这种路径,国际化速度的波动较大。选择不同的路径,国际化扩张的速度也会有所差异,企业需要根据自身的能力条件及产品特点进行选择。

（五）持续深耕"一带一路"，不断优化国际布局

当前，中国装备制造业正面临着"大而不强"的问题，与发达国家相比还存在很大的差距，迫切需要转型升级。本书研究结果显示，若国际化进入后速度保持在适度的水平，就能对企业的创新绩效起积极的促进作用。本土装备制造企业要充分利用共建"一带一路"倡议带来的"走出去"红利，积极对接政府的产业发展需求，进行合理的国际市场布局，充分利用国际市场上的资源和平台，构筑自主型价值网络，不断提升竞争力。一般而言，企业能够接触到的创新知识主要来源：①市场型组织，包括供应商、客户、竞争对手、战略联盟、咨询顾问、研发企业或商业型实验室；②专业型组织，包括高校、政府研究机构、私人研究机构、其他公共部门；③其他非正式来源，包括专业会议/论坛、商会/行业协会、专业性或行业性出版物、计算机数据库。中国装备制造企业在进入某一国际市场时，要注意对这些可能会存在创新知识源的机构、组织等进行重点搜索，只有这样，才能充分挖掘国际市场中的有益资源，将国际市场的效用发挥至最大。

二、政府层面

（一）进一步畅通外部联结，提高跨界搜索效果

跨界搜索是本土高端装备制造企业获取国际资源的主要方式。虽然政府已经在建立共建"一带一路"倡议的互联互通机制及国际合作机制等方面做了很多努力，为本土装备制造企业的跨界搜索创造了较好的条件，但目前本土装备制造企业进行跨界搜索的风险和难度依然存在，企业在获取、理解和整合这些新知识的过程中仍然面临诸多不确定性。风险方面，除了一些共建国家政局不稳、社会动荡之

外,对本土装备制造企业影响更大的其实是汇率风险、法律风险和环境风险。难度方面,主要是签证难、搜索成本过高及较大的文化差异等。因此,与其他国家的互联互通机制仍需要继续完善,在扩大合作范围的同时还需要不断提升合作的质量,打通生产要素在区域内的流通渠道,进一步优化自贸区的运营机制,形成开放型合作系统,让商品、资金、信息和人员充分流动起来,为跨界搜索提供顺畅化、便利化和快捷化的环境,真正实现区域内的大流通。

(二)强化政策引导,有序推动境外合作

政府需要理性认识中国装备制造企业加速国际化的现状,不能盲目、片面地认为这种加速国际化现象一定有助于企业对接全球价值网络,进而实现转型升级,也要意识到其中蕴含的挑战和风险。政府在鼓励企业"走出去"的过程中,还需要做好帮扶工作。一些装备制造企业为了尽快地"走出去",前期的风险评估和调查不够充分,不合规现象较多,导致海外市场对中国企业的评价不高。政府可以通过建立中介服务机构:①对企业进行培训,让它们了解企业进入国际化运营的前后需注意的事项;②及时发布海内外行业相关信息,响应企业对信息资讯的需求;③定期跟进中国装备制造企业在海外的经营情况,并将这一情况反馈给行业内还未进入国际市场的企业,为这些企业未来更好地"走出去"提供决策参考。

(三)搭建经验分享平台,提供更多学习机会

目前中国装备制造业中,许多企业的管理者缺乏海外学习经历,对国际市场的感知能力不强。一方面,政府可以搭建交流和学习平台,为企业管理者创造向国际商务专家学习的机会,以帮助中国装备制造企业了解更多的国际商务相关的知识;另一方面,政府可以多组织行业间和行业内的经验交流活动,让中国装备制造企业在相互学

习和相互总结的过程中,提高国际商务经营能力。此外,政府还可以多组织中国装备制造企业去国外领先制造企业进行参观学习,了解一些标杆企业的先进经验。

三、行业协会层面

(一)引导企业间高效合作,推进创新资源聚合

装备制造业有着较长的产业链,不同的企业参与其中的某一个环节或某几个环节。不同的企业在一些方面具有优势,在另一些方面存在着不足,中国装备制造企业若要实现在价值链上的跃迁,就必须与其他企业合作配合,才能取长补短、优势互补。高效整合全球范围内装备制造业的上下游资源,进行突破式创新,是突破现实瓶颈的关键。行业协会作为代表某一特定行业企业利益的组织,在整合行业资源方面有着明显的优势。行业协会应该积极组织各种国内外对话机制,或者搭建合作平台,改善行业内信息不对称的情况,强化国内外企业间的合作,为企业建立合作联盟"穿针引线",助力中国装备制造企业更加有效地进行国际化发展。

(二)完善国际化服务能力,充分发挥纽带作用

在国际对话过程中,行业协会扮演着重要的桥梁和纽带的角色。当装备制造企业在国际化进程中难以与东道国建立联系时,行业协会可以充当中间者帮助企业和东道国相关组织进行联络和沟通;当装备制造企业在国际化运营过程中出现"水土不服"或效益不佳的问题时,行业协会可以及时为这些企业提供咨询和帮助,以助力企业克服国际化经营的难题;当装备制造企业在国际化过程中受到不公平对待时,行业协会可以集中整个行业的力量,通过专业的方式帮助企业维护权益。在装备制造企业国际化的各个阶段,行业协会都可以

为会员企业提供服务和帮助。然而,目前国内很多行业协会还处于初步发展阶段,其服务能力和服务水平还需要提高。随着装备制造企业国际化进程的不断加快,国际化程度的不断加深,行业协会需要不断提高其国际化服务的能力和水平,从而更好地助力装备制造企业在国际化发展过程中走得更稳、更好。

参考文献

[1] AAKER F, KINNEAR T, BERNHARDT K. Variation in the value orientation[M]. New York: Dun Donnelly, 1999.

[2] ACEDO F J, CASILLAS J C. Age at entry in international markets of Spanish SMEs: entrepreneurial and institutional determinants [J]. International Journal of Entrepreneurial Behaviour & Research, 2007, 13(3): 130-150.

[3] ACEDO F J, JONES M V. Speed of internationalization and entrepreneurial cognition: insights and a comparison between international new ventures, exporters and domestic firms[J]. Journal of World Business, 2007, 42(3): 236-252.

[4] ACEDO F J, FLORIN J. An entrepreneurial cognition perspective on the internationalization of SMEs[J]. Journal of International Entrepreneurship, 2006, 4(1):49-67.

[5] ACHCAOUCAOU F, MIRAVITLLES P, LEÓN-DARDER F. Knowledge sharing and subsidiary R&D mandate development: a matter of dual embeddedness[J]. International Business Review, 2014, 23(1): 76-90.

[6] AUTIO E, SAPIENZA H J, ALMEIDA J G. Effects of age at

entry, knowledge intensity, and imitability on international growth[J]. Academy of Management Journal, 2000, 5(43): 909-924.

[7] AW B Y, ROBERTS M J, WINSTON T. Export market participation, investments in R&D and worker training, and the evolution of firm productivity[J]. World Economy, 2007, 30(1): 83-104.

[8] BARKEMA H G, VERMEULEN F. International expansion through start-up or acquisition: a learning perspective[J]. Academy of Management Journal, 1998,41(1): 7-26.

[9] BARNEY J. Firm resources and sustained competitive advantage[J]. Journal of Management, 1991,17(1):99-120.

[10] BARON R A, Ensley M D. Opportunity recognition as the detection of meaningful patterns: evidence from comparisons of novice and experienced entrepreneurs[J]. Management Science, 2006, 52(9):1331-1344.

[11] BARTLETT C A, GHOSHAL S. Managing across borders: the transnational solution[M]. Boston: Harvard Business School Press, 1989.

[12] BATSAKIS G, MOHR A T. Revisiting the relationship between product diversification and internationalization process in the context of emerging market MNEs[J]. Journal of World Business, 2017,52(4):1-14.

[13] BAUM M, SCHWENS C, KABST R. A typology of international new ventures: empirical evidence from high-technology industries [J]. Journal of Small Business Management, 2011, 49(3):

305-30.

[14] BEVERELLI C, STOLZENBURG V, KOOPMAN R B, et al. Domestic value chains as stepping stones to global value chain integration[J]. The World Economy, 2019, 42(5):1467-1494.

[15] BLUMBERG M, PRINGLE C D. The missing opportunity in organizational research: some implications for a theory of work performance[J]. Academy of Management, 1982, 7(4): 560-569.

[16] BRADLEY S W, SHEPHERD D A, WIKLUND J. The importance of slack for new organizations facing 'tough' environments[J]. Journal of Management Studies, 2011, 48 (5): 1071-1097.

[17] BUCKLEY P J, CASSON M. The future of multinational enterprise[M]. New York: Holmes and Meier Publishers, 1976.

[18] BUCKLEY P J, CLEGG L J, CROSS A R, et al. The determinants of Chinese outward foreign direct investment [J]. Journal of International Business Studies,2007,38(4): 499-518.

[19] BUSENITZ L W, GOMEZ C, SPENCER J W. Country institutional profiles: unlocking entrepreneurial phenomena[J]. Academy of Management Journal, 2000,43(5):994-1003.

[20] CARR J C, HAGGARD K S, HMIELESKI K M, et al. A study of the moderating effects of firm age at internationalization on firm survival and short-term growth[J]. Strategic Entrepreneurship Journal,2010, 4(2): 183-192.

[21] CASILLAS J C, ACEDO F J. Speed in the internationalization process of the firm[J]. International Journal of Management Reviews, 2013, 15(1): 15-29.

[22] CASILLAS J C, MORENO-MENÉNDEZ A M. Speed of the internationalization process: the role of diversity and depth in experiential learning [J]. Journal of International Business Studies, 2014, 45(1): 85-101.

[23] CASTROGIOVANNI G J. Environmental munificence: a theoretical assessment[J]. Academy of Management Review, 1991,16(3):542-565.

[24] CAUGHEY M, CHETTY S. Pre-export behaviour of small manufacturing firms in New Zealand[J]. International Small Business Journal, 1994,12(3): 62-68.

[25] CAVUSGIL S T, KNIGHT G. The born global firm: an entrepreneurial and capabilities perspective on early and rapid internationalization[J]. Journal of International Business Studies, 2015, 46(1): 3-16.

[26] CESINGNER B, DANKO A, BOUNCKEN R. Born globals: (almost) 20 years of research and still not 'grown up'? [J]. International Journal of Entrepreneurship and Small Business, 2012, 15(2):171-190.

[27] CHANDRA Y, STYLES C, WIKINSON I F. An opportunity-based view of rapid internationalization[J]. Journal of International Marketing, 2012, 20(1): 74-102.

[28] CHANG J. International expansion path, speed, product diversification and performance among emerging-market MNEs:

evidence from Asia-Pacific multinational companies[J]. Asian Business & Management, 2007, 6(4): 331-353.

[29] CHANG S J, RHEE J H. Rapid FDI expansion and firm performance[J]. Journal of International Business Studies, 2011, 42(8): 979-994.

[30] CHANG Y Y, GONG Y, PENG M W. Expatriate knowledge transfer, subsidiary absorptive capacity and subsidiary performance [J]. Academy of Management Journal, 2012, 55(4): 927-948.

[31] CHEN C I, YEH C H. Re-examining location antecedents and pace of foreign direct investment: evidence from Taiwanese investments in China[J]. Journal of Business Research, 2012, 65(8): 1171-1178.

[32] CHEN H, LI X, ZENG S, et al. Does state capitalism matter in firm internationalization? pace, rhythm, location choice, and product diversity[J]. Management Decision, 2016, 54(6): 1320-1342.

[33] CHEN Y, WANG Y, NEVO S, et al. IT capability and organizational performance: the roles of business process agility and environmental factors[J]. European Journal of Information Systems, 2014, 23(3): 326-342.

[34] CHENG C, ZHONG H, CAO L. Facilitating speed of internationalization: the roles of business intelligenceand organizational agility[J]. Journal of Business Research, 2020, 110: 95-103.

[35] CHETTY S, JOHANSON M, MARTÍN O M. Speed of internationalization: conceptualization, measurement and validation [J]. Journal of World Business, 2014, 49(4): 633-650.

[36] CHETTY S, CAMPBELL-HUNT C. A Strategic approach to internationalization: a traditional versus a "born-global" approach [J]. Journal of International Marketing, 2004, 12(1):57-81.

[37] CHETTY S, CAMPBELL-HUNT C. Paths to internationalisation among small-to medium-sized firms: a global versus regional approach[J]. European Journal of Marketing, 2003, 37(5/6): 796-820.

[38] CIABUSCHI F, HOLM U, MARTIN O M. Dual embeddedness, influence and performance of innovating subsidiaries in the multinational corporation[J]. International Business Review, 2014, 23(5):897-909.

[39] COHEN J, COHEN P, WEST S G, et al. Applied multiple regression/correlation analysis for the behavioral sciences[M]. London: Routledge,2013.

[40] CONTRACTOR F J, KUNDU S K, HSU C C. A three-stage theory of international expansion: the link between multinationality and performance in the service sector[J]. Journal of International Business Studies, 2003,34(1): 5-18.

[41] CRICK D, SPENCE M. The internationalization of 'high performing' UK high-tech SMEs: a study of planned and unplanned strategies[J]. International Business Review, 2005,14(2): 167-85.

[42] CRILLY D, ZOLLO M, HANSEN M T. Faking it or muddling through? understanding decoupling in response to stakeholder pressures[J]. Academy of Management Journal,2012,55(6): 1429-1448.

[43] CUERVO-CAZURRA A. Extending theory by analyzing developing country multinational companies: solving the goldilocks debate[J]. Global Strategy Journal, 2012,2(3):153-167.

[44] CUMMINGS L L, SCHWAB D P. Performance in organizations: determinants and appraisal[M]. Glenview: Scott, Foresman, 1973.

[45] DAVIDSON P. Continued entrepreneurship: ability, need and opportunity as determinants of small firm growth[J]. Journal of Business Venturing, 1991, 6(6):405-429.

[46] DELERY J E, DOTY D H. Modes of theorizing in strategic human resource management: tests of universalistic, contingency, and configurational performance predictions[J]. Academy of Management Journal, 1996,39(4):802-835.

[47] DEMSETZ H. The theory of the firm revisited[J]. Journal of Law Economics & Organization, 1988,4(1):141-161.

[48] DENG P, YANG M. Cross-border mergers and acquisitions by emerging market firms: a comparative investigation[J]. International Business Review, 2015, 24(1): 157-172.

[49] DESS G G, BEARD D W. Dimensions of organizational task environments[J]. Administrative Science Quarterly, 1984, 29 (1):52-73.

[50] DESS G G, LUMPKIN G T, COVIN J G. Entrepreneurial strategy making and firm performance: tests of contingency and configurational models[J]. Strategic Management Journal, 1997,18(9):677-695.

[51] MININ A D, ZHANG J. An exploration study on international R&D strategies of Chinese companies in Europe[J]. Review

of Policy Research, 2010, 27(4):433-455.

[52] DICHTL E, KOEGLMARYR H G, MUELLER S. International orientation as a precondition for export success[J]. Journal of International Business Studies,1990,21(1): 23-41.

[53] DURAND R, VAARA E. Causation, counterfactuals, and competitive advantage[J]. Strategic Management Journal, 2009, 30(12): 1245-1264.

[54] DWECK C S. Motivational processes affecting learning[J]. American Psychologist,1986, 41(10):1040-1048.

[55] DYER J H, CHU W. The role of trustworthiness in reducing transaction costs and improving performance: Empirical evidence from the United States, Japan, and Korea[J]. Organization Science, 2003,14(1):57-68.

[56] ECKEL C, NEARY J P. Multi-product firms and flexible manufacturing in the global economy[J]. The Review of Economic Studies, 2010, 77(1):188-217.

[57] EDEN L. Taxes, transfer pricing, and the multinational enterprise [M]. Oxford: Oxford University Press,2009.

[58] ERIKSSON K, JOHANSON J, MAJKGARD A, et al. Experiential knowledge and costs in the internationalization process[J]. Journal of International Business Studies, 1997, 28(2): 337-360.

[59] FEENSTRA R C, LI Z, YU M. Exports and credit constraints under incomplete information: theory and evidence from China[J]. Review of Economics and Statistics,2014, 96(4): 729-744.

[60] FELICE G, TAJOLI L. Innovation and international fragmentation

of production: complements or substitutes?[R]. Working Paper, 2015.

[61] FEENSTRA R C. Integration of trade and disintegration of production in the global economy[J]. Journal of Economic Perspectives, 1998, 12(4):31-50.

[62] FISS P C. A set-theoretic approach to organizational configurations [J]. Academy of Management Review,2007,32(4):1180-1198.

[63] FISS P C. Building better casual theories: a fuzzy set approach to typologies in organizational research[J]. Academy of Management Journal, 2011, 54(2):393-420.

[64] FODDY W. Constructing questions for internvew and questionnaires: theory and practice in social research[M]. Cambridge: Cambridge University Press,1993.

[65] FOSS N J, KLEIN P G. Entrepreneurial alertness and opportunity discovery: origins, attributes, critique[J]. Social Science Electronic Publishing,2009(2):98-120.

[66] FREEMAN S, EDWARDS R, SCHRODER B. How smaller born-global firms use networks and alliances to overcome constraints to rapid internationalization[J]. Journal of International Marketing, 2006, 14(3): 33-63.

[67] GABRIELSSON M, KIRPALANI V H M, DIMITRATOS P, et al. Born globals: propositions to help advance the theory [J]. International Business Review, 2008, 17(4):385-401.

[68] GAO G Y, PAN Y. The pace of MNEs' sequential entries: cumulative entry experience and the dynamic process[J]. Journal of International Business Studies, 2010, 41(9):1572-1580.

[69] GARCÍA-GARCÍA R, GARCÍA-CANAL E, GUILLÉN M F.
Rapid internationalization and long-term performance: the knowledge
link[J]. Journal of World Business, 2017, 52(1): 97-110.

[70] GARRIGA H, KROGH G, SPAETH S. How constraints and
knowledge impact open innovation[J]. Strategic Management
Journal, 2013, 34(9):1134-1144.

[71] GEREFFI G, HUMPHRE J, STURGEON T. The governance
of global value chains[J]. Review of International Political
Economy,2005,12(1):78-104.

[72] GEREFFI G. International trade and industrial upgrading in
the apparel commodity chain[J]. Journal of International Economics,
1999, 48(1): 37-70.

[73] GEREFFI G. The organization of buyer-driven global commodity
chains: how US retailers shape overseas production networks
[M]. Westport: Greenwood Press,1994.

[74] GEREFFI,G, KORZENIEWICZ M. Commodity chains and
global capitalism[M]. London: Praeger, 1994.

[75] GIBBON P, BAIR J, PONTE S. Governing global value chains:
an introduction[J]. Economy and Society, 2008, 37(3):315-338.

[76] GILL I, KHARAS H. An east Asian renaissance: ideas for
economic growth[M]. Washington: World Bank Publications, 2007.

[77] GILSON L L, LIM H S, LUCIANO M M, et al. Unpacking
the cross-level effecs of tenure diversity, explicit knowledge,
and knowledge sharing on individual creativity[J]. Journal of
Occupational and Organizational Psychology, 2013, 86 (2):
203-222.

[78] GULATI R. Network location and learning: the influence of network resources and firm capabilities on alliance formation [J]. Strategic Management Journal,1999, 20(5): 397-420.

[79] HAGGETT P, CLIFF A D, FREY A E. Locational analysis in human geography[M]. London: Edwad Arnold,1977.

[80] HARVESTON P D, KEDIA B L, DAVIS P S. Internationalization of born global and gradual globalizing firms: the impact of the manager[J]. Advances in Competitiveness Research, 2000, 8 (1): 92-99.

[81] HENDERSON J. Danger and opportunity in the Asia-Pacific [A]//Thompson G (ed.). Economic dynamism in the Asia-Pacific. London:Routledge,1998:356-384.

[82] HENNART J F. A theory of multinational enterprise[M]. Ann Arbor: University of Michigan Press, 1982.

[83] HILMERSSON M, JOHANSON M. Speed of SME internationalization and performance[J]. Management International Review, 2016, 56(1): 67-94.

[84] HILMERSSON M, JOHANSON M, LUNDBERG H, et al. Time, temporality, and internationalization: the relationship among point in time, time to, and speed of international expansion [J]. Journal of International Marketing, 2017,25(1):22-45.

[85] HISRICH R, LANGAN-FOX J, GRANT S. Entrepreneurship research and practice: a call to action for psychology[J]. American Psychologist, 2007, 62(6): 575-589.

[86] HITT M A, LI D, XU K. International strategy: from local to global and beyond[J]. Journal of World Business, 2016, 51

(1):58-73.

[87] HOBDAY M. East Asian latecomer firms: learning the technology of electronics[J]. World Development, 1995, 23(7): 1171-1193.

[88] HOBDAY M. Product complexity, innovation and industrial organization[J]. Research Policy, 1998(26):689-710.

[89] HSU C W, LIEN Y C, CHEN H. International ambidexterity and firm performance in small emerging economies[J]. Journal of World Business, 2013,48(1): 58-67.

[90] HSU W T, CHEN H L, CHENG C Y. Internationalization and firm performance of SMEs: the moderating effects of CEO attributes[J]. Journal of World Business, 2013,48(1):1-12.

[91] HUANG J J, TZENG G H, ONG C S. Motivation and resource-allocation for strategic alliances through the DeNovo perspective[J]. Mathematical and Computer Modelling, 2005, 41(6-7):711-721.

[92] HUMPHREY J, SCHMITZ H. Governance and upgrading: Linking industrial cluster and global value chain[R]. Working Paper, Brighton, 2000.

[93] HUMPHREY J, SCHMITZ H. How does insertion in global value chains affect upgrading in industrial clusters? [J]. Regional Studies,2002,36(9): 1017-1027.

[94] HUMPHREY J, SCHMITZ H. China governance and upgrading: taking stock[A]//Schmitz, H. (ed.), Local enterprises in the global economy: issue of governance and upgrading[C]. Cheltenham: Elgar, 2004:349-381.

[95] HUMPHTEY J. Globalization and supply chain networks:

the auto industry in Brazil and India[J]. Global Networks, 2003, 3(2): 121-141.

[96] HUNG S C, TSENG Y C. Extending the LLL framework through an institution-based view: acer as a dragon multinational [J]. Asia Pacific Journal of Management, 2017, 34(4):799-821.

[97] INOMATA S. Analytical frameworks for global value chains: an overview[R]. Global Value Chain Development Report, 2017.

[98] IYER L S, TAUBE L, RAQUET J. Global e-commerce: rationale, digital divide, and strategies to bridge the divide [J]. Journal of Global Information Technology Management, 2002, 5(1):43-68.

[99] JANTUNEN A, NUMMELA N, PUUMALAINEN K, et al. Strategic orientations of born globals: do they really matter? [J]. Journal of World Business, 2008, 43(2):158-170.

[100] JAWORSKI J L, LEE R P W, SAINI A, et al. Market-focused strategic flexibility: conceptual advances and an integrative model[J]. Journal of the Academy of Marketing Science, 2003, 31(1):74-89.

[101] JIANG R J, BEAMISH P W, MAKINO S. Time compression diseconomies in foreign expansion[J]. Journal of World Business, 2014, 49(1):114-121.

[102] JOHANSON J, VAHLNE J E. The internationalization process of the firm—a model of knowledge development and increasing foreign market commitments[J]. Journal of International Business Studies, 1977, 8(1):23-32.

[103] JOHANSON J, VAHLNE J E. The mechanism of internationalisation

[J]. International Marketing Review，1990，7(4)：11-24.

[104] JOHANSON J，VAHLNE J E. The Uppsala internationalization process model revisited：from liabilities of foreignness to liability of outsidership[J]. Journal of International Business Studies，2009，40(9)：1411-1431.

[105] JOHANSON W H A，PICCOLOTTO Z，FILIPPINI R. The impacts of time performance and market knowledge competence on new product success：an international study[J]. IEEE Transactions on Engineering Management，2009，56(2)：219-228.

[106] JONES M V，COVIELLO N E. Internationalization：conceptualising an entrepreneurial process of behavior in time[J]. Journal of International Business Studies，2005，36(3)：284-303.

[107] KANE M T. Validation[M]//R. L. Brennan (Ed.)，Educational measurement (4th ed.，pp. 17-64). Washington，DC：American Council on Education/Praeger，2006.

[108] KAPLINSKY R. Globalization and unequalisation：what can be learned from value chain analysis? [J]. Journal of Development Studies，2000，37(2)：117-146.

[109] KATILA R. New product search over time：past ideas in their prime? [J]. Academy of Management Journal，2002，45(5)：995-1010.

[110] KATSIKEAS C S，SKARMEAS D，BELLO D C. Developing successful trust-based international exchange relationships [J]. Journal of International Business Studies，2009，40(1)：132-155.

[111] KHANNA T, GULATI R, NOHRIA N. The dynamics of learning alliances: competition, cooperation, and relative scope [J]. Strategic Management Journal, 1998, 19(3):193-210.

[112] KHAVUL S, PEREZ-NORDTVEDT L, WOOD E. Organizational entrainment and international new ventures from emerging markets [J]. Journal of Business Venturing, 2010, 25(1): 104-119.

[113] KIM D H. The link between individual and organizational learning[J]. Sloan Management Review, 1993, 35(1): 37-51.

[114] KIM L, NELSON R R. Technology, learning and innovation: Experiences of newly industrializing economies[M]. Cambridge: Cambridge University Press, 2000.

[115] KIRZNER I M. Competition and entrepreneurship[M]. Chicago: University of Chicago Press,1978.

[116] KISS A N, DANIS W M. Country institutional context, social networks, and new venture internationalization speed[J]. European Management Journal, 2008, 26(6): 388-399.

[117] KNIGHT G A, CAVUSGIL S T. Innovation, organizational capabilities, and the born-global firm[J]. Journal of International Business Studies, 2004, 35(2): 124-141.

[118] KNIGHT G A, KIM D. International business competence and the contemporary firm[J]. Journal of International Business Studies, 2009, 40(2): 255-273.

[119] KOGUT B. Designing global strategies: comparative and competitive value-added chains[J]. Sloan Management Review, 1985,26(4): 15-28.

[120] KOHLI A K, JAWORSKI B J, KUMER A. MARKOR: a

measure of market orientation[J]. Journal of Marketing Research,
1993, 30(4):467-477.

[121] KOURY S J. Countertrade: forms, motives, pitfalls, and
negotiation requisites[J]. Journal of Business Research, 1984,
12(2):257-270.

[122] KOZA M P, TALLMAN S, ATAAY A. The strategic assembly
of global firms: a microstructural analysis of local learning
and global adaptation[J]. Global Strategy Journal, 2011, 1
(1-2):27-46.

[123] KRUGMAN P R. Growing world trade: causes and consequences
[R]. Brookings Papers on Economic Activitiy, 1995.

[124] LAURSEN K, SALTER A. Open for innovation: the role of
openness in explaining innovation performance among U. K.
manufacturing firms[J]. Strategic Management Journal, 2006,
27(2):131-150.

[125] LEE S, PARK G, YOON B, et al. Open innovation in SEMs-an
intermediated network model[J]. Research Policy, 2010, 39
(2):290-300.

[126] LEE Y Y, FALAHAT M, SIA B K. Impact of digitalization
on the speed of internationalization[J]. International Business
Research, 2019, 12(4):1-11.

[127] LEVINTHAL D, RERUP C. Crossing an apparent chasm:
bridging mindful and less-mindful perspectives on organizational
learning[J]. Organization Science, 2006, 17(4):502-513.

[128] LI J, CAO J, LIU Y. A study on the effects of dual networks
embeddedness on organizational learning and internationalization

performance[J]. Eurasia Journal of Mathematics, Science and Technology Education, 2017, 13(8):5519-5529.

[129] LI L, QIAN G, QIAN Z. Early internationalization and performance of small high-tech "born-globals"[J]. International Marketing Review, 2012, 29(5):536-561.

[130] LI P P. Toward a learning-based view of internationalization: the accelerated trajectories of cross-border learning for latecomers[J]. Journal of International Management, 2010, 16(1):43-59.

[131] LI P P. Toward an integrated theory of multinational evolution: the evidence of Chinese multinational enterprises as latecomers [J]. Journal of International Management, 2007, 13(3):296-318.

[132] LI Y, VANHAVERBEKE W, SCHOENMAKERS W. Exploration and exploitation in innovation: reframing the interpretation[J]. Creativity and Innovation Management, 2008, 17(2):107-126.

[133] LI Z . Entrepreneurial alertness: an exploratory study[M]. Heidelberg: Springer, 2013.

[134] LIN W T. Family ownership and internationalization processes: internationalization pace, internationalization scope, and internationalization rhythm[J]. European Management Journal, 2012, 30(1): 47-56.

[135] LIU Q, QIU L D. Intermediate input imports and innovations: evidence from Chinese firms' patent filings[J]. Journal of International Economics, 2016,103:166-183.

[136] LUO Y, JOHN H Z, DU J. The internationalization speed of e-commerce companies: an empirical analysis[J]. International

Marketing Review，2005，22(6):693-709.

[137] LUO Y，RUI H. An ambidexterity perspective toward multinational enterprises from emerging economies[J]. Academy of Management Perspectives，2009，23(4):49-70.

[138] LUO Y，TUNG R L. A General theory of springboard MNEs [J]. Journal of International Business Studies，2018，49(2): 129-152.

[139] LUO Y，TUNG R L. International expansion of emerging market enterprises: a springboard perspective[J]. Journal of International Business Studies，2007，38(4):481-498.

[140] LUO Y，XUE Q，HAN B. How emerging market governments promote outward FDI: experience from China[J]. Journal of World Business，2010，45(1): 68-79.

[141] LUO Y. Dynamic capabilities in international expansion[J]. Journal of World Business，2000,35(4): 355-378.

[142] LYLES M，LI D，YAN H. Chinese outward foreign direct investment performance: the role of learning[J]. Management and Organization Review，2014,10(3):411-437.

[143] MACLNNIS D J，JAWORSKI B J. Information processing from advertisements: towards an integrative framework[J]. Journal of Marketing，1989，53(4):1-23.

[144] MATHEWS J A. Dragon multinationals: new players in 21st century globalization[J]. Asia Pacific Journal of Management,2006 (23):5-27.

[145] MAYER T，MELITZ M J，OTTAVIANO G I P. Market size，competition and the product mix of exporters[J]. American

Economic Review，2014，104(2):495-536.

[146] MCDOUGALL P P，SHANE S，OVIATT B M. Explaining the formation of international new ventures: the limits of the theories from international business research[J]. Journal of Business Venturing，1994，9(6):469-487.

[147] MEYER A D，TSUI A S，HININGS C R. Configurational approaches to organizational analysis[J]. Academy of Management Journal，1993(36):1175-1195.

[148] MEYER A D. Adapting to environmental jolts[J]. Administrative Science Quarterly，1982，27(4):515-537.

[149] MEYER K E. What is "strategic asset seeking FDI"? [J]. The Multinational Business Review，2015,23(1):57-66.

[150] MILLER D J，et al. The use of knowledge for technological innovation within diversified firms [J]. The Academy of Management Journal Archive，2007，50(2):307-325.

[151] MILES R E，SNOW C C. Organization strategy，structure and process[M]. New York: McGraw-Hill，1978.

[152] MILLER D. Configurations revisited[J]. Strategic Management Journal，1996,17(7): 505-512.

[153] MOELLER M，HARVEY M，GRIFFITHD，et al. The impact of country-of-origin on the acceptance of foreign subsidiaries in host countries: an examination of the 'liability-of-foreignness' [J]. International Business Review，2013，22(1):89-99.

[154] MOHR A，BATSAKIS G. Intangible assets，international experience，and the internationalisation speed of retailers[J]. International Marketing Review，2014,31(6):601-620.

[155] MOHR A，BATSAKIS G. Internationalization speed and firm performance：a study of the market-seeking expansion of retail MNEs[J]. Management International Review，2017，57(2)：153-177.

[156] MOHR A，BATSAKIS G. The contingent effect of TMT international experience on firms' internationalization speed [J]. British Journal of Management，2019,30(4)：869-887.

[157] MORGAN-THOMAS A, JONES M V. Post-entry internationalization dynamics：differences between SMEs in the development speed of their international sales[J]. International Small Business Journal，2009,27(1)：71-97.

[158] MORT G S，WEERAWARDENA J. Networking capability and international entrepreneurship：how networks function in Australia born global firms[J]. International Marketing Review，2006，23(5)：549-572.

[159] MUSTEEN M，FRANCIS J，DEEPAK K D. The influence of international networks on internationalization speed and performance：a study of Czech SMEs[J]. Journal of World Business，2010,45(3)：197-205.

[160] NORMAN，P. M. Knowledge acquisition，knowledge loss and satisfaction in high technology alliances[J]. Journal of Business Research，2004，57(6)：610-619.

[161] NUMMELA N，SAARENKETO S，PUUMALAINEN K. A global mindset—a prerequisite for successful internationalization? [J]. Canadian Journal of Administrative Sciences，2004，21 (1)：51-64.

[162] OVIATT B M, MCDOUGALL P P. Toward a theory of international new ventures[J]. Journal of International Business Studies, 2005, 36(1): 29-41.

[163] OVIATT B M, MCDOUGALL P P. Defining international entrepreneurship and modeling the speed of internationalization[J]. Entrepreneurship Theory and Practice, 2005, 29(5): 537-554.

[164] PENG M W. The global strategy of emerging multinationals from China[J]. Global Strategy Journal, 2012, 2(2): 97-107.

[165] PHELPS C C. A longitudinal study of the influence of alliance network structure and composition on firm exploratory innovation [J]. Academy of Management Journal, 2010, 53(4):890-913.

[166] PHENE A, FLADMODE-LINOQUIST K, MAKSH L. Breakthrough innovation in the U. S biotechnology industry: the effects of technological space and geographic origin[J]. Strategic Management Journal, 2006, 27(4):369-388.

[167] PIETROBELLI C, RABELLOTTI R. Global value Chains meet innovation systems: are there learning opportunities for developing countries? [J]. World Development, 2011, 39 (7):1261-1269.

[168] PINTEA M, THOMPSON P. Technological complexity and economic growth[J]. Review of Economic Dynamics, 2007, 10(2):276-293.

[169] PLA-BARBER J, ESCRIBÁ-ESTEVE A. Accelerated internationalisation: evidence from a late investor country[J]. International Marketing Review, 2006, 23(3):255-78.

[170] PORTER M E. Competitive strategy: techniques for analyzing

industry and competition[M]. New York: Free Press, 1980.

[171] PRASHANTHAM S, YOUNG S. Post-entry speed of international new ventures[J]. Entrepreneurship Theory and Practice, 2011, 35(2): 275-292.

[172] RAGIN C C, STRAND S I. Using qualitative comparative analysis to study causal order, comment on Caren and Panofsky (2005)[J]. Sociological Methods & Research, 2008, 36(4): 431-441.

[173] RAGIN C C. Fuzzy-set social science[M]. Chicago: University of Chicago Press, 2000.

[174] RAGIN C C. Redesigning social inquiry: fuzzy sets and beyond [M]. Chicago: University of Chicago Press, 2008.

[175] RAGIN C. C. The comparative method: moving beyond qualitative and quantitative strategies[M]. Oakland: University of California Press, 2014.

[176] RAMOS E, ACEDO F J, GONZALES M R. Internationalization speed and technological patterns: a panel data study on Spanish SMEs[J]. Technovation, 2011, 31(10-11):560-372.

[177] RAO-NICHOLSON R, KHAN Z. Standardization versus adaptation of global marketing strategies in emerging market cross-border acquisitions[J]. International Marketing Review, 2017, 34(1):138-158.

[178] RAY S, CARDOZO R. Sensitivity and creativity in entrepreneurial opportunity recognition: a framework for empirical investigation [C]//Sixth Global Entrepreneurship Research Conference, Imperial College, London. 1996.

[179] RIALP-CRIADO J, ALARCÓN-DEL-AMO M, RIALP A. Speed of use of social media as an antecedent of speed of business internationalization[J]. Journal of Global Information Management, 2020, 28(1): 142-166.

[180] RIHOUX D B, RAGIN C C. Configurational comparative methods: qualitative comparative analysis(QCA) and related techniques[M]. Thousand Oaks: Sage, 2009.

[181] ROGERS M. Absorptive capability and economic growth: how do countries catch-up? [J]. Cambridge Journal of Economics, 2004,28(4):577-596.

[182] ROSENKOPF L, NERKAR A. Beyond local search: boundary spanning, exploration, and impact in the optical disk industry [J]. Strategic Management Journal, 2010, 22(4):287-306.

[183] RUI H, YIP G S. Foreign acquisitions by Chinese firms: a strategic intent perspective[J]. Journal of World Business, 2008, 43(2):213-226.

[184] RYCROFT R W. Does cooperation absorb complexity? innovation networks and the speed and spread of complex technological innovation[J]. Technological Forecastig and Social Change, 2007,74(5):565-578.

[185] SALOMON R, JIN B. Do leading or lagging firms learn more from exporting? [J]. Strategic Management Journal, 2010, 31(10): 1088-1113.

[186] SAMBHARYA R B, LEE J. Renewing dynamic capabilities globally: an empirical study of the word's largest MNCs[J]. Management International Review, 2014,54(2):137-169.

[187] SAPIENZA H J, AUTIO E, GEORGE G, et al. A capabilities perspective on the effects of early internationalization on firm survival and growth[J]. Academy of Management Review, 2006, 31(4): 914-933.

[188] SCHMITZ H, HUMPHREY J. Governance and upgrading linking industrial cluster and global value chain research[J]. Economics, Econometrics and Finance, 2004(2):28-35.

[189] SCHNEIDER C Q, WAGEMANN C. Set-theoretic methods for the social sciences: a guide to qualitative comparative analysis [M]. Cambridge: Cambridge University Press, 2012.

[190] SCHU M, MORSCHEFT D, SWOBODA B. Internationalization speed of online retailers: a resource-based perspective on the influence factors [J]. Management International Review, 2016,56(5):733-757.

[191] SERTI F, TOMASI C. Self-selection and post-entry effects of exports: evidence from Italian manufacturing firms[J]. Review of World Economics, 2008(144): 660-694.

[192] SHI W, PRESCOTT J E. Rhythm and entrainment of acquisition and alliance initiatives and firm performance: a temporal perspective[J]. Organization Studies, 2012, 33(10):1281-1310.

[193] SIMONIN B L. Transfer of marketing know-how in international strategic alliances: an empirical investigation of the role and antecedents of knowledge ambiguity[J]. Journal of International Business Studies,1999,30(3):463-490.

[194] SINKULA J M. Market information processing and organizational learning[J]. Journal of Marketing, 1994,58(1):35-45.

[195] SONG M, DROGE C, HANVANICH S, et al. Marketing and technology resource complementarity: an analysis of their interaction effect in two environmental contexts[J]. Strategic Management Journal, 2005, 26(3):259-276.

[196] STEENSMA H K, TIHANYI L, LYLES M A, et al. The evolving value of foreign partnerships in transitioning economies [J]. Academy of Management Journal,2005,48(2):213-235.

[197] STUART T E, SORENSON O. Liquidity events and the geographic distribution of entrepreneurial activity[J]. Adiministrative Sciences Quarterly, 2003, 48(2):175-201.

[198] TALKE K, SALOMO S, KOCK A. Top management team diversity and strategic innovation orientation: the relationship and consequences for innovationness and performance[J]. Journal of Product Innovation Management, 2011, 28(6):819-832.

[199] TOMASELLI F C, SERIO L C D. Supply networks and value creation in high innovation and strong network externalities industry[J]. Journal of Technology Management & Innovation, 2013, 8(4):177-185.

[200] TAN H, MATHEWS J A. Accelerated internationalization and resource leverage strategizing: the case of Chinese wind turbine manufacturers[J]. Journal of World Business, 2015, 50(3): 417-427.

[201] TAN J J, TAN D. Environment-strategy co-evolution and co-alignment: a staged model of Chinese SOEs under transition[J]. Strategic Managemnt Journal, 2005, 26(2):141-157.

[202] TAYLOR M, JACK R. Understanding the pace, scale and

pattern of firm internationalization: an extension of the 'born global' concept[J]. International Small Business Journal, 2013, 31(6): 701-721.

[203] TEECE D J, PISANO G, SHUEN A. Dynamic capabilities and strategic management[J]. Strategic Management Journal, 1997, 18(7): 509-533.

[204] THOMPSON J D. Organizations in action[M]. New York: McGraw-Hill, 1967.

[205] TSAI M T, HUANG Y C. Exploratory learning and new product performance: the moderating role of cognitive skills and environmental uncertainty[J]. The Journal of High Technology Management Research, 2008, 19(2):83-93.

[206] UNCTAD. Information economy report 2015: unlocking the potential of e-commerce in developing countries[R]. Geneva: UNCTAD,2015.

[207] VAHLNE J E, JOHANSON J. From internationalization to evolution: the Uppsala model at 40 year[J]. Journal of International Business Studies, 2017, 48(9): 1087-1102.

[208] VANDEWALLE D, CRON W L, SLOCUM J J W. The role of goal orientation following performance feedback[J]. Journal of Applied Psychology, 2001, 86(4): 629-640.

[209] VANDEWALLE D, CUMMINGS L L. A test of the influence of goal orientation on the feedback-seeking process[J]. Journal of Applied Psychology, 1997, 82(3): 390-400.

[210] VANDEWALLE D. Development and validation of a work domain goal orientation instrument[J]. Educational and Psychological

Measurement，1997，57(6)：995-1015.

[211] VERMEULEN F,BARKEMA H. Pace，rhythm，and scope：process dependence in building a profitable multinational corporation [J]. Strategic Management Journal，2002，23(7)：637-653.

[212] WAGNER H. Internationalization speed and cost efficiency：evidence from Germany[J]. International Business Review，2004，13(4)：447-463.

[213] WAGNER S, HOISL K, THOMA G. Overcoming localization of knowledge—the role of professional service firms[J]. Strategic Management Journal，2014，35(11)：1671-1688.

[214] WANG H，LI J. Untangling the effects of overexploration and overexploittion on organizational performance：the moderating role of environmental dynamism[J]. Journal of Management，2008，34(5)：925-951.

[215] WANG Y，WU J，YANG Z. Customer participation and project performance：the mediating role of knowledge sharing in the Chinese telecommunication service industry[J]. Journal of Business-to-Business Marketing，2013，20(4)：227-244.

[216] WANG Z，WEI S，ZHU K. Quantifying international production sharing at the bilateral and sector levels[R]. NBER Working Paper,2013.

[217] WEERAWARDENA J，MORT G S，LIESCH P W，et al. Conceptualizing accelerated internationalization in the born global firm：a dynamic capabilities perspective[J]. Journal of World Business,2007，42(3)：294-306.

[218] WELCH L S，LUOSTARINEN R K. Inward-outward connections

in internationalization[J]. Journal of International Marketing, 1993, 1(1): 44-56.

[219] WELCH L S, LUOSTRARINEN R. Internationalization: evolution of a concept[J]. Journal of General Management, 1988,14(2):34-55.

[220] YAMAKAWA Y, KHAVUL S, PENG M W, et al. Venturing from emerging economies[J]. Strategic Entrepreneurship Journal, 2013, 7(3): 181-196.

[221] YEOH P L. Location choice and the internationalization sequence: insights from India pharmaceutical companies[J]. International Marketing Review, 2011, 28(3): 291-312.

[222] YIU D W. Multinational advantages of Chinese business groups: a theoretical exploration[J]. Management and Organization Review, 2011, 7(2): 249-277.

[223] YUAN L, PANGARKAR N. Performance implications of internationalization strategies for Chinese MNCs[J]. International Journal of Emerging Markets, 2015, 10(2): 272-292.

[224] ZAHRA S A, GARVIS D M. International corporate entrepreneurship and firm performance: the moderating effect of international environmental hostility[J]. Journal of Business Venturing,2000,15(5-6): 469-492.

[225] ZAHRA S A, IRELAND R D, HITT M A. International expansion by new venture firms: international diversity, mode of market entry, technological learning, and performance[J]. Academy of Management Journal, 2000, 43(5):925-950.

[226] ZAHRA S A, KORRI J S, YU J. A cognitive approach to

international entrepreneurship[J]. International Business Review，2004，14(2)：129-146.

[227] ZAHRA S A. Technology strategy and financial performance：examining the moderating role of the firm's competitive environment[J]. Journal of Business Venturing，1996，11(3)：189-219.

[228] ZENG Y，SHENKAR O，LEE S H，et al. Cultural differences，MNE learning abilities，and the effect of experience on subsidiary mortality in a dissimilar culture：evidence from Korean MNEs[J]. Journal of International Business Studies，2013，44(1)：42-65.

[229] ZHOU L，WU A，BARNES B R. The effects of early internationalization on performance outcomes in young international ventures：the mediating role of marketing capabilities[J]. Journal of International Marketing，2012，20(4)：25-45.

[230] ZHOU L，WU A. Earliness of internationalization and performance outcomes：exploring the moderating effects of venture age and international commitment[J]. Journal of World Business，2014，49(1)：132-142.

[231] ZHOU L. The effects of entrepreneurial proclivity and foreign market knowledge on early internationalization[J]. Journal of World Business，2007，42(3)：281-293.

[232] ZUCCHELLA A，PALAMARA G，DENICOLAI S. The divers of the early internationalization of the firm[J]. Journal of World Business，2007，42(3)：268-280.

[233] 伯努瓦·里豪克斯. QCA 设计原理与应用：超越定性与定量研

究的新方法[M].杜运周,等,译.北京:机械工业出版社,2017.

[234] 陈爱贞,刘志彪.决定中国装备制造业在全球价值链中地位的
因素:基于各细分行业投入产出实证分析[J].国际贸易问题,
2011(4):115-125.

[235] 陈初昇,燕晓娟,衣长军,等.国际化速度、营商环境距离与海
外子公司生存[J].世界经济研究,2020(9):89-103,137.

[236] 陈菲琼,王丹霞.全球价值链的动态性与企业升级[J].科研管
理,2007(4):32-39.

[237] 陈继勇,单航,梁虎."一带一路"倡议对中国装备出口的影响
研究[J].世界经济研究,2020(11):15-25,135.

[238] 陈学光.网络能力、创新网络及创新绩效关系研究:以浙江高
新技术企业为例[D].杭州:浙江大学,2007.

[239] 陈钰芬,陈劲.开放度对企业技术创新绩效的影响[J].科学学
研究,2008,26(2):419-426.

[240] 陈爱贞,刘志彪,吴福象.下游动态技术引进对装备制造业升
级的市场约束:基于我国纺织缝制装备制造业的实证研究[J].
管理世界,2008(2):72-81.

[241] 成升魁,甄霖.资源流动研究的理论框架与决策应用[J].资源
科学,2007(3):37-44.

[242] 程聪,贾良定.我国企业跨国并购驱动机制研究:基于清晰集
的定性比较分析[J].南开商业评论,2016,19(6):113-121.

[243] 程大中.中国参与全球价值链分工的程度及演变趋势:基于跨
国投入产出分析[J].经济研究,2015,50(9):4-16,99.

[244] 程新章,胡峰.价值链治理模式与企业升级的路径选择[J].商
业经济与管理,2005(12):24-29.

[245] 戴翔,宋婕."一带一路"有助于中国重构全球价值链吗?[J].

世界经济研究,2019(11):108-121,136.

[246] 杜丹丽,金秋,曾小春.动态创新能力的内涵、维度与测量:基于制造企业的实证研究[C].第九届(2014)中国管理学年会——技术与创新管理、国际商务谈判分会场论文集,2014.

[247] 杜运周,贾良定.组态视角与定性比较分析(QCA):管理学研究的一条新道路[J].管理世界,2017(6):155-167.

[248] 方宏,王益民."欲速则不达":中国企业国际化速度与绩效关系研究[J].科学学与科学技术管理,2017,38(2):158-170.

[249] 方宏,王益民.基于深度与广度的国际化速度:过度自信与政治网络的作用[J].山东大学学报(哲学社会科学版),2018(1):111-119.

[250] 方宏.基于行为战略视角的中国企业国际化速度研究[D].济南:山东大学,2018.

[251] 甘春梅,王伟军.在线科研社区中知识交流与共享:MOA视角[J].图书情报工作,2014,58(2):53-58.

[252] 葛菲,贺小刚,高禄.渐进还是快进?制度距离与企业国际化速度[J].商业研究,2020(5):77-86.

[253] 龚三乐.全球价值链内企业升级国外研究进展与趋势[J].世界地理研究,2010,19(1):71-78.

[254] 郭海,沈睿.如何将创业机会转化为企业绩效:商业模式创新的中介作用及市场环境的调节作用[J].经济理论与经济管理,2014(3):70-83.

[255] 韩晶.中国装备制造业发展战略研究:基于国际产业分工转移的视角[M].北京:知识产权出版社,2017.

[256] 韩中和.中国企业品牌国际化实证研究[M].上海:复旦大学出版社,2014.

[257] 郝瑾,王凤彬,王璁.海外子公司角色分类及其与管控方式的匹配效应:一项双层多案例定性比较分析[J].管理世界,2017(10):150-171.

[258] 洪俊杰,商辉.中国开放型经济的"共轭环流论":理论与证据[J].中国社会科学,2019(1):42-64,205.

[259] 黄嫚丽,张明,皮圣雷,等.中国企业逆向跨国并购整合组态与并购整合绩效关系研究[J].管理学报,2019,16(5):656-664.

[260] 黄胜,叶广宇,丁振阔.国际化速度、学习导向与国际新创企业的国际绩效[J].科学学与科学技术管理,2017,38(7):141-154.

[261] 黄胜,叶广宇,周劲波,等.二元制度环境、制度能力对新兴经济体创业企业加速国际化的影响[J].南开管理评论,2015,18(3):71-84.

[262] 黄胜,周劲波.制度环境、国际市场进入模式与国际创业绩效[J].科研管理,2014,35(2):54-61.

[263] 黄胜.新创企业国际化速度的制度驱动过程及其对绩效的影响研究[D].广州:华南理工大学,2015.

[264] 黄先海,余骁.以"一带一路"建设重塑全球价值链[J].经济学家,2017(3):32-39.

[265] 胡畔,于渤.跨界搜索、能力重构与企业创新绩效:战略柔性的调节作用[J].研究与发展管理,2017,29(4):138-147.

[266] 江心英,李献宾,顾大福,等.全球价值链类型与OEM企业成长路径[J].中国软科学,2009(11):34-41.

[267] 黎峰.双重价值链嵌入下的中国省级区域角色:一个综合理论分析框架[J].中国工业经济,2020(1):136-154.

[268] 李跟强,潘文卿.国内价值链如何嵌入全球价值链:增加值的

视角[J].管理世界,2016(7):10-22,187.

[269] 李怀祖.管理研究方法论[M].西安:西安交通大学出版社,2004.

[270] 李杰义,闫静波,王重鸣.海外网络嵌入性、国际学习与国际化速度[J].科学学研究,2019,137(1):121-129,139.

[271] 李杰义,闫静波,王重鸣.双重网络嵌入性、学习能力与国际化速度:快速国际化情境下的实证研究[J].经济管理,2018,40(9):74-91.

[272] 李杰义,左秀雯.海外网络嵌入与国际化速度对技术创新的影响[J].科技进步与对策,2019,36(11):9-15.

[273] 李竞.基于时间维度的国际化模式对跨国企业母公司创新绩效的影响机制研究[D].杭州:浙江大学,2018.

[274] 李玲,陶厚永.包容性创新环境对区域创新绩效的影响[J].科技进步与对策,2018,35(19):31-37.

[275] 李强.外部知识搜索宽度的前因及其创新绩效影响机制研究:基于正式—非正式搜索的视角[D].杭州:浙江大学,2013.

[276] 李晓钟,吕培培.我国装备制造产品出口贸易潜力及贸易效率研究:基于"一带一路"国家的实证研究[J].国际贸易问题,2019(1):80-92.

[277] 李自杰,张般若.基于复合基础观的组织冗余与新兴市场企业国际化速度研究:环境丰富性与组织双元并进的调节作用[J].东北大学学报(社会科学版),2020,22(4):21-28.

[278] 梁乙凯,戚桂杰.基于模糊集定性比较分析的政府开放数据使用影响因素研究[J].情报杂志,2019,38(3):180-186.

[279] 林桂军,何武.中国装备制造业在全球价值链的地位及升级趋势[J].国际贸易问题,2015(4):3-15.

[280] 林治洪,陈岩,秦学志.基于制度视角的企业国际化速度对绩

效的影响研究:来自中国上市公司的经验分析[J].产业经济
研究,2013(1):89-99.

[281] 凌永辉,刘志彪.横向竞争视角下全球价值链治理结构变动及
产业升级[J].江西社会科学,2021,41(2):37-48.

[282] 凌永辉,刘志彪.全球价值链发展悖论:研究进展、述评与化解
[J].经济体制改革,2021(3):100-107.

[283] 刘洪钟.全球价值链治理、政府能力与中国国际经济权力提升
[J].社会科学,2021(5):3-20.

[284] 刘会政,朱光.全球价值链嵌入对中国装备制造业出口技术复
杂度的影响:基于进口中间品异质性的研究[J].国际贸易问
题,2019(8):80-94.

[285] 刘景卿,车维汉.国内价值链与全球价值链:替代还是互补?
[J].中南财经政法大学学报,2019(1):86-98,160.

[286] 刘磊.全球价值链嵌入与我国制造业技术含量提升[J].科学学
研究,2019,37(10):1786-1796.

[287] 刘伟,郭濂.一带一路:全球价值双环流下的区域互惠共赢
[M].北京:北京大学出版社,2015.

[288] 刘宇青,邢博,王庆生.旅游产品创新影响体验感知价值的构
型研究[J].经济管理,2018,40(11):157-173.

[289] 刘志彪,凌永辉.中国经济:从客场到主场的全球化发展新格
局[J].重庆大学学报(社会科学版),2020,26(6):1-9.

[290] 刘志彪,吴福象."一带一路"倡议下全球价值链的双重嵌入
[J].中国社会科学,2018(8):17-32.

[291] 刘志彪,张杰.从融入全球价值链到构建国家价值链:中国产
业升级的战略思考[J].学术月刊,2009,41(9):59-68.

[292] 刘志彪,张杰.全球代工体系下发展中国家俘获型网络的形

成、突破与对策:基于 GVC 与 NVC 的比较视角[J].中国工业经济,2007(5):39-47.

[293] 刘志彪.中国沿海地区制造业发展:国际代工模式与创新[J].南开经济研究,2005(5):37-44.

[294] 鲁桐.中国企业跨国经营战略[M].北京:经济管理出版社,2003.

[295] 罗胜强,姜嬿.管理学问卷调查研究方法[M].重庆:重庆大学出版社,2014.

[296] 吕文晶,陈劲,刘进.智能制造与全球价值链升级:海尔 COSMOPlat 案例研究[J].科研管理,2019,40(4):145-156.

[297] 吕越,黄艳希,陈勇兵.全球价值链嵌入的生产率效应:影响与机制分析[J].世界经济,2017,40(7):28-51.

[298] 马鸿佳,董保宝,常冠群.网络能力与创业能力:基于东北地区新创企业的实证研究[J].科学学研究,2010,28(7):1008-1014.

[299] 马庆国.管理科学研究方法[M].北京:高等教育出版社,2008.

[300] 马庆国.管理统计[M].北京:科学出版社,2002.

[301] 马庆国.应用统计学:数理统计方法、数据获取与 SPSS 应用[M].北京:科学出版社,2006.

[302] 梅亮.制造型中小企业外部网络联结、内部技术创新能力的协同机制研究[D].杭州:浙江大学,2011.

[303] 苗青.企业家的警觉性:机会识别的心理图式[J].人类工效学,2008,14(1):6-9.

[304] 浦贵阳.价值网络对创新绩效的作用机制研究:基于商业模式的设计视角[D].杭州:浙江大学,2014.

[305] 钱书法,邰俊杰,周绍东.从比较优势到引领能力:"一带一路"

区域价值链的构建[J].改革与战略,2017,33(9):53-58.

[306] 陈晓萍,徐淑英,樊景立.组织与管理研究的实证方法[M].北京:北京大学出版社,2008.

[307] 沈鲸.中国国际化企业双元组织能力培育及其对绩效的影响研究[D].长沙:中南大学,2012.

[308] 沈鲸.中国企业国际化经营的战略分析:基于双元性理论的视角[J].现代经济探讨,2013(5):65-69.

[309] 沈能,周晶晶.参与全球生产网络能提高中国企业价值链地位吗:"网络馅饼"抑或"网络陷阱"[J].管理工程学报,2019(4):11-17.

[310] 盛斌,苏丹妮,邵朝对.全球价值链、国内价值链与经济增长:替代还是互补[J].世界经济,2020,43(4):3-27.

[311] 宋锟泰,张正堂,赵李晶.时间压力对员工双元创新行为的影响机制[J].经济管理,2019,41(5):72-87.

[312] 宋铁波,钟熙,陈伟宏.期望差距与企业国际化速度:来自中国制造业的证据[J].中国工业经济,2017(6):175-192.

[313] 苏庆义.中国国际分工地位的再评估:基于出口技术复杂度与国内增加值双重视角的分析[J].财经研究,2016,42(6):40-51.

[314] 孙国强.管理研究方法[M].上海:格致出版社,2010.

[315] 田曦,王晓敏.企业国际化速度与企业绩效:高管过度自信与海外背景的影响[J].国际商务(对外经济贸易大学学报),2019(3):142-156.

[316] 涂颖清.全球价值链下我国制造业升级研究[D].上海:复旦大学,2010.

[317] 汪涛,贾煜,王康,等.中国企业的国际化战略:基于新兴经济

体企业的视角[J].中国工业经济,2018(5):175-192.

[318] 王凤彬,江鸿,王璁.央企集团管控架构的演进:战略决定、制度引致还是路径依赖?[J].管理世界,2014(12):92-114,187-188.

[319] 王辉耀,苗绿,全球化智库(CCG),等.中国企业全球化报告(2018)[M].北京:社会科学文献出版社,2018.

[320] 王珏,黄光灿.迈向中国制造业价值链的三维度双重构建:迈向中国制造2025[J].西安电子科技大学学报(社会科学版),2018,28(2):35-42.

[321] 王磊,魏龙.新兴经济体如何进行价值链升级:基于国际分工视角的文献综述[J].经济评论,2018(3):90-102.

[322] 王润良,郑晓齐,孙建平.技术复杂性及其对组织结构的影响[J].科学学研究,2001,19(3):29-33.

[323] 王淑芳,葛岳静,胡志丁,等."流空间"视角下地缘经济自循环生态圈构建的理论探讨[J].世界地理研究,2019,28(2):88-95.

[324] 王晓萍,胡峰,张月月.全球价值多环流架构下中国先进制造业升级发展[J].上海经济研究,2018(8):56-62.

[325] 王艺霖,王益民.高层管理人员权力与中国企业的国际化节奏研究[J].管理评论,2016,13(3):366-373.

[326] 王益民,梁枢,赵志彬.国际化速度前沿研究述评:基于全过程视角的理论模型构建[J].外国经济与管理,2017,39(9):98-112.

[327] 王永贵,马双,杨宏恩.服务外包中创新能力的测量、提升与绩效影响研究:基于发包与承包双方知识转移视角的分析[J].管理世界,2015(6):85-98.

[328] 王玉燕,林汉川,吕臣.全球价值链嵌入的技术进步效应:来自中国工业面板数据的经验研究[J].中国工业经济,2014(9):65-77.

[329] 王玉柱."一带一路"倡议下中国及世界经济"再平衡"的实现机制[J].现代经济探讨,2016(12):10-14.

[330] 王直,魏尚进,祝坤福.总贸易核算法:官方贸易统计与全球价值链的度量[J].中国社会科学,2015(9):108-127,205-206.

[331] 魏冶.流空间视角的沈阳市空间结构研究[D].长春:东北师范大学,2013.

[332] 魏龙,王磊.从嵌入全球价值链到主导区域价值链:"一带一路"战略的经济可行性分析[J].国际贸易问题,2016(5):104-115.

[333] 翁春颖,韩明华.全球价值链驱动、知识转移与我国制造业升级[J].管理学报,2015,12(4):517-521.

[334] 吴福象,段巍.国际产能合作与重塑中国经济地理[J].中国社会科学,2017(2):44-64,206.

[335] 吴明隆.SPSS统计应用实务:问卷分析与应用统计[M].北京:科学出版社,2003.

[336] 吴明隆.结构方程模型:AMOS的操作与应用[M].重庆:重庆大学出版社,2009.

[337] 吴明隆.问卷统计分析实务:SPSS操作与应用[M].重庆:重庆大学出版社,2010.

[338] 吴先明,黄春桃.从内向国际化到外向国际化:后发企业技术追赶的可持续性[J].当代经济管理,2016,38(2):11-18.

[339] 巫强,刘志彪.本土装备制造业市场空间障碍分析:基于下游行业全球价值链的视角[J].中国工业经济,2012(3):43-55.

[340] 项桂娥,胡鹏.基于全球价值链视角下区域间产业转移机理与特征:以泛长三角为例[J].华东经济管理,2011,25(7):45-49.

[341] 邢小强,全允桓.网络能力:概念、结构与影响因素分析[J].科学学研究,2006(S2):558-563.

[342] 徐雨森,徐娜娜,逯垚迪."综合优势"后发企业快速国际化关键影响因素研究[J].科学学与科学技术管理,2014,35(6):128-136.

[343] 许晖,许守任,王睿智.嵌入全球价值链的企业国际化转型及创新路径:基于六家外贸企业的跨案例研究[J].科学学研究,2014,32(1):73-83.

[344] 俞荣建,文凯.揭开GVC治理"黑箱":结构、模式、机制及其影响[J].管理世界,2011(8):142-154.

[345] 袁凯华,彭水军,陈泓文.国内价值链推动中国制造业出口价值攀升的事实与解释[J].经济学家,2019(9):93-103.

[346] 张奥,姚梅芳,董保宝.高管机会警觉性、组织变革策略与企业绩效:一个有调节的中介效应模型[J].南方经济,2017(11):125-142.

[347] 张辉,易天,唐毓璇.一带一路:全球价值双环流研究[J].经济科学,2017(3):5-18.

[348] 张辉.全球价值链动力机制与产业发展策略[J].中国工业经济,2006(1):40-48.

[349] 张京红,王生辉.从代工生产到OBM:路径依赖的束缚与路径突破的选择[J].河北大学学报(哲学社会科学版),2010,35(2):43-48.

[350] 张少军.全球价值链与国内价值链:基于投入产出表的新方法

　　　　　[J].国际贸易问题,2009(4):108-113.

[351] 张月月,俞荣建,陈力田.国内国际价值环流嵌入视角下的中国装备制造业的升级思路[J].经济学家,2020(10):107-116.

[352] 张月月,俞荣建,谢杰.多重嵌入、跨界搜索与中国装备制造企业价值链跃迁[J].社会科学战线,2018(9):72-78.

[353] 赵蓉,赵立祥,苏映雪.全球价值链嵌入、区域融合发展与制造业产业升级:基于双循环新发展格局的思考[J].南方经济,2020(10):1-19.

[354] 赵桐,宋之杰.中国装备制造业的双重价值链分工:基于区域总产出增加值完全分解模型[J].国际贸易问题,2018(11):74-89.

[355] 钟建军.进口中间品质量与中国制造业企业全要素生产率[J].中南财经政法大学学报,2016(3):124-132,160.

[356] 钟熙,陈宏伟,宋铁波,等.CEO过度自信、管理自主权与企业国际化进程[J].科学学与科学技术管理,2018,39(11):85-100.

[357] 钟熙,宋铁波,陈宏传,等.企业国内多元化与企业国际化速度[J].外国经济与管理,2019,41(2):139-152.

[358] 周浩,龙立荣.共同方法偏差的统计检验与控制方法[J].心理科学进展,2004(6):942-950.

[359] 周浩军.搜索优势与转移问题:弱联系、结构洞和网络多样性对创新的曲线效应[D].杭州:浙江大学,2011.

[360] 周劲波,黄胜,叶广宇.组织学习、合法性与国际新创企业进入后速度[J].科学学与科学技术管理,2014,35(11):129-141.

[361] 周立新,宋帅.家族企业国际化速度对企业绩效的影响:来自"一带一路"沿线省市家族企业的证据[J].华东经济管理,

2019,33(9):80-86.

[362] 周密.后发转型大国价值链的空间重组与提升路径研究[J].中国工业经济,2013(8):70-82.

[363] 朱晟君,黄永源,胡晓辉.多尺度视角下的产业价值链与空间升级研究框架与展望[J].地理科学进展,2020,39(8):1367-1384.